JN270538

Introduction
to Adolescent
Psychology

ようこそ！青年心理学

若者たちは何処から来て
何処へ行くのか

宮下一博 監修
松島公望・橋本広信 編

ナカニシヤ出版

まえがき

「私っていったい何？」「親とどう接したらいいの？」「友だちや恋人との付き合い方ってどうすればいいの？」「私にとっての生きがいって何？」等々……青年期になるとさまざまな悩みに直面することが多いのではないだろうか？　この悩みとは，すなわち青年にとっての「問い」でもある。

『この青年たちが直面する「問い」に注目してみよう』——ここから本書の企画が始まった。先に述べたように，青年期にはさまざまな「悩み＝問い」に直面する。すべての「問い」を網羅することはできないが，できる限り多くの「問い」を取り上げて今を生きる青年たちに何らかのヒントを提供したい。そのような思いを形にしたのが本書である。

そのため，本書においては，各章の節もしくは項の見出しは「問い」の形になっており，取り上げた「問い」に対して解説するという構成になっている（内容によってそのような見出しになっていない章もある）。さらに解説では，青年期における「光」と「闇（影）」の両面に焦点を当て，論じている。執筆者によって論じ方は異なるが，青年の発達にまつわる「光」と「闇」が意味するところは何であるかが示されている。本書を通して，少しでも両面の意味するところを感じ取ってほしい。

もう一つの本書の特色として，各章のおわりに「現代青年へのメッセージ」が加えられていることである。本書では，「問い」に対する解説にとどまらず，さらに一歩進めて，各執筆者に「現代青年へのメッセージ」を加えてほしいとお願いした。各執筆者が「今，青年に伝えたいこと，考えてほしいこと」が各章で述べられている。それぞれ執筆者がどのようなメッセージを用意しているのかを楽しみにしてほしい。（「問い」—「光と闇」—「現代青年へのメッセージ」という基本的な構成については，序章「4．本書の趣旨」にて解説しているので，詳しくは序章を参照していただきたい）。

本書では，さまざまな「問い」を立てるために多彩な内容が盛り込まれており，序章，終章を含め13の章から構成されている。

「私って誰？　私っていったい何者なの？」（第1章）
「小学校高学年から中学生の頃になると，どうしてこんなふうに身体が変化するの？」（第2章）
「私にとって，家族，友人，恋人・結婚相手との関係っていったい何だろう？」（第3章・第4章・第5章）
「私が今いる社会・文化（にまつわるもの）っていったい何だろう？」（第6章・第7章・第8章）
「生きるってどういうこと？　死ぬってどういうこと？」（第9章・第10章）

読者の方々は上記のような「問い」を感じたことはないだろうか。おそらくどの読者の方々も大なり小なりこのような「問い」を何らかの形で感じたことがあるのではないだろうか。

本書では，これらの「問い」について各章ごとにさまざまな角度から解説している。もし，今このとき，これらの「問い」を感じている人がいるならば，ぜひ本書から何らかのヒントを得てほしい。

上記の章以外でも，序章では，青年心理学の枠組，歴史，現代青年の特徴，すなわち「青年心理学とはいかなるものか？」を知ることができる。

第11章では，青年期に比較的多く見られる精神疾患（統合失調症，気分障害，パーソナリティ障害）について概説している（本書では，青年期の臨床的問題を第11章に割り当てることとし，この章では「問い」の形は取らずに青年期の精神疾患を概説する構成を取っている）。

終章では，「ロストジェネレーション」と呼ばれる世代に着目し，「現代を生きるとはいかなることであるのか？」について本書をまとめるべく「現代青年へのメッセージ」がちりばめられている。

「現代青年へのメッセージ」は本書の特色であると先に述べたが，終章では章全体が「現代青年へのメッセージ」として展開されている。

さらに本書では，各章末にワークおよびコラムが挿入されている。

ワークでは，第1章～第11章の内容に対応した11のワークが挿入されている（第8章「青年の宗教性」，第10章「青年の死生観」では，編者間で何度も検討したが，これらの内容に適ったワークがなかったために，心理検査に関するワークを挿入した。これらのワークも章の内容とは別に自己理解を深めるものとして活用してほしい）。

ワークを挿入した目的は，読者が実際に各章に関連する課題に取り組むことによって，それぞれの章についての理解を深めてもらうことにある。特に自分自身の理解を深める機会になるように構成されているので，本書のワークを大いに活用していただき，自己理解を深めてほしい。さらにワークを挿入したもう一つの目的は，講義を行う際に，各章の内容について学生の興味関心を高めるように促したいとの思いからである。講義前・講義中・講義後と――それぞれのタイミングで――，学生にワークを解かせることによって，学生の興味関心，さらには講義の教育効果を高める機会としてワークを活用していただきたいと考えている。

コラムは，ワークと同様にほぼ各章の内容に沿った14のコラムが挿入されており，章で扱うことができなかった情報や知見が紹介されている。コラムでは，「大学全入時代」「裁判員制度」などの最近のトピックスや「ダイエット」「インターネット」「占い」などの身近な話題，さらには「オタク世界」「生（性）」「死」「悩み」「犯罪」といったさまざまな問題について取り上げられている。それぞれのコラムを通して，より広く青年を考える機会としてほしい。

このように，本書を通して，さまざまな観点から青年を考え，理解する機会にしてほしいと考えている。特に，青年期は，自分は「何処から来て何処へ行くのか」といったように自分自身についていろいろと考え，迷う時期である。時代は変われども若者はずっとこのように自分について考えてきたことだろう。しかし，社会がますます混迷に陥っていく中で，今を生きる若者たちはこれまで以上に「何処から来て何処へ行くのか」を考えざるをえない状況なのかもしれない。

「何処から来て何処へ行くのか？」……まさに本書全体を貫く「問い」ではないだろうか。その「問い」に対する手がかりを得るために本書の世界にお招きしたいのである。そう，『ようこそ！青年心理学』――本書を通して一人でも多くの読者が自分なりの「答え」を見つけてほしいと願うばかりである。

本書は，大学，短期大学，専門学校のテキストとして編集されている。ほぼ半期の講義に対応した構成になっているので，ワーク，コラムを適宜活用しながら講義を組み立てていただければ幸いである。

さらには，青年期の子どもをもった保護者の方々，日々青年たちと向かい合っている教師の方々，教育関係者の方々，心理臨床に関わる方々，そして青年心理学に興味をもたれている方々にも広くご利用いただければ幸いである。

最後に，本書の出版に関して，企画の段階から完成に至るまで，たくさんのご助言とあたたかい励ましをいただいたナカニシヤ出版の山本あかねさんに心から御礼を申し上げたい。

2009年3月

編者　松島公望・橋本広信

目　次

まえがき　*i*

序　章 ─────────────────────────── 1
 1.　青年心理学の枠組　1
 2.　青年心理学の歴史　2
 3.　現代青年の特徴　4
 4.　本書の趣旨　6

第 1 章　アイデンティティ─青年が問われるもの ─────── 9
 1.　はじめに　9
 2.　アイデンティティを理解する手がかりとは？　9
 3.　アイデンティティは人生全体においていかなる意味をもつのか？　12
 4.　アイデンティティの拡散は，"悪い"だけのものなのか？　16
 5.　おわりに─青年へのメッセージ　アイデンティティは青年に何を問いかけるのか？
  　20

第 2 章　身体の発達─からだとこころ ─────────── 27
 1.　はじめに　27
 2.　青年期の身体変化とその影響　27
 3.　おわりに─現代青年へのメッセージ　35

第 3 章　青年の自立─家族との関係 ─────────── 40
 1.　はじめに　40
 2.　家族関係が青年の自立にもたらす影響　43
 3.　おわりに─現代青年へのメッセージ　50

第 4 章　友人関係の発達 ────────────────── 54
 1.　青年期の友人関係の発達的意義とは？　54
 2.　現代青年の友人関係の特徴とは？　56
 3.　友人関係が青年にもたらす混乱　62
 4.　おわりに─現代青年へのメッセージ　64

第 5 章　恋愛・結婚─妬み・嫉妬 ─────────── 68
 1.　はじめに　68

    2. 恋愛と結婚の基礎―ジェンダー・アイデンティティと性的行動　68
    3. 恋愛と結婚　69
    4. 妬みと嫉妬　73
    5. おわりに―現代青年へのメッセージ　76

第6章　青年と文化―携帯電話を中心に ―――――――――― 81
    1. はじめに　81
    2. ケータイ文化のメリットとは？　82
    3. ケータイ文化のデメリットとは？　84
    4. 青年たちを新たなケータイ文化へと導く教育とは？　87
    5. おわりに―現代青年へのメッセージ　89

第7章　道徳性の発達 ――――――――――――――――― 96
    1. はじめに　96
    2. なぜきまりを守るのか？　98
    3. 道徳性はどのように発達するのか？　99
    4. 道徳と慣習を区別できるのか？　102
    5. 文化によって道徳性は異なるのか？　103
    6. 道徳性は状況によって変化するのか？　105
    7. おわりに―青年期の課題と若者へのメッセージ　105

第8章　青年の宗教性―あなたにとっての宗教性は…？ ――― 109
    1. はじめに　109
    2. 宗教性とは？　109
    3. 現代青年の宗教性の特徴　110
    4. おわりに―現代青年へのメッセージ　118

第9章　生きがい感―「自分探し，生きる」とは？ ――――― 124
    1. はじめに　124
    2. 青年期の自分探し　124
    3. 自分を見つけるということ　128
    4. おわりに―現代青年へのメッセージ　131

第10章　青年の死生観―「死ぬ」とは？ ―――――――――― 136
    1. はじめに　136
    2. 青年は死をどのように見つめるのか？　138
    3. おわりに―現代青年へのメッセージ　144

第 11 章　青年期と精神疾患　　　　　　　　　　　　　　　　148

1. 統合失調症（Schizophrenia）　148
2. 気分障害（Mood disorders）　155
3. パーソナリティ障害（Personality disorders）　157
4. おわりに　160

終　章　ロストジェネレーション―現代青年へのメッセージ　　　　　165

1. ロストジェネレーションとは？　165
2. 現代を生きる　169
3. おわりに―現代青年へのメッセージ　172

文　献　173
索　引　188

■ 章末ワーク

- ワーク1　私の中の"私"を知る　25
- ワーク2　自分の身体に対する意識　38
- ワーク3　Turning Point　人生の十字路―自立への旅路　52
- ワーク4　限られた世界に生きる"私"を知る―生活空間マップを描く　66
- ワーク5　わたしの恋愛行動　78
- ワーク6　携帯電話の使用について考える　92
- ワーク7　他者との葛藤の解決　107
- ワーク8　心理検査に関するワーク―エゴグラム・TA　121
- ワーク9　My Life Story　134
- ワーク10　心理検査に関するワーク―バウムテスト　146
- ワーク11　自己理解のためのワーク　162

■ コラム

- Column1　大学全入時代―大学と青年　8
- Column2　エリクソンのアイデンティティ・クライシス　23
- Column3　生と性―成長する心と身体　37
- Column4　裁判員制度―青年にとっての裁判　51
- Column5　学生相談から見る現代青年の友人関係　65
- Column6　ダイエットのこころ―思春期・青年期女性の視点から　77
- Column7　インターネットと青年―携帯電話は，青年に悪影響を及ぼすのか？　91
- Column8　オタク世界の広がり　95
- Column9　青年による犯罪―現代的犯罪の特性　106
- Column10　占いに見る市民と研究者　120
- Column11　心理テストをどこまで信じる？　123
- Column12　現代の青年の悩み―現代の青年は悩んでいるの？　133
- Column13　若者は「死」をどう意識するか？―「死」と「若者」をむすぶ「宗教」　145
- Column14　凶悪化する犯罪―青年の臨床的問題から考える　161

序章

　「心理学」という学問は，現代社会において，非常に一般的なものとなっているが，そこに「青年心理学」という領域があるのは，あるいはそれほど有名ではないかもしれない。「臨床心理学」や「犯罪心理学」は知っていても，「青年心理学」は知らないという人も多いのではなかろうか。「青年心理学」というのは，およそ小学校高学年頃から始まる「思春期」から，中学生・高校生を経て，大学生や大学院生に至る年代の「青年期」を守備範囲とする心理学の一領域である。思春期・青年期は，人間の自立に向けた重要な時期であり，また，迷いや不安をもつことが非常に多い時期であることから，その援助や支援という観点から，数多くの研究が蓄積されてきているのである。

　本章では，本書の序論として，このような青年心理学の枠組や歴史について解説する。また，青年の姿は，時代とともに変化していることから，最近の青年の特徴について若干の分析を行い，これらを踏まえて，本書の立場やその趣旨について解説をしたいと思う。

1. 青年心理学の枠組

(1) 人生の一段階としての青年期

　人間の人生について考えてみよう。人間は親から誕生し，乳・幼児期，児童期を経て青年期に至る。その後，成人期，中年期，高齢期へと人生は続いていく。つまり，「青年期」は，人間の人生の一つの段階であり，いわゆる子どもの時期から大人の時期への橋渡し的な意味をもつ段階といえる。子どもでもなく大人でもない青年は，「周辺人」（marginal man）などと形容されることもあるが，「青年期」は，子どもの心性から脱却し，社会の中にしっかりと根を下ろす大人へと変貌していくための，大切な時期といえるのである。「青年期」は，自立への足掛かりをつかむ時期と言い換えることもできるであろう。つまり，「青年期」は，これまでの子どもとしての自分から，大人の自分へと変貌していく中間に位置づけられ，人間が自立に向けた歩みを進め始める重要な一段階として存在しているのである。

> **周辺人**（marginal man）
> 　2つの相互に異質な集団に属する人々のこと。青年は大人でもなく子どもでもないという意味で周辺人と呼ばれる。

　しかし，「青年期」は，このような単に人生の一段階であるのみならず，その後の人生を見据えた上で，非常に大切な段階として位置づけられている。なぜなら，自立の階段を上るということは，自分の将来の人生や生活の基盤を自ら獲得するということが含まれるからである。つまり，「青年期」をいかに過ごすかということが，ある程度，その後のその人の人生のあり方を決定してしまう可能性があるともいえるのである。もちろん，現代においては，この面のより柔軟な自己決定が許される時代ではあるが，「青年期」に自分の将来に向けた「自信」や「確信」を少しでもつかんでおくことが，青年のその後の人生の大きな礎となるのは確かといえるであろう。

このように,「青年期」とは,大人への過渡期となる段階であり,自己の将来に向けた人生の歩みを進めていくための,極めて重要な段階と考えられる。

(2) 青年心理学とは何か？

では,青年心理学とは,何をする学問なのであろうか。簡単にいうと,青年のさまざまな心理的な現象や発達を研究し,青年理解とともに,青年に対する援助法を見いだし,青年の自立に向けた歩みを支援しようとする学問といえる。

次に,この点について,いくつか例を挙げて,より具体的に説明してみよう。まず,青年期には,身体的な発達が著しく進む。性的な成熟も進行する。これらは,子どもから大人へと発達していく象徴的な現象であり,青年期を彩る重要な出来事である。青年は,これらの変化にうまく適応していくことが求められるが,そのプロセスは必ずしもスムーズに進むとは限らない。深い悩みとはならないまでも,気になったり不安を感じるということはありうる。すなわち,青年のこのような身体的発達の特徴などについて研究を行い,そのプロセスを明らかにしたり,適切な援助方法のあり方について検討することが,青年心理学の重要な一つのテーマとして存在しているのである。

また,青年期には,アイデンティティをはじめとして,「自己の探求」が盛んに行われるようになる。「自我の発見」が契機となって,自己を強く意識したり,自己を見つめていこうとする方向へと大きく舵が切られるのである。これは,青年が自分の人生や将来を考えていくことへとつながっていくが,「自己」の問題は,そもそもいくら考えても結論が出しにくいという難しさを内包しており,青年にとっては,困難な作業を強いられることが多いのである。このような「自己の探求」のテーマも,青年心理学の中に大きな位置を占めているのである。

さらに,青年期には,親からの自立が重要な課題となるが,そのプロセスを研究したり,青年の親からの自立を考える上で非常に重要となる友人・仲間関係などの人間関係のありようについて研究を深めていくことも大切なことと考えられている。親からの自立の問題は,青年にとってそれほど容易なことではなく,ある種の困難を伴うことも多いことから,青年心理学において,重要な研究テーマとなっているのである。

最後に,青年期は,不適応行動が頻発しやすい時期と考えられているが,それらについてさまざまな角度から吟味していこうとする研究も多く行われている。たとえば,いじめや,不登校,非行などについて,その原因や対処方法などが検討されている。迷い道に入り込みやすい青年期という時期は,程度の差はあるものの,さまざまな不適応行動と背中合わせの時期と見ることもできるのである。

以上,いくつかの例を挙げて,青年心理学の意味とそのテーマについてふれたが,青年心理学とは,簡単にいえば,青年に対する支援の学問である。青年心理学が,青年の発達についてさまざまな角度から研究を進め,その成果を提供しようとする背後には,次代を生きる青年たちに,不安や葛藤に負けずに生き生きと人生を歩み続けてほしいという願いが込められている。その集大成が,まさに青年心理学という学問そのものなのである。

2. 青年心理学の歴史

次に,青年心理学の歴史について簡単にたどってみることにしよう。

青年心理学は,アメリカの心理学者ホール(Hall, G. S.)が,著書『青年期』を出版した1904年に始まるとされている。つまり,学問の歴史としては,まだ100年少々という短い歴史しかもっていないのである。アメリカ社会は,南北戦争を契機に急激な成長を遂げ,

工業発展が人間の生活を急速に変化させていった。このような社会状況の中で，人間のこころは疲弊し，特に青少年の非行や犯罪，精神疾患が増大した。彼の著書『青年期』は，ホールが，こうした青少年のこころの乱れを考慮し，青少年のこころを科学的に研究した成果といえるものなのである。

　ホールの基本思想は，進化論の発展としての「反復説」を拡張したもので，個体発生を系統発生と重ね合わせながら見ていこうとするものである。すなわち，乳幼児期は，人間がかつて四つ足で歩いていた動物の段階に対応し，青年期は，人類がかつて激しい試練の中で生き抜き，文化を創造した疾風怒涛の時代の再演である，などと説明するのである。こうしたホールの見方が，「疾風怒涛」や「危機」という，現代においてもある面で通用する青年観のルーツとなっているのである。

　その後，この青年心理学の流れはヨーロッパに波及し，1924年にドイツの心理学者シュプランガー（Spranger, E.）の著書『青年の心理』が出版された。第一次世界大戦後の混乱と荒廃の時代にあって，ドイツ国民の生活は最悪の状況にあったが，その状況下で青年の混乱と動揺も著しく，このような青年の問題に取り組んでいくことが不可欠な課題となっていたのである。シュプランガーは，彼の師であるディルタイ（Dilthey, W.）の了解心理学を発展させつつ，青年心理学の基本思想を構築していった。それによれば，精神の世界は，物理的世界とは異なり，意味のある全体として存在するというものであり，青年のこころの世界を理解するためには，青年の体験の仕方のみから見るよりも，それを他との関連で幅広く知ることにより，初めて青年を了解できるというものである。シュプランガーは，青年期を「第二の誕生」と呼んだが，これは，児童期までの安定した精神状況が，青年期においてその均衡が破れ，深刻な動揺と混乱がもたらされるが，それによって青年の成長がなされることを指摘したものである。

> **疾風怒涛**
> Sturm and Drang の訳語。事態の変化が大きく変わる様子を意味する。
>
> **シュプランガー（1882-1963）**
> ドイツの教育学者，哲学者，心理学者。
>
> **了解心理学**
> 実験室的な説明心理学に対し，人間の言葉や動作などを通してその心理を理解しようとする心理学の立場。

　ミード（Mead, M.）は，青年のありようは，これまで指摘されてきたように普遍的なものではなく，社会・文化的要因によって大きく異なることを実証的に示した。ミードの著書である『サモアの青年期』（1928年）によると，サモア諸島に住むポリネシア民族の青年には，アメリカ社会に見られるような危機現象や葛藤などの現象はほとんど見られず，むしろ青年期は，最も穏やかな時期に相当することを見いだした。その理由としてミードは，性的なタブーや抑圧の欠如，子どもから大人への漸進的な移行など，サモアに特有な要因があることを指摘している。ミード以外にも，ベネディクト（Benedict, R.）やフロム（Fromm, E.）など，これに類する指摘は数多くなされ，青年ないし青年期に対する見方を広げていく契機となった。

> **ミード（1901-1978）**
> アメリカ生まれの20世紀を代表する文化人類学者。
>
> **アンナ・フロイト**
> ジグムント・フロイトの娘。オーストリア生まれで児童分析の創始者。
>
> **ジグムント・フロイト**
> オーストリアの精神科医。精神分析の創始者。

　これらより少し遅れて，アンナ・フロイト（Freud, A.）やエリクソン（Erikson, E. H.）をはじめとする精神分析的な立場からの青年期論が，活発に展開された。特に，エリクソンは，ジグムント・フロイト（Freud, S.）の理論を継承・発展させ，彼独自の発達論を構築した。著書としては，『幼児期と社会』（1950年），『自我同一性』（1959年）などがある。彼の理論は，心理・社会的発達論とか，ライフサイクル理論，アイデンティティ理論と呼ばれるが，青年期に限らず，人間のライフサ

イクル全般を網羅したものである。青年期に関する分析は特に注目され，青年期を象徴する言葉として「アイデンティティ」や「アイデンティティ拡散」が有名になった。これらは，青年期における臨床心理学的研究といえるものであり，特に，青年の適応や不適応の問題を解明していく研究の流れの先駆となった。

わが国に目を転じてみると，わが国の青年心理学の歴史の大まかな流れとしては，ホールの著書を『青年期の研究』（1910年）として翻訳した元良勇次郎に始まり，青木誠四郎の『青年心理学』（1938年）の出版がこれに続くが，第二次世界大戦後，依田新を代表とする青年心理学研究会が発足し，『現代青年の人格形成』（1968年）などの出版を行ったことが，青年心理学の発展に大きく寄与したといえる。また，西平直喜の『青年分析』（1964年）をはじめとする数多くの著書も，青年心理学に多大な貢献をなした業績といえるであろう。

以上のように，青年心理学の歴史は，20世紀の初頭に始まり，1950～60年代に一応のその基礎ができあがったと考えることができる。それ以後も，時代や社会の変化等を背景にいくつかの新たな理論が生まれたり，青年心理学の内容の細分化に伴って多様な研究が展開して今日に至っているが，青年を理解しようとするこれらの試みは，ホールからおよそ100年を経過して，いよいよ成熟の時代に入ったと考えることもできる。

3. 現代青年の特徴

次に，現代青年の特徴について検討してみよう。時代や社会構造の変化に伴って，現代に生きる人間は，物質的な豊かさの一方で精神的に貧しい状況にあるといわれるが，ここでは，青年に焦点を当てて，若干の指摘を行いたいと思う。これらは，当然のことながら，現代の大人の世界でもほぼ同様の傾向があることを申し添えておきたい。

(1) 希薄な友人関係

Benesse教育開発センター（2005）の「第1回子ども生活実態基本調査報告書」によると，中学生と高校生の「悩みを相談できる友だちの数」は，双方とも2～3人が40％強で最も多く，4～6人の20％強と続くが，「一人もいない」と回答した者が，それぞれ14.1％，10.8％いることが報告されている。この「一人もいない」という回答の割合をどう判断するかであるが，友人関係が極めて重要な意味合いをもつ年代という点を考慮すると，やや気になる数字と考えられる。中学生でおよそ7人に1人が，また，高校生でおよそ10人に1人が「一人も悩みを相談できる友だちがいない」と回答しているのである。現代では，忙しさなどを背景にして，総じて人間関係の希薄化の進展が著しいように感じられるが，青年の生活においても，徐々にこの傾向が強まっているように思われるのである。

(2) 決断力と持続力の欠如

最近よく「KY」という言葉を耳にする。日本の政治の中でも，頻繁に使われているが，これは青年が使用する暗号のような略字であって，「空気（K）が読めない（Y）」という意味だそうである。これに象徴されるように，現代青年は，「周囲の空気を読む」ということに，非常に神経を使っているらしいのである。自分の意見や考えよりも，その場の空気を読んで行動する傾向が強いといわれている。このような傾向は，必然的に，場当たり的な行動や，決断力に欠ける優柔不断な行動の増加へとつながるが，その傾向が強まっていることが予想される。また，物質的に豊かで便利という社会状況や，幼少期からゲームなどに親しんでいるという生活を背景にして，我慢したり辛抱したりというような心性がうま

く育まれていないように見えることがある。「嫌ならやめてしまおう」とか，「うまくいかなければリセットしてしまおう」というようなある種の諦めの早さや投げやりな心性が優勢になりつつあるように感じられる。青年が，大事なことについては，多少の困難はあっても，それをやり遂げるという心性の育成が急務になっているように思われるのである。

(3) 個人主義

特に，最近，自分勝手でわがままな青年が増えてきたように感じられる。これは大人にも共通するが，自分の都合を優先させて必要な集団活動を拒否したり，通勤電車で食事をする，高齢者がいても席を譲らない，などの行動を頻繁に目にするようになった。このような行動は，もちろん「モラル」の問題とも関わるが，行き過ぎた「個人主義」の現れと考えることもできる。最近では，「孤人主義」という漢字を充てることもあるが，その背景には，携帯電話やインターネットなどの通信手段の発達や24時間営業の店の増加など，人と関わらなくても，それなりに便利で快適な生活が送れてしまうという，現代社会の問題があるようにも思われる。総務庁青少年対策本部（1999）による1983年と1998年の時点における，青少年が自分自身について感じている問題点について比較した資料によると，「自己中心的」と回答した割合は，1983年では約47％，1998年では約53％と，この間に大きく上昇していることが示されている。最近は，この数値が，もう少し増加していることも予想される。そこには，「自分一人で生きていける」という，青年の勘違いを生む深刻な社会状況があるのではないかと思われる。

(4) キレやすさ

現代において，「キレる」という表現は，非常に一般的なものとなった。普段おとなしい青少年が，突然「キレて」暴力を振るったり，殺人を犯したりすることも見られるようになった。このような現象は，もちろん以前から見受けられたが，その印象からすると，最近の青少年の「キレ」の様子は，以前に比べて，多少その質が変化してきたようにも感じられる。たとえば，何の前触れもなく，突然「キレる」というようなことは，以前はそれほど多くなかったように思われる。大学でも，ごく当然のことを注意しただけで，突如激高して教科書を叩きつけて教室を出てしまったという話を聞いたことがある。この要因としては，人間関係の希薄化に基づくコミュニケーション能力の欠如や，我慢する力の不足などが考えられるが，情緒をコントロールすることが難しくなりつつある現代青年の一つの特徴を示すといってよいであろう。

(5) 活字離れ

毎日新聞が，1954年以降，毎年，小学生・中学生・高校生を対象に実施している「学校読書調査」の「第50回学校読書調査」（毎日新聞, 2006）によれば，1ヵ月間に本を1冊も読まなかった「不読者」の割合は，小学生が7.0％，中学生が18.8％，高校生が42.6％と，前年度と比べて大幅に減少しているという結果が示されている。1997年度の小・中・高校生のそれぞれ15.0％，55.3％，69.8％という「不読者」の割合からすれば，大幅に改善されたといえるが，小・中学生の数値の減少には，「読書の時間」を設ける学校の増加などの要因が関連していることも大いに予想され，慎重な吟味が必要と考えられる。数値自体からしても，高校生では依然4割以上の不読者がおり，相変わらず活字離れが存在すると見ることも可能である。特に，大学生を見ていると，携帯電話にお金は使っても，本に金を使う者は非常に少ないというのが率直な印象で，授業で指定したテキストさえも，購入しない者が増加してきている。現代は，「活字」よりも「映像」が尊ばれる時代のように思

えるが，それによって人間にとって大切ないくつかのもの（想像力や思考力など）が少なからず失われてしまいつつあるように感じられることがある。読書が攻撃性を減少させるという結果を報告している研究もあり，読書をはじめとする「活字」の再評価が，今後一層行われることを期待したいと思う。

(6) 無気力

現代の学校現場では，いわゆる勉強する子どもと，勉強しない子どもとに二極化してきているといわれる。勉強する子どもは，早くから塾に通い勉強中心の生活をしているが，勉強しない子どもは，ゲームをはじめとする遊び中心の生活を送っているという。後者の子どもでは，たとえ塾に来ても，まったくやる気を見せない子どももいるという。これは，大学生でも同様である。超競争社会の現代にあっては，「勝ち組」「負け組」のような言い方をされる場合があるが，社会のいたるところで，このような二極化が進行しているというのが現状であろう。いわゆる「勝ち組」であれば物事に意欲的に取り組むが，「負け組」ではやる気をなくして無気力になってしまうというというのは，ある面で人間の当然の姿である。しかし，考えてみると，一般的に，ずっと「勝ち組」でいること自体，非常に難しいことで，誰でも，いつでも負け組」に転落する可能性を秘めていると考えるのが普通である。だとすると，人間にとって「無気力」は避けられないものであり，それに負けない前向きな力強さをもつことの方が，はるかに重要と考えられるのである。「無気力」は，現代青年において，かなり一般的な現象となりつつあるように思われるが，それを克服していく力をもたない限り，「無気力」から逃れる術はないのである。

(7) モラルの低下

「個人主義」のところでも少しふれたが，現代において，モラルの問題は，非常に深刻である。大学でも，講義中に堂々と食事や化粧をしていたり，携帯電話が鳴ったり，出席カードを偽造したり，といろいろな問題が生じている。「公」と「私」の区別がつかない者，罪の意識がまったくない者が非常に増えてきているように感じる。最近の高校生でも，自転車の右側通行は日常茶飯事であるが，これ以外にも，電車の床に座り込んでいたり，大声で喋っていたり，携帯電話で話をしていたりする姿を見かけたことがある。現代の社会状況は，「モラルハザード」と形容されることがあるが，大人も含めて，実にひどいものがある。人間が心理的な意味での大人になるためには，「教育」が不可欠であるが，現代はそれが弱体化しているのが大きな要因ではないかと考えられる。現代は，モラルやマナー違反を指摘しても，それを受け入れるどころか，むしろ逆ギレして，威圧的な態度をしたり，時には暴力を振るう者さえいる。これには，他人に注意されたり，自分の「非」を指摘されることに慣れていないということが考えられるが，これは「教育」が十分に機能していない証である。人間らしい人間が減少している現代社会は，豊かさとは裏腹に，極めて暮らしにくい社会へと変貌しつつあるといえるのではないだろうか。

4. 本書の趣旨

本章の最後に，本書の特長や趣旨について述べる。

(1) 光と闇

青年が発達の道のりを歩むというとき，それは決して直線的なものではない。つまり，すべてが順調に発達していくとは限らない。通常，そのプロセスにおいては，停滞もある

し，逆行もありうる。たとえば，アイデンティティや友人関係，恋愛などの発達にしても，それらが輝かしい青年の自立につながる現象であることはもちろんであるが，それらを深めていくプロセスにおいて，不安や悩みが高じたり，トラブルが生じたりすることも多い。また，「青年の文化」の問題にしても，これが，大人社会との対峙に基づく青年の自立を目指す行動ではあるが，大人社会との対立を生んだり，青年の破壊的な行動を増長させる可能性も大いにある。

このように，青年のこころの発達にまつわる諸現象は，すべてが何らかの形で，肯定的な側面と否定的な側面とをあわせもっていると考えられるのである（これは，何も青年に限らず，すべての年代に該当する事柄であるが）。このうちの否定的な側面が優位になってしまうと，青年の苦悩が非常に深まる状態に至ってしまうが，ある程度否定的な側面も経験しながら，青年のこころの発達は進行していくのである。本書では，この発達にまつわる肯定的な側面を「光」として，また，否定的な側面を「闇」としてとらえ，この両面に焦点を当てて，青年の発達について論じていく。

このようなとらえ方は，何も本書独自のものではない。たとえば，アメリカの心理学者のエリクソンは，人間の生涯にわたる発達を，陽（明）と陰（暗）の内容の相対的なバランスによって説明している。エリクソンは，乳児期には「基本的信頼 対 不信」という，「陽」（信頼）と「陰」（不信）の両者について，「陽」（信頼）が「陰」（不信）を相対的に上まわるバランスで獲得されることが，健全な発達につながると考えているのである。その際に，「陰」（不信）も，人間の発達において重要と考えている。つまり，「陰」の内容も，人間の忍耐力や克己心などを育む上で，必要なことと認識しているのである（エリクソンの理論については，本書の第１章で取り扱っているので，詳細については，第１章を参照していただきたい）。本書でいう「光」と「闇」が，このエリクソンの「陽」と「陰」に，完全に対応するわけではないが，とらえ方としては，非常に近いものといえるかもしれない。

青年のこころの発達の営みは，いつも順調に進むとは限らない。時に，行き詰まりや葛藤，不安や悩み，絶望などといった「闇」の側面を経験することもあるし，それが長期間持続してしまうこともある。しかし，それこそ人生なのである。そうした「闇」の経験の中で，我慢・辛抱することの尊さや容易に諦めないというこころの強さを養っていけるとすれば，それは，間違いなく青年の今後の人生の大きな糧となることであろう。

(2)「問い」と「現代青年へのメッセージ」

人生とは，誰かが指示してくれた道を進んでいくものではない。ましてや，何かマニュアルのようなものがあって，それに基づいて歩んでいくものでもない。もちろん，他者との関係性も非常に重要であり，他者の意見や考え方も参考にするという面はあるが，基本的に，自分の決断と，意志によって自ら進めていくものである。青年は，そのことに気づいているはずである。人生は，一度きりであり，誰もがかけがえのない人生を歩んでいるのである。

そう考えると，「問い」ということが非常に重要であるということに気づくのではなかろうか。自分の人生を進めていくということは，自らの人生を創っていくということである。受け身的に他者や物事に流されていくのではなく，自ら自問自答しながら人生を進めていくということである。たとえば，「自分はどの高校に進むのか」とか「自分は将来，どのような仕事に就くのか」等々，人生にはいろいろなところで，決断していかなければならない事柄が登場する。学校で勉強する「国語」や「数学」などの問題であれば，正解や不正解が明らかであって，正答を導くということができるが，「人生」の問題は，正解や不正解が明らかでないものがほとんどで，人生を自らの決断と意志により進めていくということ

は，無数にある選択肢の中から，あるものを「選択する」という作業が不可欠になる。ここをおろそかにしたのでは，自分の人生はうまく進んでいかないのである。「充実した人生」ということを考えるとき，「問い」に自問自答しながら，人生を進めていくことが重要といえるのである。

　本書では，さまざまなテーマについて，青年心理学の専門家が，「問い」を準備し，それに対する「現代青年へのメッセージ」を記述している。これらを参考にしながら，読者もこれらの「問い」に自問自答をし，場合によっては，親や友だちなどと意見交換をしていただきたい。また，「メッセージ」の内容にも目をやり，これらを先輩の発言として受けとめていただいた上で，ぜひ前向きな人生を進めていく糧にしていただければと思う。

　青年は，これからの社会を担っていく極めて重要な存在である。悩みや不安に負けずに，常に生き生きと人生を進めてほしいものである。

Column 1　大学全入時代—大学と青年

　依頼を受けてから数ヵ月。原稿を書くのを先延ばしにしているうち，気がつけば締め切りは目前である。あわてて目を通してみた文献では，勉強をせず「楽をした」学生たちが「不明確な目的意識」で大学に進学してくることが強調される。受験人口は1990年代をピークに減少に転じたのに反し大学は増え続けた結果，2007年に大学進学率は53.7%（現役学生のみだと51.2%）と過去最高で，収容率（入学者数／志願者数）は90.4%と事実上「大学全入時代」を迎えた（石渡，2007）。数字上は，望みさえすれば勉強しなくても，なんとなく進学することができるから「不明確な目的意識」なのだという。さて，本当に「全入」が原因なのだろうかと疑問に思うのは，「全入」ではない「ロストジェネレーション世代」（終章参照）の自分自身が「不明確な目的意識」で大学進学したからである。

　テレビで「バブル景気」（1980年代後半〜1990年代初頭の好景気）の浮かれた雰囲気を見ながら，東京に行けば，あの毎夜繰り広げられる祭に参加できるのだと思って少年時代を過ごした。大学に入ることが目的だった。大学に入ったら遊べるのだと信じていた。とにかく受験という競争を乗り越えることに必死だった。競争で負けないために，既存の情報を暗記することに懸命だった。実際には，景気の後退とともに祭は終焉を迎えていて，参加することはできなかったが。

　そんな私からすると「全入」世代は，やっかみの対象に他ならない。そもそも「レジャーランド」とも言われた日本の大学は「不明確な目的意識」で入った後に「楽をする」ところだと思っていた。そのための苦労だと思って受験勉強していたのに，「全入」世代は入る前から「楽をすること」ができたと思うから，怨めしいのである。この原稿を先延ばしにしていたのは，つまるところ楽をしながらよい反響を夢見たからである。最小限の努力で最大限の利益を得たいと思うのは，ある特定の世代に限ってのことではないだろう。

　しかしながら「全入」世代の大学生は実際に「楽をした」のであろうか。数字上は必要ないとはいえ，実際には現在も受験勉強をしている人はいる。かつての努力しても報われない過当な競争に比べれば「楽をしている」のだろうが，適度な努力が報われる環境ともいえる。本人にとっては，努力の賜物として成績は意識され自信となるだろう。それがまた，上の世代にとっては，たいしたこともしないで自信だけはもっていると批判の対象になることもあるだろうが。

　実際に「大学全入時代」を迎えた今，特徴とされることは本当に世代に特有なのか，それとも他の世代にも共通する不変・普遍的なことなのかを，「やっかみ」なしに見ていくことが必要である。ひょっとしたら「全入」以降の大学生は，大学入学以後にそれまでの世代には見られなかった高い学習意欲を示すかもしれない。これに関しては，若い読者の皆さんの方が詳しいかもしれない。原稿を書いている2008年現在，「大学全入時代」の大学生は2年生までしかいないのである。

第1章 アイデンティティ
―青年が問われるもの

1. はじめに

　少し立ち止まって，考えてみよう。この本を手にとり，目を通しているあなたは，今，自分がどういう人間で何をすべきかについて，自覚して生きているだろうか。

　人はもともと自分が誰かを知らずに生まれてくるはずである。そもそも何者かである必要など，生まれたときには感じていないだろう。ただ，生まれてくるのである。疑問などもなく。

　しかし，人はいつか自分が生きていく中で，自覚的にどこでどう生きたいのか，どうあれば満足なのかと問われるときが来る。そのとき，自分自身にさまざまな形で投げかけられる問い。それはそのまま「アイデンティティの問い」となって，青年に，多くの"こころの仕事"を課していく。

　この「アイデンティティ（identity）」という言葉，それ自体は誰もが知っている。青年期の発達課題として有名であり，一般に，「自分は誰か？」というようなことに関わっているのだということは，理解されているだろう。しかし，この誰もが"わかっている"ような，「自分は誰か？」というような問いに答えるためには，実は，とても多くのことに，自分なりの答えを出していかなくてはならないことには，あまり目が向けられていない。

　青年が，成人へと変容していく境界上で特に問われる，アイデンティティとは，どのようなものなのか。そこには，どのような人間心理への"ものの見方"や"思い"が込められているのか。

　青年が自分自身を理解するための手がかりとして，本章では，このアイデンティティについて解説し，それが青年にもたらす光と影について，明らかにしていきたい。

2. アイデンティティを理解する手がかりとは？

(1) 一貫性・斉一性・連続性のトライアッド（三つ組）

　鏡を見る。「あ，今日は顔がむくんでいる」「少し疲れ気味だ」などと感じたりする。髪型を整え，化粧をしながら，これから出かける所，出会う人を思い浮かべながら，ふさわしい自分のスタイルを選び出す。「この格好は私らしくないかな」「髪型が似合わない」などと感じていらいらしたりする。出かける時間が迫る中，今日も代わり映えのない一日が始まる……。

　何気ない日常の何でもない風景だが，よく考えてみると，私たちは，自分自身の生の目で自分を外側から眺めているわけではない。眺めているのは《鏡像》であり，《実像》では

> **同一性の区別について**
>
> エリクソンは，アイデンティティという一言に多様で多義的な意味をもたせ，多くの言い回しで用いているために，この言葉が何を意味するかについて混乱をしやすい。詳細な解説は，西平（1993）を参照することをお勧めしたいが，ここでは，同一性という言葉に絡むいくつかの用語を，上野（2005）に従って整理しておく。
>
> エリクソンのアイデンティティ概念は，もともとフロイトに影響を受けてはいるものの，より自我を強調する自我心理学の系譜から「自我同一性」として概念化されたものである。
>
> エリクソンは，自我同一性（ego identity）と自己同一性（self identity）とを区別するが，自我と自己の違いは，ミード（Mead, G. H.）のいう「I（主我）」と「me（客我）」にほぼ対応するとされる。西平（1993）のとらえ方によれば，自我同一性は，多くの同一化をさらに上位でまとめあげる（「アイデンティティのアイデンティティ」というような表現ができる），統合するという"動詞"的な面，機能的側面であるといえる。そこで，統合された成果を表す名詞としての側面は，自己についてのアイデンティティ，自己アイデンティティとみなしてよいのではないだろうか。
>
> さらに自己同一性は，個人的同一性（personal identity）と社会的同一性（social identity）とに下位分割され，相互依存的な二項の間の関係から自己同一性が成り立っているとされる。上野の表現するところによれば，個人的同一性とは，「わたしとは何者であるかをめぐるわたし自身の観念」であり，社会的同一性とは「わたしとは誰であるかと社会および他者が考えているわたしについての観念」である。これはより正確にいえば，「わたしとは何者であるかと他者が考えているとわたしが想定するわたしについての観念」を指すことになる。
>
> 個人的同一性と，社会的同一性とは，基本的に一致（親和的）状態にあるのが望ましい。しかし上野のように社会学的なアイデンティティを考える立場からは，（それがたとえ多重人格的，解離的であっても）多様なアイデンティティのあり方があってよいと主張され，アイデンティティの統合を強迫的に迫る考え方について批判されることが多い。

ないのだ。私たちは，常に自分の外側にある，"左右が逆の自分"（正確には左右反転なわけではないが……）を通して，自分の実際の姿を見ようとしている。

このとき，その鏡像と自分の実像とは，本質的に同じものとは言い難いにもかかわらず，"同じ"（「斉一性」sameness）ものと認識されている。

また，昨日の顔と今日の顔が違うと感じるというのは，想定している《自分の顔》と《今朝の顔》が"異なる"と感じているのだともいえる。異なると感じる裏には，自分の顔は"いつでも，どこでも同じ"（「一貫性」consistency）であるという，暗黙の想定がある。

顔もそうだが，体つきや全体的な姿，知的な能力や社会的な対人関係など，実はすべてが時間とともに変化をし続けている。過去のある時期と未来にいつか訪れるあるときの自分とは，実際にはさまざまな面で異なっている（断絶している）はずだ。それにもかかわらず，"いつの自分でも今の自分と同じであり，切れずにつながっている"（「連続性」continuity）というような感覚の中に，私たちは疑問をもたずに安心して生きている。

このように普段の生活においても，私たちは実にさまざまな場面で，内外の両面で，自分以外の何かと自分が"同じである"ということを確認しながら"自分らしい"スタイルを選びつつ，日常を生きているといってよいだろう。

朝起きて，親にあいさつをする。食卓には御飯が用意され，姉からはもっと早く起きるようにと小言を言われる。運転免許や学生証などをカバンに入れたのを確かめて，いつものルートを通って，自分が所属する学校や，職場にたどり着く。仲間にあいさつをし，自分の机に座り，社会の流れの中にいる自分を無意識に感じながら，今日も目の前の課題に取り組んでいく。

これら一つ一つのことは，あなたが"誰か"であることを教えてくれる。そして何らかの《役割》感覚をもたらし，「息子・娘」「弟・妹」「日本国民」「○○大学の学生」「友人」「社会人」などという，自分そのものではない何かと，自分が一致しているという確認の儀式となって，《あなたがあなたであるという感覚》を，繰り返し支え続けている。

このときあなたは，意識しているかいないかにかかわらず，エリクソン（Erikson, E. H., 1902-1994）が心理学的概念として描き出した，「アイデンティティの感覚（sense of identity）」に包まれている。一貫性・斉一性・連続性のトライアッド（三つ組）という土台に支えられて……。

(2) 生活者の言葉としてのアイデンティティ

"identity"とは，語源的にはラテン語の"idem"（英 same〔同一〕）から派生しているとされる。"identity"の訳語としては，主体性，自己定義，存在証明，自覚など，さまざまな言葉が使用されてきたり（西平，1978），時にはより身近な表現で，"生き様"のようなものとしてとらえられたりもしてきた。

しかし溝上（2007）によれば，"identity"はまず何よりも，「同一性」と訳されるべきで，その概念自体は「事物が同一であること」を基礎とする，シンプルな概念だという。

アイデンティティ，特に"モノ"のアイデンティティについては，古くはアリストテレス以前から，すでに哲学の分野における「同一性」の問題として扱われていた。

"人は同じ川に二度入ることはできない。新しい水がつねに君の方に流れてくるから"。これは，川のアイデンティティに関するヘラクレイトスの問いである。

この意味での「同一性」は，時間的・空間的に異なる事物や事柄間の関係を論じる際の，存在論的概念を示すものとして用いられてきた（溝上，2002）。

しかし現代的な意味でのアイデンティティ概念については，哲学的な議論の延長線上に生まれたものではない（それゆえに曖昧さも含まれるといえる）。それは，戦争で傷ついた兵士や悩みを抱える青年と，臨床現場でエリクソンが向き合う中で，「研究者のための学術用語」としてではなく「青年が自らの生き方を問うための，いわば生活者の言葉」として用いたことから出発したといってよい（西平，1993）。

> **存在論的概念**
> クワイン（Quine, W. V. O.）は，川のアイデンティティの問題を，川を「単一の存在者」と読み換えていくことだと述べている（溝上，2002）。
> 川を構成する水それ自体は，川に入る人の足元を一瞬にして流れ去り，"同じ水"に二度触れることは不可能といえる。その意味では完全な同一の構成物からなる"川"はないことになる。つまり事物そのものに沿って客観的に考えれば，"同じ川"はない。しかし，実際には，人は"同じ川"に二度でも三度でも入ることができる。
> これは，私たちが川の水という構成物など，物理的な質の同一性によって，ある川を"同じ川"としているのではなく，川という「存在」を「単一の存在者」とすることで，川の同一性を認識していることを表している。つまり，この場合の同一性とは，ある対象の同一存在（same being）を語る場合に用いられる，「存在論的概念」ということになる。
> この場合，対象となる2つのものの姿，形が実質的，客観的に「同じ（same）」であるかどうかは，問題とされない。

(3) アイデンティティはいつ現れるか？——自我違和感と自我親和感

アイデンティティの感覚は，"健康"の感覚と同じように，当たり前に機能しているときには自覚されることが少ない。むしろ，それが不調をきたし，何かがおかしくなったと感じるときこそ"健康"の大切さを感じるように，自分が誰かわからなくなるようなとき，その存在を身近に感じとる。

また反対に，スポーツなどで体に充実感がみなぎり，いつもより生き生きと躍動しているときにも，やはり"健康"な自分を感じることだろう。このように，自分が何かとの強い一体感を味わうようなときにも，自分が自分であることの充実感に包まれる。感じる強さのレベルはさまざまであろうが，このような2通りの場面で，アイデンティティは現れやすい。

まず，通常とは異なる状態，何かと何かの間に，同一性の「裂け目」や「境目」や「ずれ」が生まれるときのことを考えてみよう。普段，きちんと一つになってまとまっていたはずのものが「拡散（diffusion）」しようとする際に，まずアイデンティティは現れやすい（鑪・山下，1994）。

自分を"一つ"の存在であると感じられるのは，パーソナリティの中にあるさまざまな衝動，傾向，機能などをまとめあげ，組織化し，一体化する自我の能力による。その自我によって，"自分であるもの"と，"自分ではないもの"とは通常区別され，自分が他の誰でもなく，自分であるという感覚を維持できている。では，自分自身の中にある感覚など

が，自分にとって異質のものと体験されるとしたら，どうだろうか。

"本当の自分"は今の自分とは違うという感覚を覚えたことは，誰にでもあるだろう。真実の私であるはずのものと，実際に自覚している現実の自分との間の差異，そこから感じられる「それは私ではない」というような感覚を，エリクソンは，「自我違和感（ego dystonic）」と呼んだ。

宗教改革者として有名な，ルター（Luther, M.）の青年期の分析を中心とした心理歴史的研究の著，『青年ルター』（Erikson, 1958）。その中で，青年ルターが父親によって計画された，"法律を学んで政界へと進む"という親の希望に服従していた20代前半頃，「それは私ではない（Ich bin's nit!）」もしくは，「私は違う（私ではない）（Non Sum!）」という否定の言葉を叫んで卒倒した「聖歌隊での発作」が，彼の自我違和感からの叫びとしてエリクソンによって描かれている。

逆に，"それこそが私である""自分は自分らしくある"とでも表現されるような感覚に満たされるときもあるだろう。自我が"ずれ"ではなく，自分自身の内部の感覚との強い一致の感覚を味わうようなときにも，（時として過剰なまでに）溢れ出すような感覚として，アイデンティティは現れる。

こうしたときには，生ける斉一性と連続性との主観的感覚は最高潮に達するものである。エリクソンはジェームズ（James, W.）の手紙の一節を引いて，これを描写している。

「人間の性格というものは，ある精神的もしくは道徳的な態度のなかにおかれたときに，はっきりしてくるものです。つまり，そのような態度が身に宿るとき，人間はものごとに積極的にしかも生き生きと対処できる自分を，きわめて深く，強く感じるのです。そのような瞬間には，次のように叫ぶ内なる声が聞こえてきます。〈これこそが真実のわたしだ！（This is real me!）〉」（Erikson, 1968）

「これこそが真実の自分だ！」というような，一致の感覚は「自我親和感（ego syntonic）」と呼ばれる。

アイデンティティの感覚は，矛盾するようだが，自我違和的，自我親和的，この両方の場面で，ともに自覚的に立ち現れる。つまり，自分が誰なのか，何かのきっかけで"問われ""問う"ような場面。同一性が問われる地平さえあれば，アイデンティティの感覚は，内側から湧き上がるような実感を伴って，立ち現れるのである。

3. アイデンティティは人生全体においていかなる意味をもつのか？

(1) 同一化と同一性

人は，生まれてすぐに，"自分が誰か"などという疑問をもつことはない。よくいわれるように，誕生後しばらくは自他未分化の状態で，ただあるがまま自然に生きていると考えられる。だからこそ，文化や思想などの"差異"を意識することなく，乳幼児同士は仲良くしていられるともいえる。やがてそこに，"自分と誰か""誰かと誰か"との差異の境目，境界が生まれてくる。それが自我の発達上の出発といえよう。

母親と子どもが互いに触れ合い，認め合うことのできる2つの人格として，はじめて真に出会うところでは，自我のはたらきにより，自己を他者に重ね合わせる「同一化（identification）」のプロセスがすでに開始される。そして，その同一化の延長線上に，アイデンティティの課題は姿を現していく。同一性と同一化は，共通の根をもっているのである。

子どもらしい空想を含みつつも，子どもは青年期に至るまでに，自分が何と同じであるかを感じ取っていく。自分はどういう人であることを求められているのか……。親の姿，他人の何気ない一言や態度，世間的な評価，学校での扱い，友だちとの比較……。青年期に至るまでのそれぞれの発達段階において，日常何気なく過ごし接するものすべてとの間で，「お前はこういう人間だ」というメッセージを受け取りながら，それらのものが自分の一部として取り込まれていく。子どもは口や目や耳を通して，「世界」と「自分の感覚の基礎」を取り入れるといえよう（Erikson, 1973）。（この過程で，自分にまつわる"歴史"もしくは実際にあった事実ではないという意味での"神話"などを吸収し，ある社会・文化の継承者としての，自己の土台を築くことにもなるだろう）。

アイデンティティ形成は，「同一化の有効性が終わるところから始まる」（Erikson, 1973）ともされるように，青年期には，それまでの同一化によって仮に結晶化していた仮の同一性が危機に出会うことによって，新たな変容の時を迎える。このとき，身体とは別の次元で，本当の青年期が始まるといえるのかもしれない。

《あなたはもう子どもではない》というメッセージをあらゆる場面で突きつけてくる"社会"や"他者"との相互関係の中で，《では私は誰なのか？》という問いを与えられ，青年はそれぞれの新しい独自のゲシュタルトをもつ，真のアイデンティティを探さなくてはならなくなる。

エリクソンが「青年期の終わりに確立される最終的な同一性は，過去の各個人のどんな同一化をも超えたものである」と述べるように，青年期のアイデンティティとは，より早期の同一化群の単なる総和ではない（Erikson, 1959）。それは，重要な同一化を包括的に取り込んだものではあるが，それを足しただけのものではなく，青年期に，新たな自己意識のもと，社会や自分と向き合う中で生まれる，新たなまとまりを意味するのである。

> **ゲシュタルト（gestalt）**
> 一般に，「すがた・かたち」を備えた具体的な形象を指し，一定の「まとまり」をもつ全体的形態のことをいう。「全体は部分に先んずる」という命題があるが，全体がいかなる法則に従って部分に先んずるかを，具体的に明らかにしたのがゲシュタルト理論である。部分は，全体を構成する一部となるときに，部分単独のときとは異なる存在意義をもち，全体によって規定されるといえる。全体を構成するゲシュタルトは，部分の総和以上の特性をもつことから，本章では，青年期に，それまでのさまざまな経験や同一化を，全体的に新たな形でまとめあげるという意味を強調するため，この言葉を用いている。

(2) 発達の漸成理論図の奥にはどのような"ものの見方"が込められているのか？

図1-1は，エリクソンがいろいろな形で発表した，「発達の漸成理論図（epigenetic chart）（個体発達分化の図式とも訳される）」を，西平がまとめたものである。

揺りかごから墓場まで，ライフサイクル（人生周期）全体を視野におさめ，なおかつ一つ一つの発達段階上の課題と，そこで獲得する「心理的な活力（virtue，後にstrength）」を一堂に示したものである。この図の詳細な解説は他書に譲るとして，ここでは，そこに込められたエリクソンの"ものの見方"の基礎としてのライフサイクル論を探ることで，彼が考えていたアイデンティティ論の特質を理解していきたい。

まず，青年期までのそれぞれの発達段階において，身体状況や関係する重要人物などとの関係を背景としながら，人は自分をまとめあげる自我親和的な方向（陽）と，自分をばらばらにしてしまう自我違和的な方向（陰）との間に，常に置かれると仮定される。発達的時間と社会的空間とが出会い，重なり合う場所は，対角線上のラインである。人はそこで，それぞれのあり方で，陰陽いずれかの方向に偏りながら，その発達の時期にふさわしい課題に，独自の答えを出していく。

ある段階で出した答えに基づきつつ，次の段階で新たな課題に向き合い，そしてまたま

(死へのレディネス)

		1	2	3	4	5	6	7	8
Ⅷ	成熟期								統合性 対 嫌悪・絶望
Ⅶ	成人期							生殖性 対 自己吸収	
Ⅵ	初期成人期					連帯感 対 社会的孤立	親密さ 対 孤立		
Ⅴ	青年期	時間的展望 対 時間的展望の拡散	自己確信 対 自己意識過剰	役割実験 対 否定的同一性	達成期待 対 労働麻痺	アイデンティティ 対 アイデンティティ拡散	性的同一性 対 両性的拡散	指導性の分極化 対 権威の拡散	イデオロギーの分極化 対 理想の拡散
Ⅳ	学童期				生産性 対 劣等感	労働アイデンティティ 対 アイデンティティ喪失			
Ⅲ	遊戯期		(その後の現れ方)		主導性 対 罪悪感	遊戯アイデンティティ 対 アイデンティティ空想	←（それ以前の現れ方）		
Ⅱ	早期幼児期		自律性 対 恥・疑惑			両極性 対 自閉			
Ⅰ	乳児期	信頼 対 不信				一極性 対 早熟な自己分化			
社会的発達 生物的発達		1 口唇期 oral	2 肛門期 anal	3 男根期 phallic	4 潜伏期 latent	5 性器期 genitality	6 成人期 adult	7 成人期	8 老熟期
中心となる環境		母	両親	家族	近隣・学校	仲間・外集団	性愛・結婚	家族・伝統	人類・親族
virtue 活力・気力		hope 希望	will 意志力	goal 目標	competency 有能感	fidelity 誠実	love 愛	care 世話	wisdom 英知

図 1-1 エリクソンの精神発達の漸成理論図（西平, 1979）

とめあげられる答えは，それ以後の段階でのあり方に影響を与えていく（これが「～の上に epi = upon」「発生 genesis」していくという意味をもつ「漸成発達（epigenesis）」という見方の特徴であろう）。

　図 1-2 は，陰陽どちらかの感覚が優勢になり，いずれかに偏るという主観的な感覚を表現したものである。

　親和的（陽）な感覚がより強い状態を保っているとき，人のこころには，日本語での「気」に対応するような，目には見えない「心的活力」が満ちてくるとされる。これは身近な言葉でいえば，"生き生きとした状態"とでもいえるだろうか。

　違和的な感覚に圧倒されると，基本的には，生き生きとした感覚は得られない（ただし，そのことと倫理的・価値的な問題とは，実は無関係である。まとまりをもってさえいれば，それがどのようなものであれ，人のこころには活力が生まれるということは重要な点である）。

　それぞれの段階で，「対（vs.）」で結ばれた陰陽 2 つの感覚には，それぞれの発達段階における葛藤としてふさわしい名前が与えられている。青年期の発達上の課題は，ご覧の通り，「アイデンティティ対アイデンティティ拡散」である。

　この両者は右辺と左辺という 2 つの相異なった項が等式で結ばれて 1 つのことを示す

(a) 均衡量

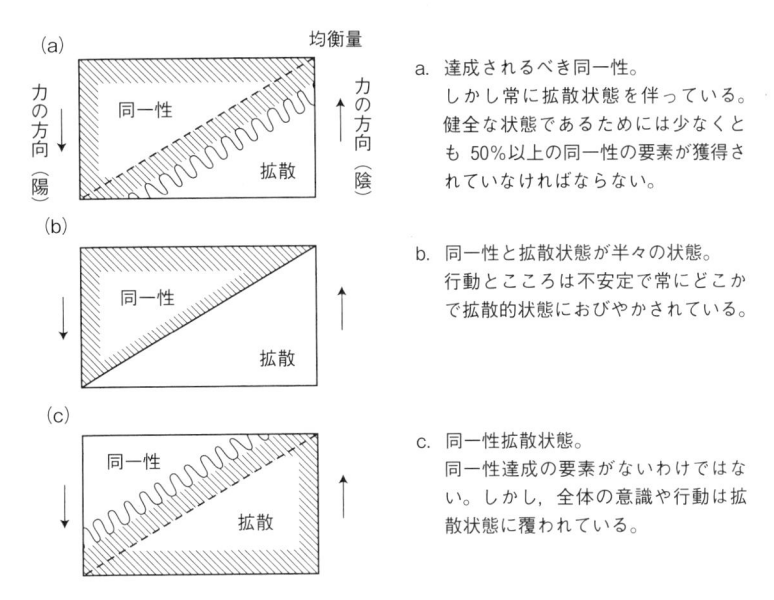

力の方向↓（陽）　同一性／拡散　力の方向↑（陰）

a. 達成されるべき同一性。しかし常に拡散状態を伴っている。健全な状態であるためには少なくとも50％以上の同一性の要素が獲得されていなければならない。

(b) 同一性／拡散　↓　↑

b. 同一性と拡散状態が半々の状態。行動とこころは不安定で常にどこかで拡散的状態におびやかされている。

(c) 同一性／拡散　↓　↑

c. 同一性拡散状態。同一性達成の要素がないわけではない。しかし、全体の意識や行動は拡散状態に覆われている。

図1-2　アイデンティティの力動的関係（鑪, 2002）

もののように（西平, 1993），別々に切り離されるものと理解してはならない。また，青年期のアイデンティティの課題は，それ以外の時期の課題との対し方すべてに関連し合い，潜在的に全生涯それぞれの段階で，その時期にあった現れ方で影響を及ぼしていることも示されている。

このように，発達に関するすべての事柄は関係論的に連鎖し合い，図表の「一字一句すべてにアイデンティティが影を落としている」（西平, 1978）。また逆に，すべてにアイデンティティは影響を受けるという見方も，同時に示されている。つまり，本来，エリクソンが描いていたイメージでは，アイデンティティはライフサイクルと一体のものであり，全生涯に関わる問題として，人生のあらゆる場面において影響を及ぼすものであるという見方が，ここに込められているといってよいのではないだろうか。

(3) ライフサイクル（人生周期）の中で"リサイクル"されるアイデンティティ

エリクソンの言葉には意図的な曖昧さ（河合, 1983）や重層性があることから，よく誤解を招くことがある。その一つが，《アイデンティティ達成＝完了主義的理解》であろう。

アイデンティティが個人の内なる不動の核心として理解され，徐々に形成された末に，"自立した個人の完成"に至って完了するというような《達成＝完了》的な理解は，あらゆるものが互いに関係し合っているという前提に立つライフサイクル論に込められた見方からすれば，一面的な理解であることがわかるだろう。

"リサイクル"という言葉がある。一度意味のある形と存在意義をもっていたものは，ある時期になれば単なる"ごみ"でしかなくなることもある。そのとき，その材料を"資源"として，もう一度意義あるものとして再生する力と場があれば，新たなものに生まれ変わることを表す言葉だ。

人の一生は，青年期で終わるわけではない。成人期，老年期，そして死に至るその日まで，自分が築いてきたアイデンティティは変化にさらされ，試され，時として時代遅れのものともなる。学生として，会社員として，教師として，父として母として，……。何を中心として自分のアイデンティティを形成するかは別として，社会に自分の居場所を得た上で，一度は完結したかに見えるアイデンティティも，時空の変転の中，再びそれが新た

な形でリサイクルされる必要が生まれるような瞬間が，やがて訪れる。ある意味で，アイデンティティの課題とは，青年期に本格的に向き合い始めるものだが，それは一生続く課題であるともいえる。

　卒業，就職，結婚，定年による退職，怪我や病気，身近な人の死，別れ，自信の喪失……いついかなる変化によって，自分のアイデンティティの足場が崩れさるとも限らない。時間の力はとても大きな変化の源である。もしそうした変化の中で，新たな息吹の吹き込み作業がなされないとすれば，変化の連続中，この《私》と私を支えるアイデンティティの感覚を，一生の間，生き生きと保つことは難しい。

　時間的にも空間的にも，他者と何重にもつながり合い，互いに影響を及ぼし合う鎖の輪の一つとして成り立っているものがアイデンティティであった。そして，そうした自分も，実は誰かのアイデンティティを取り巻く環境の一つとして存在し，誰かのライフサイクルの輪となり，アイデンティティを支えている。

　子どもであった自分がさまざまな経験を経て，青年期にアイデンティティを確立したとしよう。かつての青年はいつしか親となり，親としてのアイデンティティを子どもによって支えられる。やがて子どもが自立し，再び夫婦向き合う生活の中，互いに夫，妻としてのアイデンティティを支え合う。悲しいが，いつか伴侶を喪うときもくるだろう。人生は何が起きてもおかしくない。しかし，善き仲間によって，移り変わる自分たちの姿や人生を確かめ合い，支え合い，時に消えかかるアイデンティティの感覚に，生き生きとした新たな息吹を吹き込んでいく。

　このような，相互のアイデンティティを支え，確かめ合い，生き生きとした生の感覚を互いにもたらすような関係は，相互性（mutuality）といわれる，豊かなつながり合いの感覚をもたらす。アイデンティティは，ライフサイクルの中で出会う，自分と誰か・何かとの豊かな関わりにおいて，真に確かなものであり続けるということも，忘れてはならない一面であろう。

4. アイデンティティの拡散は，"悪い"だけのものなのか？

(1) 2つの問い　Who am I? & How do I fit into an adult world?

　Who am I?（「私は誰なのか？」），How do I fit into an adult world?（「私はどのようにして大人社会に入っていくのか？」）

　マクアダムズ（McAdams, 1988）は，アイデンティティの課題を，人の生活における「統一性（unity）」と「目的性（purpose）」の問題ととらえなおしている。そして，それらが人生で問われ，揺らぐ中で，アイデンティティが現れるとする。

　自己の統一性と目的性が問われる場面での象徴的な問いとして，彼が挙げているのが冒頭の2つの問いである。これらの問いは，無数の青年のこころのうちで，強弱さまざまにではあろうが，多様な形で現れる。特に，"壁"に突き当たっているようなとき，《問われている自分》は，一層強く感じられるだろう。

　友だちとうまくいかない自分に悩む。なんでここにいるのか，わからなくなる。かつて勉強ができていた自分が落ちこぼれてしまう恐怖に落ち込む。大学に入ったのはいいが，だからといって何をすればいいのか，曖昧な毎日に漠然とした不安を覚える。仕事を続けていけない自分に嫌気がさす。何が自分らしい仕事なのかわからない。何で生きているのかさえ，わからない……。

　青年期は自己集中的になるのが特徴（西平, 1990）であり，こうした問いが，アイデンティティ・クライシス（危機）の感覚となって，生活を覆う問題として現れるところも，実

は青年らしいといえる。

　この危機は，時として激しい失調感覚となり，あらゆる生活場面で麻痺的な状態を引き起こし，自分の統一性と人生の目的性を見失わせてしまう。そのとき，アイデンティティは拡散状態に陥っていくことが多い。

(2) アイデンティティ拡散の諸相

　青年期の出口は成人期である。一口に成人になるといっても，何が青年と成人を分けるのかは曖昧である。西平（1990）は，「成人になること」には何十通りもの定義が可能であるとしながらも，「アイデンティティの拡散をとおして，徐々にアイデンティティを確立してゆく過程」という定義がふさわしいと述べている。真に成人らしい成人としての自己の姿は，実はたくさんの心的な苦労を通り越した先に現れてくるということであろうか。

> **大人と成人**
> 　西平（1990）は，暦年数や生物的成熟，社会的通年として日常的に扱われる「大人」という言葉と「成人」を区別している。この場合の「成人」は，心理的成熟や社会的責任を引き受ける力をもつ人という意味合いが強く人格面での成熟が強調される。つまり，誰でも自然に「大人」にはなるが，誰もが「成人」らしい人になるとはいえないのである。

　拡散状態とは，同一性がまとまりを失い，散逸していくイメージを与えるように，青年を不安定にし，心的活力も奪い去り，苦しい状態をもたらすものである。しかし，拡散はそこから逃げないで真正面から取り組み，克服したときには，それを経験しなかった人よりもいっそう本物のアイデンティティを確立することができるという面があることを，忘れてはならない。

　ただ，やはりその状態にある限りは，まるで暗い森の中に迷い込んだような日々に思われることだろうし，精神的には，時として病理的な状態にまで至ることもある。

　以下，中西ら（1985），西平（1990）を参考にして，簡潔にその特徴をまとめておく。

1) 親密さの問題

　人との適切な距離がうまくとれなくなる。それが特に現れるのが，異性との親密さが求められるような場面である。アイデンティティの拡散は，自分と関わる人との関係もおかしくしてしまう。

　誰かとの距離が詰まりすぎると，融合すなわち，自分が失われてしまうという感覚に襲われて，今度は極端な距離をとり孤立する。熱狂的に親密になろうと企てては失敗を繰り返し抑うつ状態になり，親密になる必要もない相手と無理に親密になろうと試みたりする。自分の中の男性性・女性性も混乱（両性的拡散）し，異性をきちんと深く愛し愛される関係を築くことができなくなる。

2) 時間的展望の拡散

　まだまだ時間はあるのに，「もう間に合わない」とか，「危険が襲ってくる」という切迫感や，逆に期限を忘れたかのようにのんきに振る舞うなど，社会全体が共通に動いている時間の感覚からずれていってしまう。これは，特に《朝起きられない》ことに象徴的に現れる。昼夜逆転生活になり，大学や会社に適応できなくなっていくが，修正ができない。また，自分がまるで無力な赤ん坊のように感じたり，もはや若返ることができないほどに年老いたように感じたりもする。時間が取り戻せないという，停滞感や焦りに支配されるのである。

　"時間"は時計の中にあるのではなく，"健康な生命感覚"の中にあるといっても過言ではない。時間的展望の拡散は，過去から未来に流れていく，本来の正常な"こころの時計"の機能を麻痺させ，混乱させる。

3）勤勉さの拡散

「労働麻痺（work paralysis）」とエリクソンが呼ぶ状態が特徴である。何かに集中して持続的に取り組むことができなくなる。受験生なのに国語のテキストを開いたかと思うとすぐにそれを閉じ，数学に取り組もうと思っては集中できず，英語のテキストを取り出しながらただ時間だけが過ぎていく。いわゆるスランプになり停滞が続いていく。逆に本当に大切なものは避けながら，SF小説やインターネットなど，過剰に何かに没頭して破壊的なまでののめり込みを見せるのも，勤勉さの拡散の表れである。

4）否定的同一性の選択

同一化するのは，何も社会的に望ましいものばかりではない。家族や身近な人が否定し嫌悪するようなものに全面的に同一化し，そのことで活力を得るが，社会的には影の存在になっていくアイデンティティもある。この否定的同一性の裏には自己への不信感や肯定感の低さが潜んでいることが多い。"こんな自分"でも認められ生きられる道をあえて選ぶことで，たとえそれが反社会的集団や社会が否定するような人生につながろうとも，自己のアイデンティティが統合されていくことを優先する。これは，希望ではなく絶望に基づくアイデンティティのあり方といってよい。

5）同一性意識の過剰

常に人から見られ評価されているというような意識が過剰に高まり，アイデンティティの実験性（取り返しがつくという可逆性）を失い，役割実験の"実験性"を失ってしまう。「自分はこうでなければならない」などの意識へのとらわれが見られるようになるともいえよう。

6）選択の回避と麻痺

労働麻痺と同様，何かの選択を迫られるような場面で麻痺的になり，「わからない」「決断できない」というような保留状態に置かれる。むしろ，選択しなければならないような場面には近づけなくなり，結果として，社会生活が停滞していく。反面，何か傾倒できるようなものを探さなくてはという過剰なまでの意識にとらわれ，自分が何をしたいのか，何をすべきなのか決定しなくてはならないという焦りの中で，身動きが取れなくなることもある。

以上の他にも，アイデンティティ拡散は，自分が信じていた理想や権威も拡散させ，青年に進むべき方向性を見失わせることにもなる。これらすべてのことは，解決困難なこころの重荷を青年に負わせることになるのだが，一方で，この問題と取り組むことを通して，大切なこころの仕事をやり遂げ，新たに自分自身のアイデンティティを確認し，つかむチャンスにもなるのである。

"豊に悩む力"を河合（2001）は「葛藤保持力」と呼んだ。抱え込める悩みの強さや深さは，おそらく「自我の強さ（ego-strength）」によるのだろうが，悩みの向こう側に，自分が積極的に関与できるものを求め，いつか勇気をもって自己を投げ込む（投企）ことによって，力強い再生が始まるのである。

このように，拡散と統合も，実はダイナミック（力動的）な関係にあるのだ。拡散と向き合うことを通して，より豊かで柔軟なアイデンティティを得ていくととらえ，青年が自分で自分に向き合うことを，長い目で支援する大人がいるかどうかは，青年の未来を左右する。

この世にいる私たちすべては是認を必要とする。そしてある瞬間には"特に"必要とするものである（Coles, 1970）。人生において大切なその瞬間に，青年を認めてくれる大人がいれば，青年の「自我に内在する回復力」（Erikson, 1958）というこころのばねはしなや

かに動き出し、"こころの時計"を滑らかに動かし始めるのである。

(3) 悩む力を失う青年
—アイデンティティとモラトリアム

　現代は、モノの豊かな時代である。"生存する"という次元での生きる苦労を可能な限り避けることのできる時代である。人と直接出会うことなく何でもできてしまうような時代。ある意味で、楽な時代。しかし同時に、確かなものを感じられず、不安にさまよう、生きにくい時代。一言でいえば、自分自身を直接感じながら、生きる実感を味わう機会が損なわれていく時代。それだけ、生きる苦労を肩代わりするものに溢れている時代だともいえる。

> **自我に内在する回復力**（powers of recovery inherent in the young ego）
>
> 『青年ルター』（Young man Luther）序にある言葉。エリクソンはこの序において、青年期の危機を、特別の援助や恵まれた条件がなければ越えられないほど困難なものとした上で、診断的・病理的見方で見ることよりも、むしろそうした青年たちが見せる、期待以上の可能性の豊かさや洞察力にこそ注目しようという姿勢を表明している。そして、「私たちは、青年の自我に内在する回復力に着目してゆくことになる」と続けた。
> 　この言葉は、いかにエリクソンが青年の潜在的な回復力を信じ、希望をもって臨床現場に臨んでいたのかを表す言葉であるともいえる。
> 　文脈から、エリクソンがこの言葉に特別の意味をこめて用いているとは感じられない。そのためか、特別な用語として他の著書などで使われてはいない。しかし、日本においてエリクソンを積極的に紹介していた西平直喜などによって、青年だからこそもちうる、危機から回復しようとする反発力・回復力を表す言葉として強調され、徐々にこの言葉が用いられる機会が増えている。

　このこと自体は、一つ一つ、人が夢見てきたことの実現の結果であり、否定されるべきものでもない。ただ、こうした便利な社会が、アイデンティティ形成を難しくさせる状況を生み出しているのも事実だろう。

　小坂井（2002）は、アイデンティティが一つの現象として、対立する差異によって生み出されると述べている。「内部が存在するためには必ず外部が存在する必要がある」というように、青年が《内部》で自分を問い問われるような感覚をしっかりと感じとるためには、青年がやがて入り込まなければならない《外部》である大人社会が、それだけしっかりとした形と固さをもっていないといけないはずである。しかし、あらゆるものが激しく変化をしていく時代にあって、既存の価値観というようなものがぼやけ、多様化し、明確さを失ってしまっているようにも思われる。

　このような大人社会の曖昧な自由さが、実は、自分を大人社会のどこかに定位する課題を負う青年の、アイデンティティ形成を複雑な仕事にしてしまっているともいえる。だとすれば、昔では考えられなかったような複雑に絡み合う問題とじっくり取り組み、時間をかけて、自分らしい姿を探していく機会は、ますます必要になるといえるのではないだろうか。

　エリクソン（1959）は、経済用語であった「モラトリアム（moratorium 支払猶予期間）」という言葉の意味を読み換えて、「個人が社会の中に自らの身の置き所を見出すために社会的遊びなどを通して自由に役割実験を行うことを、社会や文化が許容している時期」とし、「心理社会的モラトリアム」と呼んだ。大学などは、最もこの心理社会的モラトリアムを享受できる場であり、そこで完全な失敗に陥ることなく、次々と自分の役割や力を試せる「人生の実験室」（橋本, 2002）となるはずだと思うが、この心理社会的モラトリアムを創造的に生きられない青年たちも多くなっているようである。

　"悩む力"が弱く、そこから新しい何かを生み出すような"よい悩み方"がわからなければ、時間やゆとりがあったとしても、ただそこで漫然と過ごすだけで終わってしまう。せっかくの心理社会的モラトリアムも、ただの"休憩時間"のようなものになってしまう。

　心理社会的モラトリアムとは、確かに、社会的に"何者かになる"までの猶予期間ではあるが、実は、何かに自分をかけて取り組んでいくような「忠誠（fidelity）」の力を試し、自分を鍛えあげる時間でもある。豊かに悩み、豊かな経験を積んでいくような時間を過ご

せなければ，何もそこからは生まれないのである。

　また宮下・杉村（2008）は，現代においてモラトリアムが「完全形骸化」していると指摘している。本来，人間のこころの営みはもっとゆっくりと進むはずで，失敗や挫折を経験し，試行錯誤を繰り返しながら，時間をかけて実感として育まれるものである。しかし，「乗り遅れると大変なことになる」というような過干渉な社会の中で，完全にモラトリアムは形骸化し，青年は，青年期を急いで通り過ぎないといけなくなっているという。

　そんな特急列車の時代にあって，武藤（1994）は，学生相談に訪れる学生に"悩み方"を教えなければならないという，相談関係者の驚きの声を伝えている。そして「葛藤し自己探求する基盤としての『自分というもの』」が希薄になってきている印象をもつという。

　「アイデンティティ形成は自己形成である」と述べる溝上（2008）は，良くも悪くもさまざまな他者と出会うことで，人は自己世界を形成していくという。そのイメージは，「他者の森をかけ抜ける」ことで「自己になる」というものだ。

　自己を形成するためには，豊かな森のような，他者との関係形成が不可欠だとすれば，悩む力を失いつつある青年が増えているとしても，それは決して，青年側だけに原因があるとはいえない。むしろ，青年にとっての，豊かな他者の森となれるような，大人の不在こそ問題だという見方もできるのではないだろうか。

　モノが豊かな社会を実現してきた大人たちは，これからは，単にモノの豊かさだけを保証するのではなく，自己探求を促す場と機会を保証することが必要であるように思われる。青年に，勝手に育てと言っても，育つ場が減っているのだから……。

　一人ひとりの大人たちが，青年が自分を発見するための森となって，安全に自分探しをすることを見守る社会。青年がゆっくりと，「私はこれがしたい」「私はこれを目指したい」というような，自分自身の"内なる声"を聴くための機会をもてるような社会。

　実際に，荒れた山林に一本一本木を植えて，森を回復する運動があるように，「今どきの青年は……」というセリフを吐く前に，大人たちは，自分たちがそのような豊かな，"育ちの森"を回復する努力をする姿勢をもつべきなのかもしれない。

5. おわりに──青年へのメッセージ　アイデンティティは青年に何を問いかけるのか？

(1) 新たに問われる現代のアイデンティティと青年の社会的役割

　アイデンティティそのものは，人が生きる上で，不要とされることはない。それは，その人がその人であり続けるためには，必ずなければならないものである。その課題を青年が負わなくてすむということも，発達論的には考えられない。アイデンティティは，やはり青年期の最も重要な課題である。しかし，人はそれぞれが生きる社会と時代から切り離されて生きることができない以上，それぞれの時代ごとに，青年がアイデンティティの課題に向き合う上での難しさも存在し続ける。

　現代という時代は，何らかの職業集団と地域集団，そして安定した家族を基本とする，変化の少ない，固定的な社会のあり方が失われた時代であるといえよう。

　メディアや情報ツール，ネット社会の進化などによって，「複数化」「断片化」「流動的」を主たる特徴としてもつ，ポストモダンといわれる社会が現実に今，存在している。さらに問題を複雑にする要素として，以前には想定できなかったような，《仮想世界の現実世界への侵食》という変化も加わりつつある。つまり，青年がそこで実際に生きて，アイデンティティを育む生活空間が，極めて複雑で多様な形態になってきているのである。

　個人個人の社会への向き合い方も，一律ではなくなっている。つまり，他者と同じペースで，同じ時間と場所で，そこで生まれる物語を共有しながら，青年たちがアイデンティ

ティの課題に向き合うという関係が作りにくくなっているともいえる。

しかし，時代は常に変わり続ける。そしてその中でも，それぞれの時代の青年たちは，自分が生きる時代にあわせたアイデンティティ形成を成し遂げてきた。そして，その時代にふさわしい形で，アイデンティティの拡散と出会ってきたともいってよい。

現代には，現代特有の状況とアイデンティティ形成の難しさがあるとも感じるが，そうした新しい時代のあり方から問われるアイデンティティの問いに，あなた方一人ひとりの青年たちも，やはり答えを出さなくてはならない。そして，実はそのことによって，社会全体のライフサイクルに新たな息吹を吹き込んで，世代と世代の間にある何かをリサイクルしていく役目を果たしていくのである。青年はいつの時代も，実は社会からこうした役目を求められているともいえよう。

拡散と同じく，この役割から逃げないで取り組んでいくならば，青年には，自分自身への"洞察と責任"という大きな財産が与えられ，次の成人期へと力強く進んでいけるのである。

> **洞察と責任**（insight and responsibility）
> 　1964年に出版されたエリクソンの著書のタイトルでもある。同書のまえがきにおいて，心理臨床家における洞察と責任の意味について述べられた部分がある。臨床家はよく訓練された職人的活動のもと，証明された知識および理論に従う面と，他方，これにとらわれないでこれを超える面の両方をもつ「洞察」を得て，それを，治療場面や講義場面などにおいて確認する必要がある。それによって，臨床家としての「責任」が更新され続けていくとされる。
> 　本章においては，既存のものは既存のものとして受容しつつも，青年は，時代の要請の中でそれを超える新たなアイデンティティを築き上げていく立場にあるととらえ，そのときに得られる心理的な力としてこの言葉を援用した。

(2) アイデンティティの影と光

アイデンティティには良い面ばかりではない。否定的アイデンティティという言葉があるように，アイデンティティには，そもそも正義とか倫理に関係なく成立するという面がある。同一化するものによって，犯罪者のアイデンティティであれ，国家主義者のアイデンティティであれ，なんだって成立してしまう。そして，残念であり危険でもあることに，それもやはり人に心的活力を与えるのである。

「黒人」の排除とセットになって成り立つ「白人」というアイデンティティのように，何らかの「他者」を排除する形で，自分のアイデンティティを保つ仕組みのアイデンティティ形成がなされれば，自分と異なる特徴やしるしをもつ人とは，相いれない，排他的アイデンティティの青年が誕生する。そして歴史は，青年を利用する指導者のもとで，こうした青年たちが幾多の他者を害する行為を担わされたということを証明している。

アイデンティティはどのような形でも，ひとたび成立すれば何らかの心的活力を人に与えはするが，このように人を束縛し，型にはめ，自由を奪い，誰かを害することでしか，自分が自分でいられないような社会や個人の生き方を生み出す元にもなるのである。

アイデンティティの影は，それがなければ，生きる実感を感じないほどに重要である（Erikson, 1973）にもかかわらず，人が発達の過程で"誰か"や"何か"を，《自分とは異なるもの》として排除してしまう面に潜んでいるといえよう。しかし，それでもなお，アイデンティティの感覚こそが，人に光を与えるということ，これも真実なのである。

問われているのは，誰かを自分と異なるものとして，排除しなくてもすむようなアイデンティティのあり方であり，誰もが同時にその人らしくいられるような社会の実現には何が必要であるのかということであろう。

ポストモダン社会において，実際の時間や空間の壁がますます消滅に向かい，ある意味で人と人との物理的距離がなくなりつつある現代。ますます問われていくであろうことは，この，差異を乗り越えるアイデンティティ像の構築であるともいえる（こうした時代だからこそ，他者と自分とは異なるという物語を与えるような，民族や宗教や歴史などの"神話"に根をもつ対立が絶えない時代に入っているともいえる）。

もちろんエリクソンも，生涯，その答えを探していたのであるが，今これからの時代によって問われているこうした新しい問いへの答えは，やはり今これからを生きる青年たちに託された課題であるともいえるだろう。

難しいのは，"どんな自分でもよいのだし，どんな他者でもいいのだ"としたいところであるが，そうなると統合した自分のイメージは描けなくなり，そこから力強いアイデンティティの感覚を得難くなる点である。的を絞れないのに，弓を力強く引けないのと同じである。

自分は誰でもいい，何だっていいというようなぼやけた生き方では，長持ちするようなアイデンティティは生まれない。また，他を否定するような民族主義や，狂信的な集団などのように，閉鎖的で強烈な排他性をもった強いアイデンティティ集団に対抗できない。

身近な日常の問題から，社会や歴史といったことにまで，このアイデンティティという言葉で語られるものは，絡み，拡大していくこともある。決して人ごととして受け流すのではなく，心理社会的モラトリアムによって，こうした問題に向き合うための時間や立場が与えられる青年期にこそ，大きな枠組の問題にも取り組み，豊かな答えを導きだしてほしいと願うものである。自分のためにも，他者のためにも。

アイデンティティの影は，おそらくなくなることはない。しかし，光の部分の強さによって，影の姿を潜めさせることはできるのだと，かつて青年期を生きた筆者は，今もって思うところである。

(3) アイデンティティ・フリーのすすめ

人と人との対立が深まる一方で，青年が自己形成しにくい社会。このような中で，一度アイデンティティから自由になる状態を豊かに過ごす時間がますます必要になると感じられる。宮下・杉村（2008）がいうように，健全なアイデンティティ形成の場と時間を保証するモラトリアムを，社会は維持し青年に提供する必要がある。

何になろうが何をしようが自由だという曖昧な時代でもあるが，西平（1978）は，拡散とは違う，倫理的な責任と洞察を前提にした，ある種の内在的な自信と心の底からの明るさに支えられた「なにものでもないという確かなアイデンティティ」《アイデンティティ・フリー》というあり方を肯定的に描いている。

これはある期間，「何者にもなり得るために何者でもない生き方を選ぶ」ことといえる。いわば，誰かになる前の独立したあり方であろう。

豊かな学生時代や青年期を通して，一度，自分に錆びついた生き方を見つめ直し，アイデンティティ・フリーな時間を生きられるとすれば，それまでとは違う，自己でありながら，自己を越え出るような，理想的なアイデンティティの声が，聞こえてくるかもしれない。

Column 2　エリクソンのアイデンティティ・クライシス

　エリクソン（Erikson, E. H.）が提起したアイデンティティ概念は，彼のイメージでは，哲学的な意味合いや学問の垣根を越え出る，生に直結した概念であった。それは当のエリクソン自身が青年期に直面した，自らのアイデンティティの危機からもたらされた言葉であったという，出自の独自性があるからともいえる。

　大きな仕事を成し遂げる人の中には，青年期に自らが抱え込む問題と向き合う中で病にも近い心理状態になり，逆にその悩みを抱えて生き抜くことを通して，何かを創造する人がいるという。ある観念に激しく没頭し，何らかの真理を求める時期に続くこのような一種の病を，エレンベルガー（Ellenberger, 1970）は，「創造の病」と名づけた。アイデンティティとは，まさしくエリクソンの「創造の病」を通して輪郭を与えられ，名づけられた概念といってよいだろう。

　彼の独特な"病"の源は，"ルーツ（根）の問題"にあった。自分が他の親から生まれたら……などと空想した経験は誰にでもあるのではないだろうか。彼は生涯自分の"本当の父親"が誰かを知らず，口を閉ざす母からは，自分の出生の謎を最後まで聞くことができなかった。

　"ルーツの問題"は実際に彼の全生活を彩り，彼が何と，そして誰と「同一」なのかを常に揺るがす問題として横たわっていた。彼は生まれながらにして，多くの"不一致"を心の中に抱えていたといってよい。

　1902年，デンマーク，コペンハーゲンのユダヤ人社会の名家出身の母，カーラ・サロモンセンのもとにエリク・サロモンセンは誕生する。しかし彼の"本当の父親"は，彼がまだ生まれないうちに母子のもとからいなくなった。世間体を気にしてか，その後ドイツで彼は成長するが，その出生は，自分が「デンマーク人」だという意識を育てる原点となった。病弱だったエリクであるが，母と強い絆で結ばれた幼少期を過ごす。

　3歳の頃，母は再婚をする。突如現れた小児科医セオドア・ホンブルガー（Homburger, T.）は，ドイツのカールスルーエのユダヤ人社会でも有名な旧家出身の男であった。彼は小児科医として人々から信頼され（S. フロイトと同様），ひげを生やし，病んだ人々にやさしく，神秘的な道具の使い手であったという。1911年に戸籍上正式にエリク・ホンブルガーとなるが，養父は母親との密着した生活に入り込む「侵入者」という複雑な思いから脱することは難しかったようである。

　母親との一体感も奪われ，名前を変えられ，彼は常に「何かが違う」という感覚にこころを染められていた。そして時に「もっとよい両親の息子なのに，完全な捨て子だったのだ」という空想のとりことなった。

　誰もが，自分の生まれ育った場所と無関係に生きることはできない。むしろ，その時間と空間（生活空間）において，何と出会い関わるかによって人生は大きく変化をするだろう。エリクが生きていた当時の歴史・社会・民族に対する世間的な見方は，彼に容赦なく，"自分が誰なのか"という問いを突きつけ続ける結果となった。ブロンドで青い眼をした背の高い少年エリクは，ユダヤ人の教会では「ゴイ（ユダヤ人でない異教徒）」と呼ばれ，ドイツ人ばかりの学校では「ユダヤ人」として見られていた。

　彼自身は，第一次大戦の間は懸命に「ドイツの超愛国者」になろうとしたが，デンマークが中立を表明してからは，未知の父親のルーツと想像していた「デンマーク人」になった。そして，ユダヤ人へのナチスドイツの迫害を避けて向かった希望の大陸では，アメリカの夢を信じる「アメリカ人」になっていくのである。やがて精神分析家として，アメリカで世に現れた彼は，自身の名前を，エリク・H・エリクソン（エリクの息子）と自ら記すようになる。

　自分がいったい，誰の息子なのか。そこに曖昧さを抱え込み，一番身近な同性の親（実の父親・養父）と自分を"同一視（identify）"できない。養父からは小児科医になることを勧められるが，それを嫌い画家になろうとするものの果たせない。当時の多くの若者と同じように，自分が社会において何者かになることを引き延ばし，青年エリクは森をさまよう日々を過ごしていた。

　そんな彼が，精神分析を学ぶ人々のために設

立されたウィーンの小さな学校（精神分析家フロイト（Freud, S.）とその娘，アンナ（Freud, A.）との出会いがそこでは待っていた）で，絵画教師としての仕事を与えられることにより，人生の歯車は，歴史に残る一人の精神分析家を誕生させる方向に動き始める。

いつの時代でも，どこででも，彼と同じような混乱を抱え込んで，人生のスタートを切る人はいる。一種の"負債"を抱え込む人生ではあるが，逆に，"誰かと同じである"という感覚の混乱によって，生きる上で，大きな問題と向き合う力が養われることもある。"負債"が"財産"になる人といえよう。

彼は社会に自分の居場所を見いだした。そして，精神分析家として世に現れたとき，かつての自分と同様，戦争などで傷つき，「人格的同一性感と歴史的連続性感とを失った」（Erikson, 1968）彼らの中に見いだした，本来大切な何物かに対して，「最も的確な名称をつけた」ことから有名になっていく。このとき，アイデンティティ概念は，青年自身が自らを問い，語る言葉として，新たに世に生まれ出たといえよう。

ワーク 1　私の中の"私"を知る

　クーン（Kuhn, M. H.）とマクパーランド（McPartland, T. S.）によって，元々は自己態度（self-attitudes）のスケールとして考案されたものに，「20答法（Twenty Statements Test:TST）」がある。現在は，自己概念尺度やセルフ・イメージの尺度としても用いられているものである。

　「私は誰か？」という刺激文に対して，「私は……」という形で「20通りの私」を描き，そこからアイデンティティ，自尊感情，自己評価，自己意識，記述中の感情や状況など，《自己》に関するさまざまな反応を読み取ろうとするものである。

　私は確かに一人であるが，しかし人はいろいろな場面で，それぞれ異なるあり方でこの「私」を生き分けているともいえる。それら一つ一つは，他者からすれば，間違いなく「私」でもある。

　私の中には，いくつもの「私」が住んでおり，それでも一人の私でいる。しかし，そのどれもが，自分との間で違和感なく存在しているとも限らない。中には「自分を押し殺す」ことで演じられている「私」もあるだろうし，もしかしたら，「本当の私」というような実感をもたらす「私」，そして，まだはっきり形をもたない「私」もあるかもしれない。

　さて，ここでは20答法そのものではなく，特に《自分から見た「私」》と《他人から見た「私」》，そして，《自分が好きな「私」》《自分が嫌いな「私」》という2つの次元に注目することによって，《私の中の"私"》のあり方を探ってみたいと思う。

(1) 次の未完成の文章に続けて文章を作ってみよう。

[A]　① 自分から見た「私」は……　_____

　　　② 自分から見た「私」は……　_____

[B]　① 他人から見た「私」は……　_____

　　　② 他人から見た「私」は……　_____

[C]　① 自分が好きな「私」は……　_____

　　　② 自分が好きな「私」は……　_____

[D]　① 自分が嫌いな「私」は……　_____

　　　② 自分が嫌いな「私」は……　_____

　4つの角度から，さまざまな「私」を描きだせただろうか？

【本当の自分はどこに？】

「本当の自分とは？」という問題は別として，上で描いたような自分の姿のうち，自分で「これが本当の自分に近い！」と思うものは，実は限られているのではないだろうか？

ここで，自分が描いた《8つの私》をもとにして，「本当の自分」を考えてみよう。

(2) 〈好きな「私」―嫌いな「私」〉と〈他人から見た「私」―自分から見た「私」〉という二つの次元を基準にして，「本当の自分」はどこに位置するか，考えてみよう。

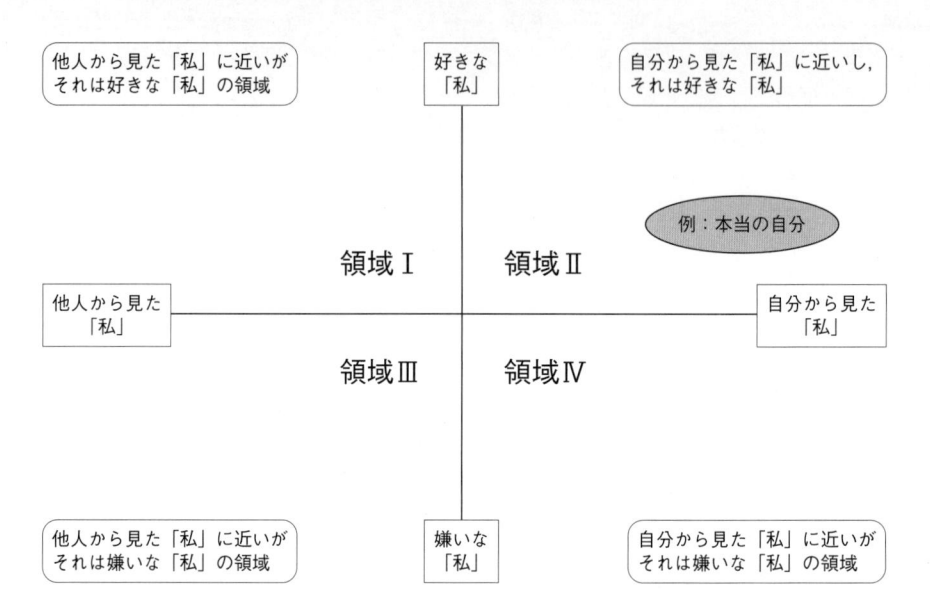

```
         他人から見た「私」に近いが    好きな    自分から見た「私」に近いし，
         それは好きな「私」の領域     「私」    それは好きな「私」

                        領域Ⅰ    領域Ⅱ        例：本当の自分

  他人から見た ─────────────┼─────────── 自分から見た
    「私」                                         「私」
                        領域Ⅲ    領域Ⅳ

         他人から見た「私」に近いが    嫌いな    自分から見た「私」に近いが
         それは嫌いな「私」の領域     「私」    それは嫌いな「私」の領域
```

さらに，8つの「私」を読み返してみよう。この「私」は，間違いなく自分の「からだ」を基盤として成立しており，誰かとの関係を「社会」でももちながら，そこでいろいろなことを感じ，自分らしい「人格」を保ちながら日々暮らしている。大きく分けると，私の要素として，**A：身体面**，**B：社会面**，**C：精神面**という3つの次元が浮かんでくるが，あなたは自分を考えるとき，何を重視しているのかを知ることも，「本当の自分」を知る手がかりになるかもしれない。

(3) あなたが描く「私」は，**A：身体面**（容姿，健康，体力など），**B：社会面**（所属，地位，誰かとの関係など），**C：精神面**（性格特性，感情など）のうち，何を重視しているだろうか？

答：＿＿＿＿＿＿＿＿＿＿＿＿＿＿＿

身体や容姿に重きを置いて自分をとらえる人，人との関わりや自分の立場を重視して自分を見ている人，そして，自分自身のこころの傾向，人格特性に注目する人など，「私」の描き方も人さまざまであったのではないだろうか。誰でもが，「私の中の"私"」とともに生きている。そして，それがどのような「私」なのか。このような工夫で，それが少しでも客観的に見えてくれば，自分のアイデンティティのあり方を知る，手がかりとなるかもしれない。

第 2 章　身体の発達—からだとこころ

1. はじめに

　人の一生の中で，身体の成長が最も著しい時期は生まれてから最初の 1 〜 2 年間である。誕生してすぐの赤ん坊の身長は約 50cm，体重 3kg 程度だが，1 年後には，身長は約 1.5 倍（約 75cm），体重は約 3 倍（約 9kg）にもなる。この時期に次いで身体の著しい成長が見られる時期が，小学校高学年から中学生にかけての時期である。この時期は，青年期の中でも特別に「思春期（puberty）」と呼ばれる時期でもある。また，この思春期において，青年は身長や体重といった身体の量的な変化だけでなく，性的な成熟といった質的な変化も経験する。これらの身体的変化は，青年の心理状態にさまざまな影響を与える。たとえば，精通を経験した少年や初潮を迎えた少女は次のような発言をしている（野辺地, 1973）。

　「中学二年生の夏，夢精が始まった。それが何であるかは友人たちの話で知っていたが，実際に経験してみると『自分ももう一人前になったのだ』という気持ちで一種の満足感が起こって，早速日記帖に書いたりもした。しかし一面自分自身に何か不安のような気持ちもあって，その頃から自分を特別に意識し始めたように思う」（手記・大学生・男子二十才）

　「私は去年の六月に初潮を経験しました。学校の先生や母から聞いて知っていましたので余り驚きはしませんでしたが，大人になったという誇りと同時に，自分の個人的な出来事なのに，他人の前に出るのがとても恥しい気持がして，その日は一日中皆がそれを知っているように思って，電車の中でも教室でも顔を上げることが出来ませんでした」（手記・中学生・女子十三才）

　このように，青年期の身体変化は，この時期の青少年に大きなこころの動きをもたらす。本章では，青年期の身体発達やそのメカニズム，そして，その身体発達の心理的影響について述べていく。

2. 青年期の身体変化とその影響

(1) 青年期の身体の発達—どのように身体が変化するのか？
1) 身体の量的変化
　出生から 2 歳頃までの身体の発育量が急増する時期を，第一の発育スパート（growth spurt）と呼ぶ。その後，発育量は一定の水準で推移していき，10 代前後から発育量が急増

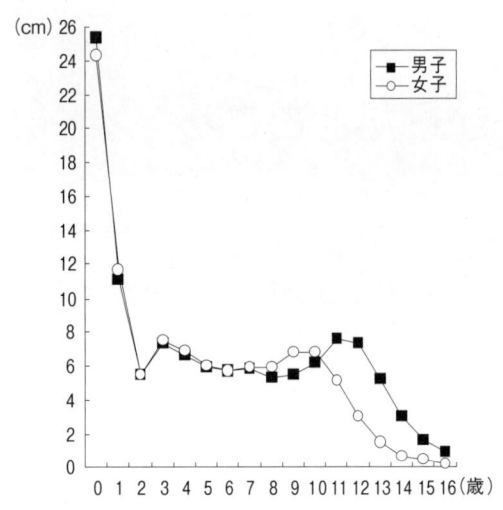

図2-1 男女の身長の年間発育量の推移（厚生労働省雇用均等・児童家庭局, 2001 および文部科学省, 2007 より作成）

する時期があり，この時期を第二の発育スパートと呼ぶ。図2-1は，0～16歳までの身長の年間発育量の推移を男女別に示している。図2-1が示すように，平均的な女子では9，10歳頃（早ければ7，8歳，遅くとも13，14歳頃），男子では11，12歳頃（早ければ9歳，遅くとも15歳頃）に発育スパートが始まる。平均的には，発育スパートは男子より女子で1，2年ほど早く訪れる。このため，この10～12歳頃は，女子の体格が男子を上回ることもある。

2）身体の質的変化

青年期に入ると，身長や体重といった量的な側面だけでなく，第二次性徴の発現という質的な側面でも変化が起こる。人の性は，一般に誕生時点での生殖器の形態に基づいて決定され，これを第一次性徴という。そして青年期に入ると，生殖能力などを獲得し，生殖器の形態以外の性差が大きくなる。これを第二次性徴という。この第二次性徴は図2-2に示されるような順序で進行する（Tanner, 1978）。図中の女子の乳房や恥毛，男子の性器の発達評価や恥毛の部分の数値は，発達の度合い（数値が大きいほど発達が進んでいる）を示している。女子では，身長の発育スパートの始まりとともに，乳房や恥毛の発達が生じ，それらの後に初潮が生じる。男子では，身長の発育スパート以前から性器の発達が始まり，それに恥毛の発達が続く。また，これら以外にも，男子では精通，変声，ひげ・腋毛などの体毛の発毛，肩幅や筋肉の増大が生じ，女子では皮下脂肪の増大，腋毛などの体毛の発毛，骨盤や臀部の発達が生じる。これらの第二次性徴の発現を通して，子どもの身体から大人の身体へと成長していくのである。

3）ホルモンの変化

第二次性徴の発現は，内分泌系で生産されるホルモンのはたらきによるところが大きいと考えられる。成熟に影響するホルモンはさまざまだが，その中でも重要な役割を担っているのが生殖腺から分泌される性ホルモンである，アンドロゲン，エストロゲン，プロゲステロンの3つである。男子では，アンドロゲンは骨や筋肉などの成長を促し，また，アンドロゲンがテストステロンの形か，あるいはジヒドロテストステロンの形で陰茎，前立腺などの第二次性徴の発現，維持に関係している。女子では，エストロゲンが性器，乳房，骨盤の発達などを促進し，プロゲステロンが子宮に作用し，受精・妊娠のための準備を促

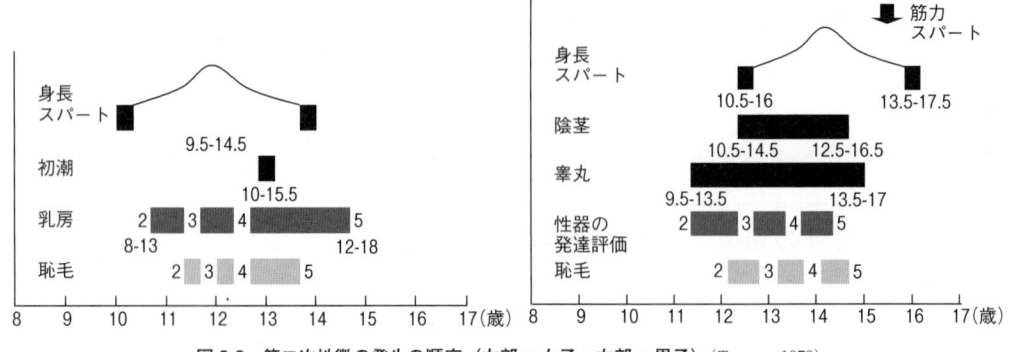

図2-2 第二次性徴の発生の順序（左部＝女子，右部＝男子）（Tanner, 1978）

す役割を果たしている。

これらの性ホルモンの分泌は，黄体形成ホルモン（LH）や卵胞刺激ホルモン（FSH）といった生殖腺刺激ホルモンによって制御されている。この生殖腺刺激ホルモンは，脳下垂体前葉によって生産される。さらに，この下垂体は視床下部で生産される生殖腺刺激ホルモン放出ホルモン（GnRH）によって制御されている。つまり，第二次性徴を促すホルモンの分泌は，視床下部－脳下垂体前葉－生殖腺という一連のシステムによってなされているのである。

> **ホルモン**
> 　体内のある器官（内分泌腺）で生成され，血液中に分泌された後，体内を循環し，別の特定の器官に作用する化学物質。
>
> **生殖腺**
> 　性腺ともいう。男性であれば精巣，女性であれば卵巣がこれにあたる。

また，こうしたホルモンは出生時から分泌されているものの，思春期まではその量が抑えられており，思春期になることにより成熟を発現させる量が分泌され，第二次性徴が起こるのである。

4）発達加速現象

図 2-3 は，12〜15 歳までの男子の平均身長の時代的推移を示している。15 歳男子の平均身長は 1900 年では 152.1cm であったが，2000 年では 168.6cm になっている。さらに，1900 年の 15 歳男子の平均身長は 2000 年の 12 歳男子の平均身長（152.9cm）と同程度である。つまり，15 歳男子の身長は 100 年間の間に約 17cm も高くなり，なおかつ，同程度の身長への成長が約 3 年間も早くなっている。このように，心身の成長が時代とともに促進され，その絶対量が増大している現象を成長加速現象（growth acceleration）と呼ぶ。

また，初潮や精通などの成熟が，時代とともに低年齢化している現象を成熟前傾現象（maturity acceleration）という。図 2-4 は，世界各国での初潮年齢の時代的推移を示している（Tanner, 1978）。1860 年では 16 歳以上で初潮が訪れていたのに対して，1960 年ではそれが 13 歳にまで早まっており，ここ 100 年程の間に初潮の開始が約 3〜4 年早まっている。男子の精通でも，同様の低年齢化が進んでいる。つまり，親の世代に比べて子どもの世代では性的成熟が早くなっているのである。この傾向は日本でも見られ，たとえば，男子中学生の射精の経験率は 1987 年には 37.8％だが，2005 年では 44.4％に，女子中学生の月経の経験率は 1987 年では 75.0％だが，2005 年では 86.4％に増加している（日本性教育協会, 2001, 2007）。

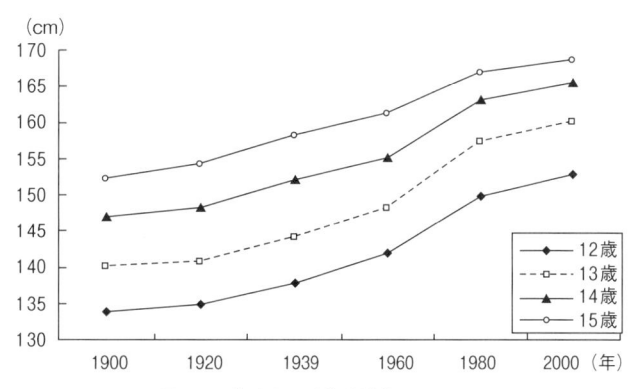

図 2-3　男子の平均身長の時代的推移（文部科学省, 2007）

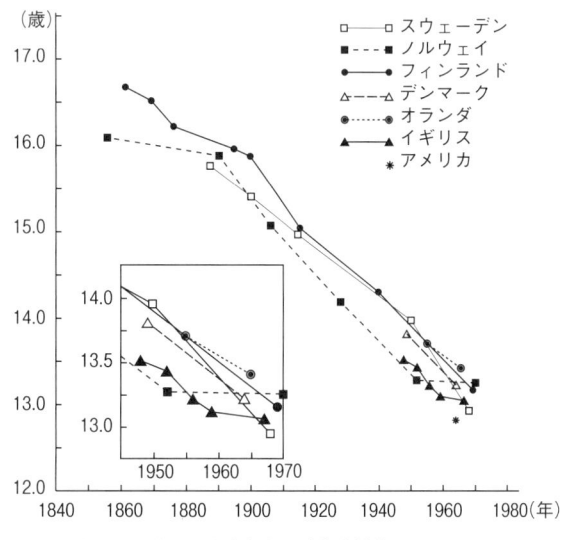

図 2-4　各国の初潮年齢の時代的推移（Tanner, 1978）

これら成長加速現象と成熟前傾現象を総称して，発達加速現象（development acceleration）と呼ぶ。さらに，この発達加速現象は比較次元によって2つの側面に分けられる（澤田, 1982）。前述のように，異なる世代間での発達速度や発達水準の差を示す場合を年間加速現象と呼ぶ。一方，同世代における集団間や地域間での発達速度や発達水準の差を示す場合を発達勾配現象と呼ぶ。たとえば，文部科学省（2007）によると，15歳の平均身長は沖縄県で男子=166.8 cm/女子=155.4 cm，東京都で男子=168.9 cm/女子=158.0 cm，新潟県で男子=170.0 cm/女子=158.2 cmであった（全国：男子=168.5 cm，女子=157.3 cm）。同じ15歳であっても，地域によって平均身長は約3 cmも異なるのである。

> **産業革命**
> 18〜19世紀にかけて起こった，産業の工場制機械工業への移行や，それに伴う社会構造の変革。最初はイギリスで生じた。

これらの発達加速現象が生じる原因ははっきりと解明されていない。ただ原因の一つとして，この発達加速現象が産業革命頃から見られること，発展途上国より先進国で，地方より都市でより顕著に見られることから，生活環境の近代化・都市化が考えられている（澤田, 1982）。しかし，近年，日本における初潮年齢の地域差が徐々に小さくなってきているという報告もある（日野林, 1995）。この発達加速現象の原因の解明には，今後の調査が期待される。

また，この発達の加速は恒常的に続いているわけではない。たとえば，日本の女子の初潮年齢に関して，1961年から継続的に行われている調査（日野林ら, 2006）によれば，日本女子の初潮平均年齢は1961年で13歳2.6ヵ月，1992年で12歳3.7ヵ月であり，およそ30年間で1歳ほど早まっている。しかし，1990年代以降ではほぼ横ばい状態となっている（平均初潮年齢：1997年＝12歳2.0ヵ月，2002年＝12歳2.0ヵ月，2005年＝12歳2.6ヵ月）。発達加速現象といえども，生物としての限界を超えて発達が進むわけではないのである。

(2) 身体の発達に対する心理的反応——身体的変化に伴って，どのような感情が生じるのか？

1) 第二次性徴に対する感情

初潮や精通といった第二次性徴を迎えた青年期の男女は，さまざまな感情を経験する。たとえば，男子が精通を初めて経験したときには，「興奮した」「成長した」「幸せだ」「誇りに思った」などの肯定的な反応と同時に，「おびえた」「当惑した」などの否定的な感情や「興味深い」「驚いた」という驚きの感情も生じる（たとえば，Adegoke, 1993; Gaddis & Brooks-Gunn, 1985）。女子の初潮に対しても肯定的・否定的な感情反応が同時に生じることが示されており，第二次性徴に伴う身体的変化は，複雑な心理状態を導くのである。

図2-5は，日本の青年におけるさまざまな性的成熟が生じたときの心理的な受容度を示している。男女ともに，身長の伸びに対しては「とても／少しうれしかった」という肯定的な反応が多いことが読み取れる。それ以外の性的成熟に関して，男子では筋肉がついてきたことに対しては肯定的な反応が，変声・発毛・精通に対しては「どちらでもない」という反応が多い。一方女子では，乳房の発達に対しては「どちらでもない」という反応が多いものの，発毛・皮下脂肪がついてきたこと・初潮では「少し／とてもいやだった」という反応が多い。女子の初潮は身体的な痛みを伴うことが多く，それが否定的な反応につながっているのかもしれない。いずれにせよ，男子は性的な成熟を比較的肯定的にとらえている一方で，女子は比較的否定的にとらえているようである。つまり，男子より女子で，性的な成熟への複雑な思いが生じやすいといえる。

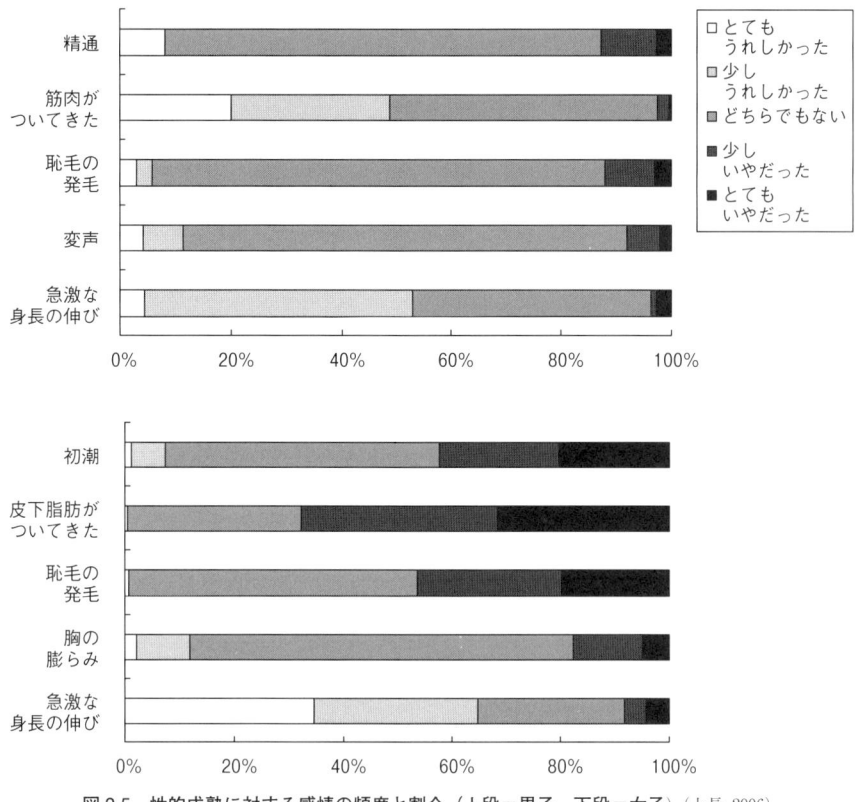

図2-5 性的成熟に対する感情の頻度と割合（上段＝男子，下段＝女子）（上長, 2006）

2）早熟者と晩熟者の違い

　発育スパートや第二次性徴といった身体変化は誰にも発生するが，その開始時期は個人によって異なる。普通よりも早く身体変化が発生する人を「早熟（early mature）」，遅く身体変化が発生する人を「晩熟（late mature）」と呼ぶ。この早熟や晩熟は，青年の心理に大きく影響する。たとえば，齊藤（1995）は早熟者と晩熟者の特徴を表2-1のようにまとめている。男子では早熟であることが適応に有利である一方で，女子では早熟は適応に影響はない，あるいはむしろ不利であると考えられている。

　生物学的観点から考えれば，早く成熟することは種の保存にとって有利（早く子孫を残せる）であり，男女ともに早熟が適応的であってもおかしくはない。では，なぜ男女で早熟の影響が異なっているのだろうか。この原因の一つには，社会・文化的要因が考えられる。たとえば，日本の社会においては，男性に「たくましい」ことを期待する社会的価値観（たとえば，伊藤, 1978; 齊藤, 1985）があり，この価値観は男子の第二次性徴の発現（肩幅や筋肉の増大）に沿うものである。一方，女性ではスリムな体型を理想とする社会的価値観（たとえば，諸橋, 1994）があり，この価値観は女子の第二次性徴の発現（皮下脂肪の増大）とは相反するものである。早熟は，男子では社会的価値を満たすことになる一方で，女子においては社会的価値から遠ざかることになるため，その影響が男女で異なるのかもしれない。また，イタリア育ちのイタリア人男子とボストン育ちのイタリア系アメリカ人男子を比較した研究（Young & Ferguson, 1981）では，ボストン育ちのイタリア系アメリカ人でのみ，早熟がより好ましい自己概念と関連していたことが示されている。つまり，男女の違いを含め，早熟や晩熟の影響は，青年が属する社会や文化によって大きく影響されるのである。

表 2-1　早熟者・晩熟者の特徴 (齊藤, 1995)

男子
- 早熟者は，大人に対してリラックスしており，より魅力的で，仲間に対しても魅力的で人気があった。
- 青年後期で，早熟者はリーダーとなり，大人としての行動を示す傾向があった。
- 早熟者は，高いボディーイメージと自信を持ち，人気があった。
- 早熟者は，他者よりも高い自分の身長に満足し，より魅力的であると感じていた。
- 早熟者は，筋力が発達し，心機能や肺機能が高いため，運動が他者より秀でており，男子グループの中で賞賛を得ていた。
- 晩熟者は，自信が低く，人気も無く，よりネガティブな自己概念を持っていた。
- 早熟者は，思春期直後において服従的で，一時的な心理的不安定や憂鬱さを見せた。

女子
- 早熟者は，仲間から人気が無く，リーダーになることが無かった。
- 早熟者は，社交性の低さや落ち着きのなさを示した。
- 早熟者は，ネガティブなボディーイメージを持ち，ネガティブの程度は青年期を通じて上昇した。
- 晩熟者は，より社交的で，自信を持っていた。
- 早熟者は，家庭の活動に参加せず，より年上の友人を得る傾向があった。
- 早熟者は，より良い自尊感情を持つと同時に，嘘をついたり，盗みをしたりする逸脱傾向の仲間との結びつきを示した。
- 早熟者であっても，中流クラスの者はより高い自信を示したが，労働者クラスの者の自信の程度は低かった。

3) 青年期の身体発達と心理的問題

前述のように，思春期の身体変化への青年自身の反応は，男女で異なる。このような男女差は，心理的な問題などでも見られる。たとえば，難波ら (2008) は中学 3 年生と高校 1 ～ 3 年生を対象に，第二次性徴の有無による不定愁訴の発生率の違いを検討した。この結果，男子生徒では変声やひげの有無によって不定愁訴の発生率に差はなかったが，女子生徒では初潮を迎えていない生徒より初潮を迎えた生徒で不定愁訴の発生率が高かったことが示されている。

> **不定愁訴**
> 不定愁訴とは，頭痛，めまい，疲労感，不眠などの身体症状が単一あるいは複数同時で発生するが，器質的疾患の見られない訴えのこと。

また，上長 (2007) は中学生男女を対象に，発育スパート（身長の急激な伸び）や第二次性徴（筋肉・皮下脂肪がついてきた，発毛など）の発現の有無と抑うつ傾向の関連を検討した。その結果，男子生徒では発育スパートや第二次性徴の発現の有無により抑うつ傾向の違いはなかった。一方，女子生徒では皮下脂肪がつくという第二次性徴を経験している生徒がしていない生徒より抑うつ傾向が強かった。これらの結果は，第二次性徴の影響が男子より女子で大きいことを示していると考えられる。

(3) 青年期の身体発達が及ぼすさまざまな影響——身体変化は何に影響するのか？

1) 性行動の低年齢化とその原因

前述のように，性的成熟は低年齢化が進んでいる。では，この時期の性行動はどうなっているのであろうか。表 2-2 は，中学生・高校生・大学生それぞれのデート・キス・性交の経験率の時代的推移を示している。2005 年を見ると，「デート」の経験のある者は中学生男女の 2 割，高校生の 6 割，大学生の 8 割となっている。中学生・高校生は時代とともに経験率が増加している。「キス」の経験率は，2005 年の中学生で 2 割，高校生で 5 割，大学生で 7 割であり，1987 年と比較していずれも 10 ～ 30%の増加が見られる。「性交」の経験率は，1987 年から 2005 年にかけて，中学生では 1 ～ 2%の増加が見られるのみだが，高校生では男子で 15.1%，女子で 21.3%，大学生では男子で 14.8%，女子で 35.0%の増加が見られる。また，2005 年の高校生女子の性交の経験率は，1987 年の大学生女子の経験率より高くなっている。これらの結果は，性的成熟と同様，性行動もここ十数年で低年齢化が進行していることを示している。

表 2-2 性行動の経験率の時代的推移（日本性教育協会,2007）

		男子				女子			
		1987年	1993年	1999年	2005年	1987年	1993年	1999年	2005年
デート	中学生	11.1	14.4	23.1	23.5	15.0	16.3	22.3	25.6
	高校生	39.7	43.5	50.4	58.8	49.7	50.3	55.4	62.3
	大学生	77.7	81.1	82.9	79.0	78.8	81.4	81.9	81.5
キス	中学生	5.6	6.4	13.2	15.7	6.6	7.6	12.2	19.2
	高校生	23.1	28.3	41.4	48.4	25.5	32.3	42.9	52.0
	大学生	59.4	68.4	72.1	72.3	49.7	63.1	63.2	72.2
性交	中学生	2.2	1.9	3.9	3.6	1.8	3.0	3.0	4.2
	高校生	11.5	14.4	26.5	26.6	8.7	15.7	23.7	30.0
	大学生	46.5	57.3	62.5	61.3	26.1	43.4	50.5	61.1

数値は「経験あり」と回答した者の割合（％）

　この性行動の低年齢化を促進する要因は何であろうか。一つは，前述のような性的成熟の低年齢化が挙げられる。それ以外の要因として，片瀬（2007）は青少年を取り巻く生活環境の変化に注目し，青少年の社会的な活動範囲が広がったことを促進要因の一つとして挙げている。たとえば，携帯電話などの通信機器は交友関係や他者との日常的なコミュニケーションを活発化させ，青少年の活動範囲を広める道具と考えられる。この通信機器の所有の有無によって，高校生のキス経験率に男子で30％，女子で40％近い差が見られている（片瀬，2001）。同様に，青少年の活動範囲を広げるものとして，自分で使用できる車やバイクといった移動手段の有無や，アルバイト経験の有無がある。移動手段に関して，バイクを所有する男子高校生ではキス経験率が71％であるのに対し，所有しない者では47％であった。またアルバイト経験に関して，普段からアルバイトしている高校生のキス経験率は男子で70％，女子で71％，していない高校生の男子では45％，女子では48％であり，アルバイト経験の有無によって男女ともに20％以上の差が見られた。このように，性行動の低年齢化には性的成熟の低年齢化だけでなく，社会的な要因も関わっているのである。

2) ボディ・イメージへの影響

　ボディ・イメージ（body image）は自分の身体についてのイメージのことである。このボディ・イメージは幼児期から児童期にかけて芽生え始め，徐々に具体的なものに形成されていく。たとえば，4～5歳頃は他者の身体を絵で描いたり，イメージすることはできるが，自己の身体をイメージすることは困難である。それが，8歳頃になると自己の部分的な身体イメージを形成することが可能になり，13歳以降になると多くの人が自己の全体的な身体イメージを形成することが可能になる（たとえば，針生，1986，1987）。

　青年期は発育スパートや第二次性徴によって大きな身体的変化が起こる時期である。同時に，青年期の認知的能力の高まりから，他者から見られる自分を意識するようにもなる。そのため，青年のボディ・イメージには，自分の身体が他者からどのように評価されているのかが特に大きな影響を与える。たとえば，片山・松橋（2002）は中学生から大学生の男女を対象に，ボディ・イメージの発達的変化を検討した。顔の大きさ，髪の毛などの身体部位24箇所それぞれをどの程度意識しているか（意識度）を尋ねたところ，すべての身体部位で，学年の上昇に伴って意識度が高くなっていた。また，どの学年でも「公共の場に出かける前には自分がどう見えるか気になる」「ちょっとした体重の変動でもとても気にかかる」といった事柄を男子より女子が意識していたが，中学生より高校生や大学生

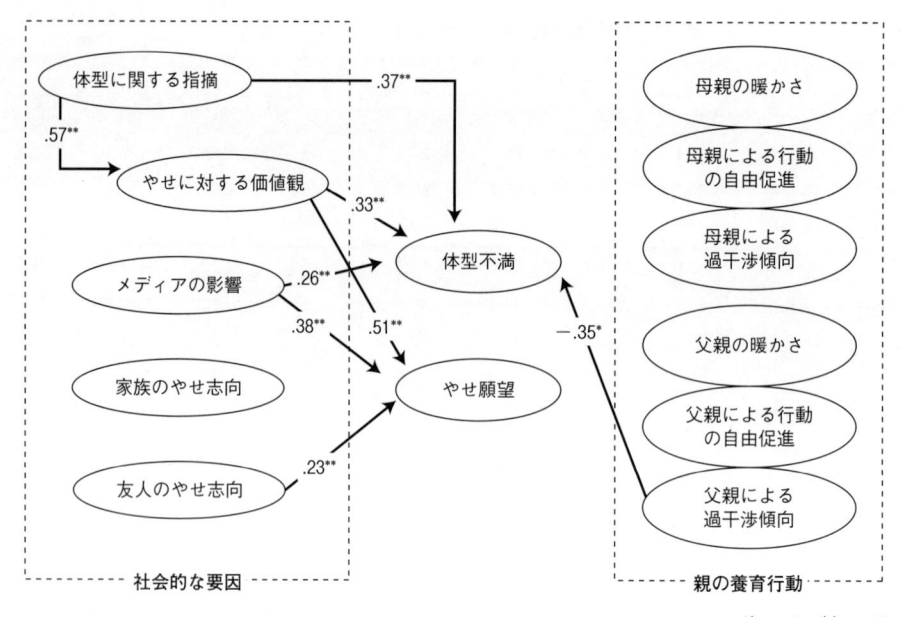

図 2-6 体型不満・やせ願望に影響を及ぼす要因 (前川, 2005)

($^*p<.05$, $^{**}p<.01$)

でその男女差は小さくなっていた。つまり，他者からの評価を気にし始める時期は男子より女子で早く，大学生頃になって男子も他者からの評価を気にするようになる。このように，青年期のボディ・イメージの形成には，他者からの評価といったものが重要な要素となっている。

また，この他のさまざまな社会的な要因からも影響を受ける。たとえば，前川（2005）は女子大学生（専門学校・短期大学を含む）を対象に，体重や体型へのこだわりに影響を及ぼすと考えられるさまざまな社会的要因や親の養育行動について検討している。その結果（図2-6），社会的要因に関して，体型に関する指摘（例：人から太っていると言われた），やせに対する価値観（例：やせている方が人は魅力的である），メディアからの影響（例：雑誌やテレビのダイエット特集）が自分の体型への不満（例：自分の太ももは太すぎると思う）を高めていた。また，やせに対する価値観，メディアの影響，友人のやせ志向（例：友人で現在やせようとしている人がいる）がやせ願望（例：もっとやせたいという考えで頭がいっぱいだ）を高めていた。一方，親の養育行動に関して，父親からの干渉傾向（例：私がしようとすることをコントロールしようとする）は自分の体型への不満を低めていた。さまざまな社会的な要因からも影響を受け，青年期のボディ・イメージが形成されていくのである。

さらに，このボディ・イメージは自己にとって重要な要素であり，ボディ・イメージに対する満足度の低さや歪んだボディ・イメージをもつことは，さまざまな不適応状態と関連している。たとえば，自己のボディ・イメージに対する満足度が低い人は，満足度が高い人より対人場面において不安や緊張を感じやすいことが示されている（柴田，1990）。また，ボディ・イメージに対する不満や歪みは摂食障害（eating disorders）の関連要因の一つと考えられている。たとえば，齊藤・溝上（1994）は大学生を対象に調査を行い，自己のボディ・イメージへの不満が高い人は摂食障害の徴候（例：食事へのこだわり，嘔吐衝動）があり，自己評価が低く，対人不安傾向が強いことを示している。この結果から，齊

摂食障害
　食べること（摂食）に関する障害で，不食（食べない），過食（食べすぎる），異食（食物でないものを食べる）の3つに分類される。男性より女性に多く見られる傾向がある。

藤・溝上（1994）は，ボディ・イメージへの満足度の低さが不適応な摂食態度・行動に結びついているのではないかと考察している。さらに，DSM-IV-TR（American Psychiatric Association, 2002）では，次の拒食症（邦訳版では神経性無食欲症）の4つの診断基準のうちの1つ（以下の③）としてボディ・イメージの歪みが挙げられている。①年齢と身長に対する正常体重の最低限，またはそれ以上を維持することの拒否，②体重が不足している場合でも体重が増えること，または肥満することに対する強い恐怖，③自己の身体の重さや体型を感じる感じ方の障害（身体像の認知の歪み），自己評価に対する体重や体型の過剰な影響，または現在の低体重の重要さの否認，④初潮後の女性の場合は，無月経，すなわち月経周期が連続して少なくとも3回欠如する。これらのことを考えると，青年期にどのように適切なボディ・イメージを獲得するかが課題の一つといえるだろう。

3）ホルモンが行動に及ぼす影響

青年期のホルモンの変化は，どのように青年の心理状態や行動と関連しているのであろうか。たとえば，16歳の男子を対象とした

> **テストステロン**
> 性ホルモンであるアンドロゲンの一種。

研究では，テストステロンが身体的な攻撃（脅威に対する攻撃的な反応）と関連することが示されている（Olweus et al., 1988）。しかし，ほとんどすべての青年にホルモンの変化が生じるが，すべての青年がこのような不適切な行動を示すわけではない。また，14～16歳の男子を対象とした研究では，テストステロンが飲酒や喫煙といった反社会的な行動と関連しているものの，学校や地域社会の活動に参加し，家族とも関わりを多くもっている男子では，この否定的な影響が少ないことが示されている（Udry, 1990）。つまり，青年期のホルモンの変化は，その他の要因と相互作用しながら青年の心理状態や行動に影響を与えているのである。

この青年期のホルモン変化の影響に関して，ピーターセンとテイラー（Petersen & Taylor, 1980）は，青年期のホルモン変化が彼らの行動や心理的反応に直接的に影響を与えるという直接的効果モデルや，青年期のホルモン変化によって起こる発育スパートや第二次性徴といった身体的変化が，彼らの生活や対人関係に影響を与え，その結果としてさまざまな行動や心理的反応が生じるという間接的効果モデルを提案している。また，この他にも青年期のホルモン変化に関連したさまざまなモデルが提案されている（たとえば，齊藤，1995）。これらのモデルのうちのいずれが正しいかを検討するための更なる研究が期待されている。

3. おわりに―現代青年へのメッセージ

本章では，青年期の身体的変化やその変化が及ぼす心理的な影響について論じた。本章の最後に，それらの身体的変化や心理的影響について重要だと考えられる事柄を述べておく。

まず，思春期頃に青年は発育スパートや第二次性徴といった急激な身体の変化や，それに伴うさまざまな心理的反応を経験する。また，発達加速現象を考慮すると，早い段階でこれらの変化を経験し，心理的な影響を受けている男女が増えてきていると考えられる。たとえば，田川ら（2001）は小学5・6年生535名のうち，性の悩みがある者が3割程度（162名）いることを示している。このような小学生は，その悩みから心理的に不適応な状態に陥ったり，間違った知識を得て，性の逸脱行動を行う可能性もある。そのような事態を防ぐために，小学生であっても性の悩みを相談できるような環境が必要であると考えられる。たとえば，前述の性の悩みをもつ小学生の半数程度（89名）が悩みを養育者に相談

をしていた。さらに，養育者に相談した小学生の9割以上が「相談したことに満足した」と回答していた。つまり，性の悩みをもつ小学生にとって，養育者は重要なサポート源なのである。また，養育者だけでなく，学校での性教育や友人との話し合いも重要なサポート源となりうる。青年は自分自身だけで悩まず，家庭や学校のさまざまな人々の力を得ながら悩みを解消し，周囲の人がそれをサポートすることが重要であろう。

> **エイズ（後天性免疫不全症候群）**
> ヒト免疫不全ウィルス（HIV）が免疫細胞を破壊し，後天的な免疫不全が生じる病。

本章ではまた，身体変化が及ぼす影響の一つとして，性行動の低年齢化について述べた。性行動の低年齢化自体の是非は別として，低年齢ゆえの知識不足から，エイズなどの性交によって生じる性病・感染症に罹患したり，望まない妊娠やその結果として中絶してしまうことは，本人にとっても，また周囲の人々にとっても不幸な結果を招くことになる。たとえば，厚生労働省の発表（厚生労働省大臣官房統計情報部, 2005）によれば，平成元（1989）年では妊娠中絶の全466,872件中，20歳未満は29,675件（6.35％）であった。それに対して，平成17（2005）年度の中絶数は289,127件で，このうち20歳未満は30,119件（10.41％）であった。つまり，全中絶数が減少している一方で，未成年の中絶は相対的に増加している。未成年だからといって，生を受けた胎児を無造作に中絶してよいというわけではない。自分自身や周囲の人々のことなどを含め，今一度，性行動について考えるのは重要なことであろう。

さらに本章では，青年のボディ・イメージへの身体変化や社会的要因の影響を論じた。この社会的要因の一つとして，テレビや雑誌といったさまざまなメディアの影響があった。多くのメディアが，女性に対して"やせを賛美する"メッセージを送っている（たとえば，諸橋, 1994）。このメッセージにとらわれすぎては身体の健康だけでなく，結果として健全な自己概念の形成にも害を及ぼしてしまう可能性がある。メディアにとらわれず，自分自身を見つめ直し，自分を評価していく必要があるだろう。

ここで挙げた諸点以外にも，本章で論じた青年期の身体変化と関連するさまざまな問題や課題がある。青年は自らの身体に変化が起こり，それに伴ってさまざまな心の変化も起こることを理解し，自分自身の身体のこと，それに関わる要因について深く考えていただきたい。また，身体的変化に関わるさまざまな問題について，自分一人で抱え込むのではなく，周囲の人々の助けを借りながら，対応していくことが重要だと思われる。

Column 3　生と性―成長する心と身体

　第二次性徴の一つとして，女性には月経が発現する。月経周期に伴って，ホルモン分泌に起因する生理的変動が繰り返し起こる。月経開始前，あるいは月経中に腹痛や腰痛などの身体症状，イライラや憂うつなど精神症状を自覚する女性は少なくない。これらを月経随伴症状といい，その症状の頻度や出現時期には発達段階の相違が見られる。身体症状について，10歳代では「腹痛」が圧倒的に多く，月経前にも月経中にも見られる。一方，20歳以上では月経前の「腹痛」が少なく，「乳房がはる」「頭痛」などの症状が出現し，月経中には減少する。精神症状について，「イライラ」「怒りっぽい」は，10歳代では月経前，月経中にも多く出現しているのに対し，20歳以上では月経前には増加し，月経中に減少することなどが報告されている（松本，1995）。

　月経に伴う症状には，生物学的要因のみならず，心理・社会的要因も密接に関連していることがこれまでの研究で明らかになっている。たとえば，月経の苦痛を「自分は身体変化の犠牲になっており，月経に伴う症状は自己コントロールの範囲外である」とみなすことによって，苦痛や抑うつ感が強くなること（Blake et al., 1998）や，月経症状の重い女性は，月経前によりネガティブな心理状態となっており，実際の生活場面においても心理的なストレス状態に置かれていること（織田，2003）など，さまざまである。一方，月経随伴症状が強い人ほど，月経による日常生活への影響を強く感じているが，月経の肯定感も高い（武井，2002）というように，月経に対する女性の心理はアンビバレントである。

　月経随伴症状は重いが月経周期をうまく乗り越えられる女性は，月経に対するイメージが肯定的であるばかりでなく「子どもを生む性」を十分受け入れていると考えられる（武井，2004）。月経周期の体験は「女性としての自己」を刺激し，「女性としての自己」を形成させるといわれる（Hertz & Molinski, 1980）。女性が月経をどのように認識するかは，女性性の受容や母性性の発達に影響を与え，周期的に訪れる月経とどのように向き合うかということは，女性としての人生をいかなるものとするか，女性としての自己実現においても重要だろう。

　しかし，平均初潮年齢が低年齢化している一方で，結婚・出産は遅くなり，月経を「子どもを生む能力」として自覚する年齢は上がっている。初潮から結婚して子どもを産むまでの期間はかつてより長くなり，妊娠・出産のための月経という観点のみではその意義を認められない状況にあること（川瀬，2008）もまた指摘される。身体的・心理的な発達のなかで，子どもを生む性としての自己を受容していくことに加え，月経を心身の健康状態のバロメーターの一つとして，自分の体に向き合っていくことが必要だろう。月経に伴う周期的な心身の変化とその影響について意識的になり，「つらいから何もできない」のではなく，自分の月経をマネジメントしていくという肯定的な態度を育むことが重要と思われる。

ワーク 2　自分の身体に対する意識

　人は，自分の各身体部位に対してさまざまな意識をもっている。本ワークでは，自分のさまざまな身体部位がどれくらい気になるか，気にならないか（意識度）を調べることによって，自分の身体に対する意識について考えよう。また，この意識が年齢に伴ってどう変化するのかについても合わせて考えてみよう。

(1) 次の 24 の身体部位について，"とても気になる（5）"から"まったく気にならない（1）"の中で当てはまる番号に○をつけてみよう。

	とても気になる	やや気になる	どちらともいえない	あまり気にならない	まったく気にならない			とても気になる	やや気になる	どちらともいえない	あまり気にならない	まったく気にならない
1. 顔の大きさ	5	4	3	2	1	13. 腕		5	4	3	2	1
2. 髪の毛	5	4	3	2	1	14. 手		5	4	3	2	1
3. ひたい	5	4	3	2	1	15. 手首		5	4	3	2	1
4. まゆ毛	5	4	3	2	1	16. 筋肉の状態		5	4	3	2	1
5. 目	5	4	3	2	1	17. バスト		5	4	3	2	1
6. 鼻	5	4	3	2	1	18. ウエスト		5	4	3	2	1
7. 耳	5	4	3	2	1	19. おなか		5	4	3	2	1
8. 歯	5	4	3	2	1	20. ヒップ		5	4	3	2	1
9. 口（唇や口の大きさなど）	5	4	3	2	1	21. 下肢（膝下から足首までの部分）		5	4	3	2	1
10. あご	5	4	3	2	1	22. 太もも		5	4	3	2	1
11. 首	5	4	3	2	1	23. 足首		5	4	3	2	1
12. 肌	5	4	3	2	1	24. 足（足首から先）		5	4	3	2	1

（片山・松橋, 2002）

(2) 自分の気にしている／していない身体部位を見つけよう。
　図1は大学生 168 名に 24 の身体部位への意識度を尋ねた結果（片山・松橋, 2002）である。全般的に，男子より女子でさまざまな身体部位が気になることが多いようである。また，"耳"や"首"などの男女ともに気にならないとされる身体部位や，"髪の毛"や"おなか"などの男女ともに気になる身体部位があることが示されている。
　この図1に，(1) で自分が評定した得点を使って，折れ線グラフを描いてみよう。そして，平均的な大学生の各身体部位の得点と自分の得点を比較し，自分が一般的な大学生より気にしている身体部位や気にしていない身体部位を見つけよう。

(3) なぜ，その身体部位を気にしているのか／していないのかを考える
　自分が気にしている／気にしていない身体部位を見つけたら，その理由を考えてみよう。一覧表（表1）を作ってもよい。

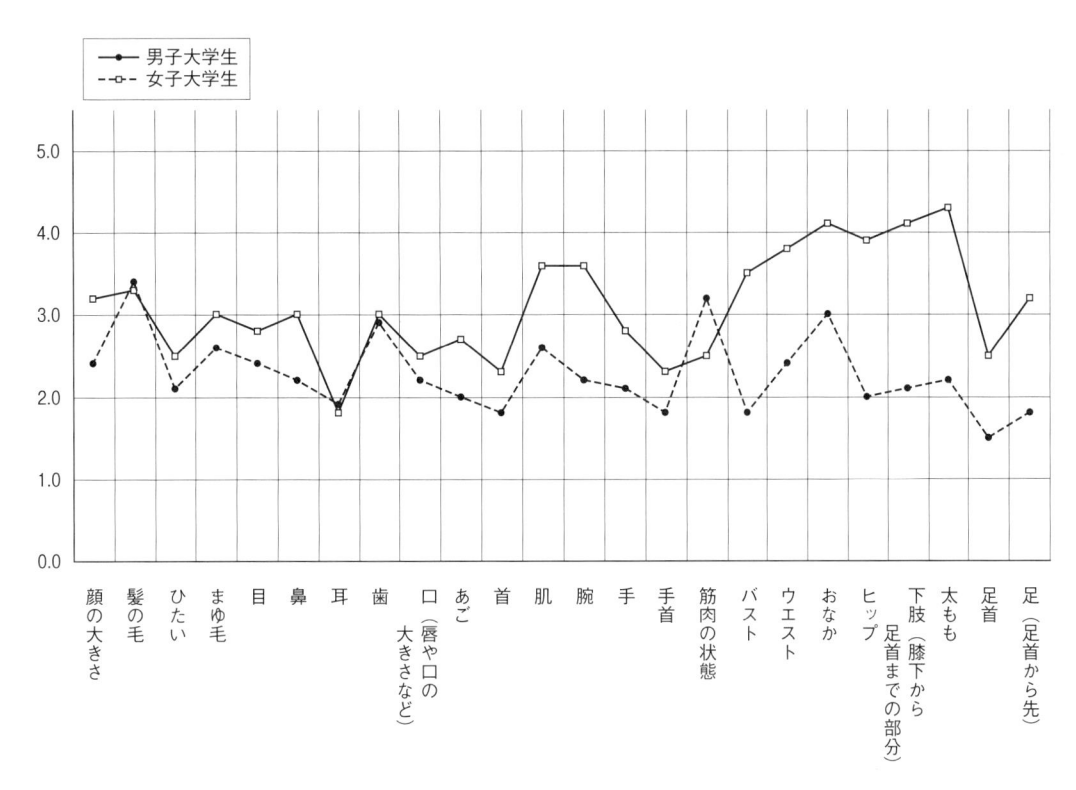

図1 男子・女子大学生の各身体部位への意識度 (片山・松橋, 2002)

表1 気になる身体部位とその理由の一覧表の例

気になる身体部位	理由
(例) 目	(例) 奥二重で，たまに右目が一重，左目が二重とバラバラになるから

(4) 年齢による意識の違いについて知ろう。

　年代の異なる同性の人（例：自分の親）にも（1）の質問を行い，自分とその人の気にしている／気にしていない身体部位を比較しよう。そして，両者の意識の共通点や相違点について話し合ったり，考えてみよう。

第3章 青年の自立—家族との関係

1. はじめに

　青年は家族との関係性をさまざまに変化させながら自立を図っていく。ここでは、乳児期から青年期に見られる家族関係の一般的な変化についてふれ、青年がどのように家族から自立していくのかを見ていく。また、青年の自立に伴って親・家族はどう変容するのかについて概観する。

(1) 自立に向かう親子関係の発達的変化

1) 乳児期の家族関係—依存

　乳児は誕生後数ヵ月の間、自分が養育者と一体であるような感覚にある（Mahler et al., 1975）といわれる。しかしながら、養育者との日々の相互作用を経て徐々に他者と異なる自己が明確となり、積極的に他者に愛情を求めるようになる。ボウルビィ（Bowlby, 1969）のアタッチメント理論では、乳児はさまざまなシグナル（泣きなど）に対して適切に対応してもらうことで、生後12週から6ヵ月頃までに、日々養育に携わる人を特別な人物として弁別するようになり、信頼関係の基盤を形成していくという。乳児期は、身体移動が未熟であり、言葉による意思伝達も不可能なため、専らこうした人物に依存する時期であるといえる。

2) 幼児期の家族関係—依存と自我の芽生え

　幼児期を迎え、自己の一貫したイメージが確立（自我の芽生え）すると、家族への反抗や激しい自己主張が始まる。これが第一反抗期であり、1歳半〜3歳頃に見られる。この行動は、これまですべてを家族に依存してきた子どもが他者とは違う自分という存在を認識し、初めて自立に向けて一歩踏み出した証である。この時期は、幼児的万能感から自分の能力以上の事柄にも挑戦しようとしたり、しつけの面から家族の制止にあったりすることで、幼児の反抗・自己主張行動はさらに活発化する。しかしながら、この時期は家族に対してまだまだ依存的であり、探索行動と接近・接触行動を繰り返しながらこころの安定を図るアタッチメント行動が活発な時期でもある（Bowlby, 1969）。

第一反抗期
　自我の芽生えに伴い、親の言うことを聞かなくなったり拒否や反抗を示す時期。1歳半〜3歳頃に見られる。

幼児的万能感
　運動能力や知的能力の発達により、自分は何でもできるような感覚をもつこと。幼児期に見られる。

探索行動
　環境の情報を得るために、見たり、聞いたり、触れたり、いじったり、動き回ったりする行動。

アタッチメント行動
　ネガティブな情動状態に陥ったとき、心的安定を回復させるために養育者などに接近・接触したり、それらを求めたりする行動。

3）児童期の家族関係―安定

児童期になると，家族との関係は比較的安定する。幼児期に見られた強い反抗や自己主張は収束し，小学校低学年頃まで安定的状態が続く。その後一時的に自己主張が強まるが，一般に中学年，高学年になると両親を信頼，尊敬するようになる（森下, 1981）。この頃の子どもは家族を信頼し依存しながらも，学校という新たな世界で自立の準備を始めることになる。

4）青年期（初期・中期）の家族関係―依存と自立間の葛藤

これまでの安定した精神状態から不安定で情緒的混乱の激しくなる時期へと突入する。この時期をホール（Hall, 1904）は「疾風怒濤の時代」と呼んだ。

こうした青年期の初期から中期にかけて生じる情緒の不安定さは，家族への反抗行動や自己主張に現れる。それらは家族への依存心と家族からの自立心の葛藤に起因すると考えられる。この時期がいわゆる第二反抗期にあたる。

> **第二反抗期**
> 自我の覚醒や自己意識の高まりにより，親などに対して反抗，批判，攻撃などを示す時期。一般的には 12 ～ 15 歳頃に見られる。

5）青年期（後期）の家族関係―自立と親密性

次第に青年は新しい自己を再編成し，自立に近づく。この様子をシュプランガー（Spranger, 1924）は「第二の誕生」と表した。自立に向かうにつれ，青年の視野は多角的になり，家族の立場から広く物事を見ることが可能になり，親子関係も親密性が増す。この親密性は乳幼児期の一方的な依存関係性ではなく，互いを独立した人間として頼り頼られるという互恵的な関係性を意味する。ホワイトら（White et al., 1983）は，青年期から成人初期までの人々を対象としたインタビューを行い，その時期の視野の広がりや家族との相互作用などの特徴を 6 つの段階で示している（表 3-1）。

表 3-1　ホワイトらの親子関係の発達段階（White et al., 1983 により作成）

発達段階	特徴
1. 個性化の段階	子どもは両親から分離した自己を強調する。子どもはしばしば自分が正しく，両親が間違ったもの，自分は時代に合っているが両親は古いものとしてみなす。子どもは多くの「私」の陳述を用い，自分が現在，成長している存在であることを強調している。
2. 個性化に関係の視点が加わる段階	子どもは両親との関係において自分が寄与しているという視点をもつ。たとえば，過去の自分が騒ぎを引き起こしたり，心配の原因となっていたことがわかることによってなど。しかしながら，両親についての視点は単に自分との関係におけるもので，分離した自律的な大人として両親をみなしていない
3. 個性化に両親の視点が加わる段階	子どもは両親の立場に身を置き，両親の目で物事を見る能力をもつ。
4. 個性化に相互的な視点が加わる段階	個性化された子どもは，両親の視点を十分に発達させており，両親が自分たちを一人の個人としていかに見ているかということについてのはっきりとしたイメージをもっている。両親は子どものことをアドバイスをくれる者であり，ケアしてくれる者であり，自分自身の意見をもっている者であることを理解している。しかしながら，子どもと両親とが互いに仲間のように振る舞うことはほとんどない。
5. 相互性の始まりあるいは実用段階	親子の間に仲間のような相互作用が見られ，互いに個別の人間としてみなしている。しかし，このような相互作用はごく最近起こったばかりか，あるいは安全で表面的な領域に限定されている。
6. 完全に仲間のような相互性の段階	―

(2) 自立に伴う親・家族の変容

1) 親の変容

子どもの発達を目の当たりにし，親もその関係性を変えていく。ホリングワース（Hollingworth, 1928）は，青年期に見られる家族からの自立を生理的離乳との対比で「心理的離乳」と呼び，近年では落合（1995）によって，この心理的離乳の5段階過程仮説が示されている（表3-2）。これは，親子関係の変化を表すと同時に，親から見た子どもとの距離の変化を示している。

> **心理的離乳**
> 児童期から青年期にかけて生じる，家族の依存から離脱し，自立した人間になろうというこころのはたらき。

表 3-2 心理的離乳の5段階過程仮説 （落合, 1995；落合・佐藤, 1996 より作成）

段階	親子関係	内容
1	子を抱え込む親との関係	親が子を手の届く範囲に置いて，子を抱え込み養う親子関係
2	子を守る親との関係	親が子を目の届く範囲に置いて，子を危険から守る親子関係
3	子の成長を遠くにあって念じる親との関係	親が自分の目の届かない遠くにいってしまった子の成長を念じる親子関係
4	子と手を切る親との関係	親が子との心理的距離を最も大きくとり，子と手を切る親子関係
5	対等な親子関係	子は子でありながら親になり，親は親でありながら子になる親子関係

こうして，子どもとともに親も変化し，子どもの自立に向けて適切な対応をとるようになる。逆に，親がいつまでも子どもを干渉したり，子どもの発達に見合わない放任的な態度を取ると青年の自立は阻害される。

2) 家族の変容

青年期の自立は，内発的な動因や親と子の二者関係のみならず，家族全体からも大きな影響を受ける。オルソン（Olson, 1993）は家族システムの機能性を円環モデルで表しており（図3-1），多くの研究がこの機能性の良さと青年期の自立促進との関連性を報告している（たとえば，Rice et al., 1990; 立木・栗本, 1994; 渡辺, 1989）。

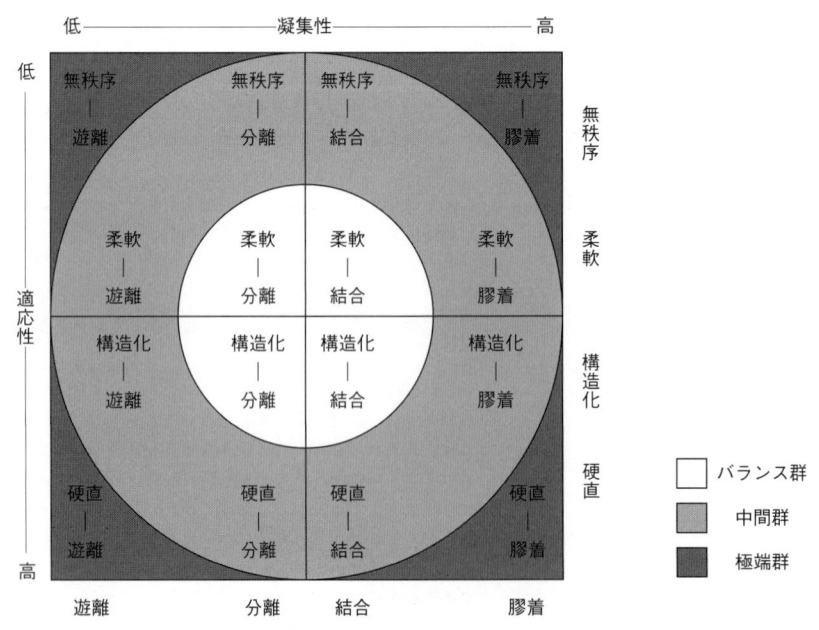

図 3-1 オルソンの円環モデル（Olson, 1993 より作成）

カーターとマクゴルドリック（Carter & McGoldrick, 1989）は，独身時代から老年期までの家族発達を6つの段階に区分し，その第4段階に位置づけた「青年期の子どもをも

> **円環モデル**
> 凝集性と適応性の二軸によって構成され，それらの中心に位置する家族がバランスの取れた機能を有した家族であることを意味する。

つ家族」のシステムについて，特徴の一つに「柔軟な家族境界」を挙げている（岡堂，1988）。同様に，亀口（1992）も，青年期の子どもがいる家族システムの発達課題は，子どもが家庭にもち込んだ家庭外で身につけた新しい価値観や感覚，情報に基づく行動原理を，家族成員が柔軟に受け入れたり，うまく修正したりすることとしている。このように青年の自立に向けて，家族自体も変容していくこととなる。

2. 家族関係が青年の自立にもたらす影響

(1) 家族は子どもの自立にどのような影響をもたらすのか？

乳児期から青年期にかけて，子どもは親子関係を変化させ，親自身や家族自体も変容することを述べた。しかし，これらは一般的な流れであり，実際にはさまざまな家族があって青年の自立に多様な影響を及ぼしている。ここでは家族の多様性に着目し，それらが自立にどのような影響をもたらすのかを見ていく。

1) 親の養育スタイルは自立にどう影響するか？

養育スタイルについて，1970年初期にバウムリンド（Baumrind, 1971）は親の応答性と要求性という2つの次元を示した。その後，マッコビィとマーティン（Maccoby & Martin, 1983）は，バウムリンドの応答性と要求性とを組み合わせた4タイプの養育行動（甘やかした養育・無関心な養育・権威主義的な養育・権威ある養育）を示した。この4つのスタイルのうち，「甘やかした養育」は，温かく子どもの行動を受容するが，けじめがなく，子どもに受動的である。そのため，こうした養育を受けてきた青年は幼稚で無責任であり自立しにくい。「無関心な養育」は，子どもの行動にほとんど関心がなく，養育をあまり行なわない。そのため青年はリスクにさらされることが多く，衝動的であり，親からの距離はあるが，本当の意味での自立に到達しにくい。「権威主義的な養育」は，罰を用いることが多く，子どもが従順であることを重視する。子どもの主体的な行動を抑えるため，自立が困難となりやすい。最も自立を促進するのは「権威ある養育」である。この養育は，温かみがあり，けじめをつけるが罰よりも説明によって子どもの行いを正す。こうした養育を受けた青年は，自尊感情が高く，さまざまなリスクを回避する行動ができる。

さて，養育スタイルにもその時代時代に傾向が見られる。旧憲法下の家制度のもとでは，父親は大きな権力をもっており，「権威主義的な養育」が主流であった。しかし，当時多くの青年が自立できなかったという事実はない。その背景に拡大家族や地域住民との密な関わりがあったと考えられる。つまり，父親の養育以外からもさまざまな影響を受け，「権威主義的な養育」の影響が緩和されていたことなどが推察される。その後，現行民法により個人の尊厳や平等が浸透すると，理想的な養育スタイルは「権威ある養育」へと移行した。日本人の親の多くは説明によって子どもをしつけていることも報告されている（東, 1998）。ところが，ここ十数年，巷で「甘やかした養育」が目に付くようになった。子どもの好きにさせること，子どもの行動を制御しないことが子どもの個性や主体性を伸ばすという誤った信念が広まっているのだろうか。たとえば，子どもが土足のまま電車の座席に立っていても，ファーストフード店やファミレスで追いかけっこしていても，パン屋に陳列されているパンを素手で触っていても平気でニコニコ見ている親がいる。もちろん，親を責めるつもりはない。愛するわが子の個性や主体性を伸ばすためにと，あふれる情報に翻弄さ

れてようやくたどりついた結果かもしれない。しかしながら，核家族化が進み，また，幼少から家族以外の他者と関わる機会が減少しつつある現在，こうした親の養育スタイルが青年期の自立にもたらす影響力は以前より大きくなっていると考えられる。今一度養育スタイルを見直す必要があるだろう。

2）親子関係は自立にどう影響するか？—アタッチメント理論から

ボウルビィによって提唱されたアタッチメント理論は，1940年代から50年代に行われた劣悪な施設に入所している子どもたちの臨床的介入や第二次世界大戦の孤児に対する調査等によって導き出された。そこでは極端に親子関係を阻害された子どもにおいて，その後の発達に長期的かつ甚大な影響が及ぶことが明らかにされた。

その後，一般の親子関係も含め，幼少期に受けた養育の質は子どものアタッチメントタイプ（主として安定型，回避型，アンビバレント型に分かれる），さらには対人認知に関与する内的ワーキングモデル（Internal Working Model; IWM）にも影響することが明らかになった（Bowlby, 1973）（表3-3）。

> **内的ワーキングモデル**
> 自分は愛される存在か，他者は助力してくれる存在かといった，自己や他者，さらには関係性全般に対する主観的確信，イメージ。

たとえば，安定的なアタッチメント形成を極端に阻害された子どもは友人への共感行動が低い（Main & George, 1985）。また，乳児期のアタッチメントが安定型であった子どもはその後外向的で仲間を惹きつけるポジティブな相互作用をし，アンビバレント型の子どもは受け身的かつ服従的であるが仲間に無視される傾向にあり，回避型の子どもは安定型アタッチメントの子どもにネガティブなライバル心をもち，仲間から拒絶される傾向にある（LaFreniere & Sroufe, 1985）。友人や仲間との関わりは，家族同様青年の自立にとって重要な要素である。つまり，幼少期の親子関係は，その後の子どもの友人・仲間作りを左右するという形で，青年の自立しやすさに影響を与えていると考えられる。

ただし，幼少期に形成したアタッチメントタイプが生涯にわたって不変的なものでないこと，回避型やアンビバレント型のアタッチメントも正常範囲内であって臨床的問題を有するものではないこと，親の養育だけでアタッチメントタイプが決定されるわけではないことを付け加えておく。

その後，青年や成人のアタッチメントを測定するAAI（Adult Attachment Interview）（George et al., 1985）が開発され，青年がその時点でもっている親に対する表象と自立との関連性が明らかになった。たとえば，自律型（乳幼児期の「安定型」）の青年は，怒りを調整しながら，親と問題解決に向けた話し合いができる。このタイプの青年は自立に向けて抱えるさまざまな問題を生産的に解決できるため，自立しやすいと考えられる。一方，アタッチメント軽視型（乳幼児期の「回避型」）の青年は，親との話し合いによる問題解決を避ける傾向がある。しかしながら，潜在的な怒りは消化されず，根本的な問題解決に至らない。親との間に距離を置くこうした青年は，一見自立的であるように見えるが，実は未解決の問題を抱えており，本来の自立に到達しにくいと考えられる。また，とらわれ型（乳幼児期の「アンビバレント型」）の青年は，幼少期の親子関係の問題が未だに解決しておらず，怒りなどの感情に巻き込まれる。親子の話し合いでは親が優勢な立場に立つ傾向があり，親への依存と葛藤に関する問題をひきずる。そのため，自立に向かうことが困難になると考えられる（Hess, 1999; Koback et al., 1993）。

近年では臨床分野にアタッチメント理論が応用されるようになり，青年の自立と不登校の問題などにも研究が及んでいる（たとえば，五十嵐・萩原, 2004）。

以上のことから，親子関係は，直接的・間接的に，青年の自立に関与することがわかるだろう。しかも，親子関係は長いスパンで青年の自立に影響を与えているといえる。

表 3-3 アタッチメントタイプと親および対人認知の特徴

アタッチメントタイプ	親（養育者）の特徴 (Ainsworth et al., 1978)	IWM に基づく対人認知の特徴 (Hazan & Shaver, 1987)
安定型	乳児のシグナルに敏感に気づき，適切かつ迅速に対応する。	他者を信頼し，適度に他者を頼ったり，また他者から頼られることを快く感じる。他者と親密になることに抵抗がない。
回避型	乳児からのはたらきかけに対して，全体的に拒否的な傾向がある。	他者に対する信用が低く，自分だけを頼りにするタイプである。他者を頼ることはあまりなく，他者から頼られることにも不快を感じやすい。他者と親密になることにも抵抗がある。
アンビバレント型	乳児のシグナルに対して，適切に対応することもあるが，タイミングがずれたり，子どもの要求と異なった対応をすることも多く，全体的に一貫性のない行動を示す傾向がある。	他者を過剰に頼る傾向がある。他者と親密な関係を結ぶこともできるが，他者が自分から離れていってしまうのではないかという不安が常につきまとい，嫉妬深くなったり，他者を拘束してしまったりする傾向がある。

3）家族機能は自立にどう影響するか？―家族システム論から

青年と家族の関わりについては，これまで父子や母子といった二者関係から検討されることが多かった（落合・佐藤, 1996）。しかし，家族は単なる個人の寄せ集めではなく，有機的に結びついたサブシステムから構成される，一つのまとまりをもった生命体であり（亀口, 1992），近年では，家族全体の機能を扱うことの重要性が説かれている。

平石（1999）は，青年の自立を育む家族の風土として，親密さや結びつきをベースにしながらも互いの個別性を発揮できるバランスの取れた関係を挙げている。同様に，家庭内での自由なコミュニケーションが取れている，家族内がまとまっているという子どもの認知が自立を促進していることも報告されている（高坂・戸田, 2005）。家族が子どもの発達的変化を受けとめ，見守り，必要なときに助け舟を出せるような機能を有することが青年の自立を促進するのである。

逆に，家族のサブシステムに問題を抱えていると，青年の自立に支障をきたすことがある。たとえば，夫婦関係に問題を抱えていると，一方の親が子どもを自分の味方につけようとして，子どもにべったりとなり，自立しないように圧力をかけることがある。また，家族各々が自分の抱える問題で精一杯になっていると互いに関与しなくなり，子どものヘルプサインを無視し，自立のつまずきに家族が手を差しのべられないこともある。これらは，いずれも家族の凝集性に問題があり，子どもと適切な距離を保てなくなっている状態である。また，子どもの発達的変化に気づく余裕を失った家族は，これまでの古いやり方（青年が幼児や児童の頃の応答）で青年に関わることがある。これは適応性の問題であり，これまでの家族のあり方に固着した融通の利かない状態である。オルソンの示す円環モデル（図 3-1）のように，家族の凝集性と適応性が中庸である家族は最も機能的であり，こうした家族関係が青年の自立を促進すると考えられる。

(2) 青年期の親子関係は変化したのか？

家族からの影響を受けながら青年は自立への道を歩んでいくわけだが，その家族のありようが時代とともに変化している。先述した核家族化や養育スタイルの変化もその一つである。そこで，青年期の親子関係は変化したのか，青年期に特有とされる親に対する依存と独立の葛藤，それによって現れる第二反抗期の現象に焦点化して見ていく。

1）第二反抗期の現象は時代によって変化しているのか？

日本に青年心理学が誕生した 1910 年頃（津留, 1973）の書籍には取り立てて親への反抗

や自己主張についてふれられていないものの，大正期に入ると，権威全般（親に限定されていないが）に対する青年の反抗の様子が記されはじめ，さらに「青年心理への関心の広まった時期―1932～1943年」（津留, 1973）には，青年期の親に対する反抗的態度の記述が見られるようになった（たとえば，岡田, 1939）。このことから第二反抗期は大正期頃から，徐々に注目されてきた現象であると推測される。ただし，当時は海外の研究データに基づく解説が多く（たとえば，牛島, 1941），日本人青年の実態はあまり報告されていない。

第二反抗期の現象が日本で注目を浴びるようになったのは戦後まもない時期のようである。この時代は戦前に生まれ育った親と戦後に生まれ育った青年間の価値観の差異が大きくなった時期である（大西, 1955）。当時の親は長い間培われた封建的な家長制家族主義の考え方が根強い一方，その子どもである青年は，男女・親子とも同一な人格者であって基本的に平等であるという，新しい憲法と民法とによって根本的に変革された考え方を有していた。つまり，そうした差異により両者の間に多くの緊張と葛藤が発生し，青年の反抗が強まった時代となったのである。

その後も，多くの文献において青年の第二反抗期は必須のものとして扱われてきたが，深谷（2005）はここ10年以上前から，第二反抗期が薄れてきており，しかも，いわゆる普通の円満な家庭環境の中で，第二反抗期をもたない青年が増えていると指摘している。

こうして見ていくと，第二次反抗期の現象はすっかり変わってきたように見える。

> **青年期平穏説**
> 子どもの発達に合わせた対応が取れた家族の子どもは，平穏な自立の過程をたどることができるという説。

しかし，本当にそうだろうか。どうやらそうとは言えないようである。実は，青年期平穏説が早くはビューラー（Bühler, 1921）によって示されており，その後も，ドーヴァンとエーデルソン（Douvan & Adelson, 1966）やフォーゲルマン（Fogelman, 1976）の実証研究によって同様の結果が報告されている。日本でも，村瀬（1977）は青年期平穏説を紹介し，青年の大多数は葛藤や不満を建設的に処理し，むしろ平穏裡に青年期を過ぎるものさえいるのではないかと指摘している。つまり，時代によってクローズアップされる青年像は異なっても，第二反抗期の現象はいつの時代も多様であり，親への強い葛藤を示す青年がいる一方で，そうした葛藤を経験しない平穏な青年期を過ごす者も少なからず存在していると考えられる。

2）親への満足感・好意・コミュニケーション状況は変化しているのか？

いつの時代も青年の第二反抗期の現象は多様であった背景には，親子関係の多様性があると考えられる。このことについて実際の親子関係の状況を示すデータから検討していこう。

青年期男女の両親に対する満足感について，1960年に報告された四宮の調査では，図3-2のように男女とも母親に対しては満足している者が多く，父親では満足と不満足がほぼ半々であるといった結果が報告されている。

さらに，1973年に報告された父親・母親に対する対話の程度について学生71名（男27名，女44名）を対象に行った石川らの調査によれば，父母ともに対話をあまりもたない青年が3割前後であり，7割程度の学生が父母のいずれかとそれなりに対話をもっていることがわかる（図3-3）。

では，近年のデータを見てみよう。南関東圏の中学生1,355名（男697名，女653名，不明5名）を対象に行ったベネッセ未来教育センター（2004）の「中学生にとっての家族」調査によれば，「家にいる時の気持ち（複数回答）」として「のびのびできる」「安心できる」と答える中学生は「とても」と「わりと」を合わせると8割強であり，「イライラする」は3割強，「孤独」は2割弱となっている（図3-4）。また，親との関係については，親

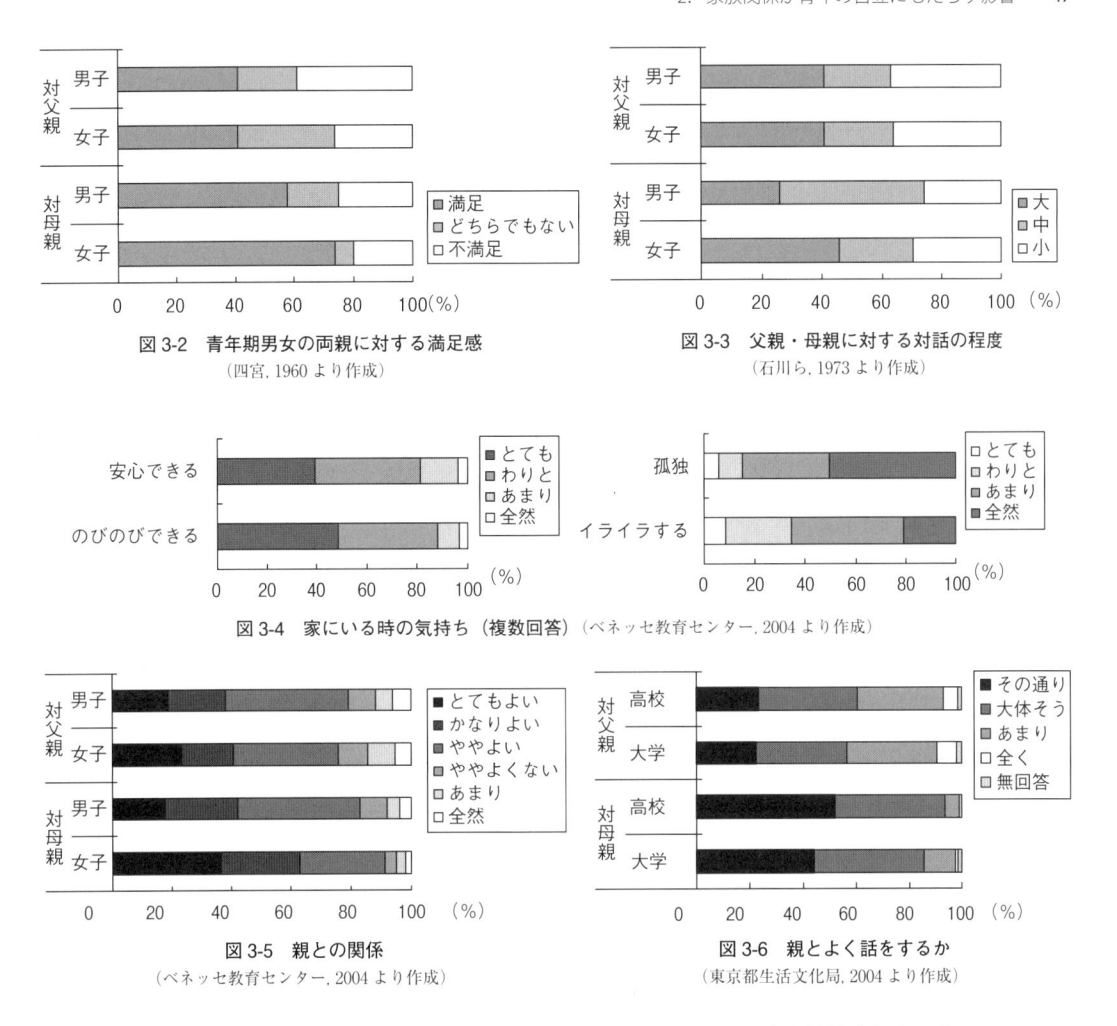

図 3-2 青年期男女の両親に対する満足感
（四宮, 1960 より作成）

図 3-3 父親・母親に対する対話の程度
（石川ら, 1973 より作成）

図 3-4 家にいる時の気持ち（複数回答）（ベネッセ教育センター, 2004 より作成）

図 3-5 親との関係
（ベネッセ教育センター, 2004 より作成）

図 3-6 親とよく話をするか
（東京都生活文化局, 2004 より作成）

と子どもの性別の組み合わせによっても異なるが，おおよそ8割前後が比較的良好な関係性で，2割前後があまり良好でない関係性のようである（図3-5）。

同じく2004年に東京都生活文化局都民協働部青少年課が行った調査では，「親とよく話をする」という質問に対し高校生175名・大学生158名ともに父親に対して6割程度，母親に対しては9割程度が比較的コミュニケーションを取るとし，残りはあまり取らないと回答している（図3-6）。

これらは一部のデータに過ぎないが，満足感や好意，コミュニケーション状況を概観すると，どの時代もポジティブな関係性が4～5割程度，ネガティブな関係性が2～3割程度という固定層があり，その中間に位置する青年が2～3割程度で，その層は調査によってポジティブ側に移行したり，ネガティブ側に移行したりしていると考えられる。

両親に対する感情やコミュニケーション頻度がそのまま第二反抗期の指標となるわけではないが，現在も50年前も両親との関係性は多様であり，それらは時代の中であまり変化していないことがうかがえる。

(3) 第二反抗期の生じる要因，生じない要因は何か？
1) 第二反抗期が生じないことは問題か？

では，多様な親子関係がある中，第二反抗期が生じる家族関係は正常で，生じない家族関係は異常なのだろうか。第二反抗期が生じる青年は家族から自立でき，生じない青年は

自立できないのだろうか。それを明らかにするため，第二反抗期が生じる要因，生じない要因を検討してみよう。

家族への反抗や自己主張といった形で現れる第二反抗期は，これまで主として以下のような理由で生じるとされてきた。

1つ目に，認知的側面の発達が挙げられる。ピアジェ（Piaget, 1970）は人の認知的発達を4つの段階に区分し，青年期から最終段階の「形式的操作期」に入るとしている。この時期は物事を仮説的かつ抽象的に思考することができるようになったり，社会的理想を目指す感情が出現し，イデオロギーを論じることが可能になる（高橋, 2006）ことで，家族の意見や態度などへの批判力が高まる。さらに，幼少期からその存在以上に美化していた両親を，一男性，一女性として見ることができるようになり，長い間美化してきた両親を失うこと（内的対象喪失）の悲しみ，自分に錯覚を抱かせた両親への恨みを抱くようになる。にもかかわらず，家族はこれまでの幼い頃の態度で自分を扱おうとし，そこに齟齬が生じ（小此木, 2004），反発が起こる。

> **対象喪失**
> 愛情，依存の対象や親近感，一体感をもつ対象を失うこと。

2つ目に，第二次性徴の発現による急激な身体的変化が挙げられる。これによって自己への関心が高まると同時に，これまでの安定した自己が揺さぶられ，不安定になる。また，自分の容姿に対して悩んだり人目を気にすることも多くなり，家族の発言や態度に対して過敏になる。

そして3つ目に，将来の選択を迫られる社会的変化が挙げられる。これまでの義務教育が終わり，この後，どのような人生を歩むのか自ら選択していかなければならない。こうした選択は自己責任も大きく，青年に不安をもたらす。その上，感情のコントロールが未熟なため，その不安のはけ口として身近な家族への反抗的態度といった攻撃的な形で表出するようになる。

それでは，第二反抗期が現れない原因はというと，これまでは主に，親の過保護・過干渉，過度に厳しいしつけなどが挙げられており，それは，一部の特殊な家庭の条件としてみなされることが多かった。たとえば，幼い頃から親の権力で押さえつけられてきた子どもや，過剰な期待をかけられ，その期待に報いることと引き換えに愛情を与えられてきた子どもたちは，いわゆる「よい子」として育ち，自分の意思を主張して親に反抗する機会が与えられなかったために，その意思をもつこと自体を断念してしまう。こうして，第二反抗期のない青年ができあがるわけである。彼らは家族の意思に翻弄され，いつまでも自立できない状態となる。

ところが，白井（1997）は，第二反抗期の生起要因について，いくつかのモデルや理論を提示し，その生起には多様なルートがあることを明らかにしている。たとえば，分離モデルに基づけば，第二反抗期は青年の自立に伴って必然的に現れるもの，つまり，子どもの自我の発達にとって必要不可欠なものと考える。一方，組み替えモデルでは，第二反抗期の生起は親子システムの不適合によるもの，つまり，親側が子どもの発達に即した対応が取れなかった場合に第二反抗期が起きると考える。また，焦点理論でも，複数のライフイベント（受験など）の重なりが青年にストレスを生起させ，その結果，第二反抗期が生じるのであって，親子の問題という一つの課題だけではそれは生起しないと考える。

「第二反抗期が生じないことは問題か？」に対しては「それ自体は問題ではない」が答えになるだろう。要するに，単に第二反抗期の有無を問題とするのではなく，その反抗状況や青年の心的状態，青年を取り巻く環境の状態をも考慮することが必要なのである。

2）第二反抗期の有無と自立との多様な関係とは？—家族関係のタイプから

それでは，どのような家族関係がどのように自立に結びつくのか，いくつかのタイプを

挙げて検討してみよう。

　［タイプ1］小さい頃から「親の言うことに従えば間違いない」と親に言われ続け，反発しても無駄だと思い，特に口答えや自己主張はせずに育ちました。その後，特に就きたい仕事はなかったので，あまり乗り気ではありませんが，とりあえず父が勧める企業に就職することにしました。

　［タイプ2］母は私が少しでも親離れしようとすると，「一生懸命育ててあげたのに，おまえは親の恩を仇で返すのか」と言います。確かに母にはとても世話になったし，親を見捨てることはできません。もちろん，母に反抗などしたことはありません。私が母のそばにいれば母も私をかわいがってくれます。

　［タイプ3］私は今まで親に反抗する必要を感じたことがありません。中高生の頃は，親は私の要求に対してわが家の規範に合うものならOK，よほど合わないものなら私が納得するように説明をしてNOを出しました。意見が合わなければ，とことん話し合いました。学生になってからは本当に困ったときにアドバイスしてくれる程度で，それ以外は私が決めたことに口出ししません。

　［タイプ4］父親は何でも経験論で私の意見をねじ伏せようとするので，私はそのたびに父に反発し，数日家出したこともありました。しかし，今では，父も私の将来について「責任をもってやれ」というだけで，それ以上口を出したりしません。おかげで私は自由に自分の将来を考えることができます。

　［タイプ5］長男である私は，家族からの期待を一身に背負ってきました。しかし，私の成績が下がってくると家族は皆，優秀な妹に目を向け，期待するようになりました。私は複雑な思いで家族を罵ったり，反発したりしました。親は近くのアパートに部屋を借り，そこを私の部屋として与えたため，何年もの間，親とほとんど口をきかずに過ごし，ただ何となく毎日を過ごしています。

　これらの話は，著者自身の体験や友人・知人の話などを組み合わせて作ったフィクションであるが，タイプ1～3は家族に対して反抗的態度を示してこなかった青年，タイプ4・5は反抗的態度を示した経験をもつ青年である。さて，これらを読んでどの青年が自立しやすいと感じただろうか。タイプ1は親との争いを回避して親の意見に従って生きてきた青年，タイプ2は親にとっての「よい子」であり続け，「自分」をもてなくなってしまった青年，タイプ3は親が子どもの成長に合った接し方をし，子どもも自分の生き方を見つけ出した青年である。いずれも第二反抗期らしき現象は見られないが，タイプ3が最も自立しやすい青年期を過ごしていることは明白だろう。また，タイプ4は親の意見と衝突して強い反抗を示したが，最終的に自身の考えに沿って生きる感覚を養った青年であり，タイプ5は親に対する反抗を示しつつも，それを解決する術を見いだせずに現在に至っている青年である。いずれも親に反抗的態度を示した経験を有しているが，タイプ4は親との対立を経て自立に向かう段階に至っており，タイプ5は親との距離を置いたまま自立の兆しが見えない。

　他にも，家族システム的な観点から，上のきょうだいが家族に強く反発し，ぎくしゃくした親子関係を目の当たりにしてきたことで，自分はそうした行動を控えようと考えたり，自分が反発する隙がなかったり，客観的に反発の必要性を感じなかったりして，第二反抗期を経ずに成長した青年もいる。

　これらのことから，第二反抗期の有無の背景にはバリエーションがあり，その背景こそが自立と関連するのであり，ここに着目する必要性があるのである。

3. おわりに――現代青年へのメッセージ

　歴史的に見ても家族関係は多様であった。しかし，現在では核家族化や地域とのつながりの希薄化などから家族が子どもに与える影響力が大きくなりつつあり，青年の自立にも反映しやすくなっている。家族と良好な関係を築いている青年，家族の圧力に押し潰されそうになっている青年，家族関係が希薄で愛情に飢えている青年，家庭内の問題に振り回されている青年……実にさまざまな青年がいる。彼，彼女たちは，こうした自身の事情を背負いながら自立に向かわねばならない。

　とはいえ，高校の進学率は95％を超え，およそ半数が大学・短大に進学するという現代。この時代を生きる青年には自立に至るまでに十分考え，さまざまな経験をする猶予期間が比較的長く与えられている。その期間を十分に活用してほしい。何から始めればよいのかわからなければ，まずは以下のことを実践してみよう。

　①単純に自分のことだけを考えてみる。どのように育ち，どのように生きてきたのか。幼い頃の将来の夢は何だったのか。今，何をしたいのか。何をしたくないのか。そのとき，親の願いや家族の状況などは一度，隅に置いておこう。

　②できるだけ多くの人の話を自由な気持ちで聴いてみよう。人の話に左右される必要はない。それを自分の生き方のお手本にしたければすればいいし，反面教師としてとらえても構わない。自分とはまったく違う人生を歩んでいる人，意外と自分と似たような人生を歩んでいる人，さまざまな人の存在に気づくだろう。

　③ボランティアでも，アルバイトでもいいので，社会の空気に触れよう。意外な自分を発見できるだろう。また，近年，失敗を恐れる若者が増えているといわれるが，仕事上，失敗は付きもので，そこから逃げることなく，自分のミスを認めて対処できるようになろう。

　こうした経験だけでも自立への道は近くなる。過度に焦らず，過度に楽観視せずに，自立への道をじっくり考えてほしい。

Column 4　裁判員制度─青年にとっての裁判

　2009年5月21日から裁判員制度が開始された。この制度では，6人の（衆議院議員の選挙権を有する）国民が裁判員として3人の裁判官とともに殺人・強盗致死・現住建造物等放火などの重大な刑事事件の裁判に関わる。具体的には，公判に立会って証拠の取調べを行い，また，評議において事実認定（何が起こったのか）や有罪・無罪の決定，量刑判断（何年くらいの刑が適切か）を行うことになる。

　現行の制度および事件数／人口では，裁判員候補者にあたる割合はだいたい年間に0.2～0.3％程度なので，現行の制度が続けば，だいたい10人に1人くらいは，一生のうちに一度は裁判員候補者になる計算になろう。ただし，裁判員候補者のすべてが裁判員になるわけではない。選任手続きを経た後に，裁判員と補充裁判員（裁判員が参加できなくなったときに裁判員になる）が選ばれる。裁判員の辞退は，「重い疾病又は傷害により裁判所に出頭することが困難である」場合，「介護又は養育が行われなければ日常生活を営むのに支障がある同居の親族の介護又は養育を行う必要がある」場合，「その従事する事業における重要な用務であって自らがこれを処理しなければ当該事業に著しい損害が生じるおそれがあるものがある」場合，「父母の葬式への出席その他の社会生活上の重要な用務であって他の期日に行うことができないものがある」場合（「裁判員の参加する刑事裁判に関する法律」（裁判員法と略す）16条8号），70歳以上である場合，学生である場合などに限って認められる。

　この制度の目的は，「司法に対する国民の理解の増進とその信頼の向上に資する」（裁判員法第1条）ことであり，このほかにも，国民の感覚を裁判に反映することが目標として挙げられる。ただし，国民の感覚が発揮されるべき範囲は，「こういう顔の人って悪いことやっていると思うから有罪だと思います」「私は，どんな事件でも人には罪はないという信念をもっていますので無罪だと思います」というレベルではなく，証拠，および法から逸脱しない範囲内であるといえる。実際の評議では，検察官，弁護人の個々の主張のズレを整理し，それら一つ一つについて証拠に基づいて判断を積み上げていくと思われる。

　裁判官は，これまで培った経験的基準がある程度あるのに対し，一般市民にはそれがない（また法的な事前知識も求められていない）ため，自分たちの判断を「主観に過ぎない」と不安に感じる傾向があるように思われる。また，評議体の中であなたが一番若く，発言しにくいと感じるかもしれない。あるいは，終わった議論を蒸し返してしまう気がして発言しにくいと感じるかもしれない。しかし，評議ではいつでも意見を変更できる。みんなで可能性を吟味するためにもあなたのひっかかっている点や疑問点を議論の俎上にあげてほしい。

ワーク ③ Turning Point　人生の十字路──自立への旅路

　人生には十字路がある。どちらに進むのが正しいのか，わからないような十字路。
　2つ，時にはそれ以上に分かれた道の分岐点で，経緯はどうあれ，自分が出した答えにそって，人生の物語は進んでいく。十字路は人生を大きく変えるチャンスともなり，同時に危機ともなる。
　さて，そんな人生の変遷を，一本の線としてグラフ化する試みがいくつかある。一枚の紙を横にして真ん中に横線を引き，より良い状態を表す上の領域をプラス，より悪い，落ち込んだ状態を表す下の領域をマイナス領域とする。人生の重要な節目を挙げて，左端から右端へ，生まれてから現在，そして死に至るまでの時間を表すと想定したこの紙面上に，自分のたどってきた道筋を一本の線で表すと，そこにはあなたの「感情曲線」（川瀬・松本，1997）が描かれることになる。また山田（2004）は，人生の旅路を感情曲線と似た「ライフヒストリーグラフ」として可視化した後，そこで出てくるライフイベントの，過去・現在の"とらえ方"自体に注目した研究を行っている。
　さて，このワークではこうした研究を参考にしつつも，あえて〈親子〉間でのイベントに注目したグラフを描いてみたい。つまり，親子が同時に関わった人生の十字路に注目した，〈親子のライフヒストリーグラフ〉を描こうというものである。親とは本来，別人格であるはずの自分も，一度は必ず"誰かの子ども"にすぎなかったはずである。"子ども"としてスタートした自分も，遅かれ早かれ，やがて〈自立〉という大きな課題を背負う青年となる。そして，親と子の関係が問われる十字路に出会うことになる。

(1) まず，エリクソンの考えに沿いながらも現在の日本社会の状況に合わせて便宜的に分けた次の①から⑥までの時期にあった，親子間での主要な出来事を1つないし2つに絞って簡潔に描き出そう（2つ以上書きたい場合には，⑤-1，⑤-2というように分けて書く）。

① 乳児期（0歳〜1歳）

② 早期幼児期（1歳〜3歳頃）

③ 遊戯期（3歳〜5歳頃）

④ 学童期（6歳〜11歳頃）

⑤ 青年期前期（12歳〜17歳）

⑥ 青年期後期（17歳〜30歳）

(2) 次の図を参考にしてノートに〈親子のライフヒストリーグラフ〉を描いていこう。(1) で挙げた親子間での主要な出来事を，プラス感情を伴うのならば＋領域に，マイナス感情を伴うのなら－領域に配置する。この際，最良の感情を伴うなら100，最悪なら－100として図示する。平穏な感情もしくは両価的な感情なら，0の位置（中間）に配置すること。

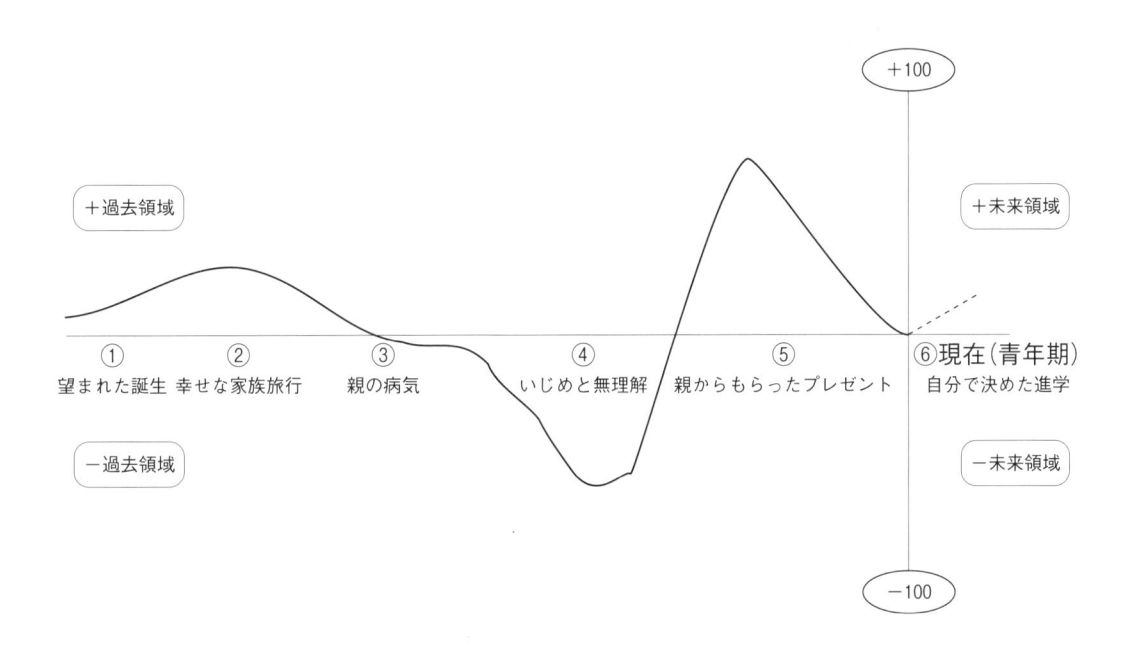

```
                                              +100

      +過去領域                                        +未来領域

    ①        ②        ③       ④         ⑤         ⑥現在（青年期）
  望まれた誕生 幸せな家族旅行 親の病気 いじめと無理解 親からもらったプレゼント  自分で決めた進学

      －過去領域                                        －未来領域

                                              －100
```

　全体的に肯定的な領域にグラフが収まる人は，親子間の関係は安定，逆なら危機的な関係が中心になっていたことが想像される。これはあくまでも，"現在"のあなたから見た過去と今を表している。また，たとえ－領域であっても，それが実は次のステップへの重要な意味をもっていることもあるだろう。

　親子の間には，他人にはうかがい知れない強い絆がある。だからこそ，時にもつれた糸をほぐすのが困難になることも多い。親にとって大切なことと，青年にとって大切なことは，いつしかずれていくものでもあろう。ここに挙げたイベントの内容が，今の自分の自立につながるようなものか，そうでないか。グラフのプラスマイナス以上に，現在の自分にとって，そのような親子関係がどのようにはたらいてきたかを知ることは，自分を知る一つの道筋ともなるだろう。

　冒頭に述べた，人生の十字路において，自分の親子関係，そして親の存在そのものが，どのように影響を及ぼしてきたか，今一度考えてみよう。

　それがどのようなものであっても，親の存在なしには，人はこの世に生まれえないし，育つことも難しい。そして，いつかは，親とは別の存在として，（実際に子をもつかもたないかは別として）自分もまた親のような年齢と立場に立つことになる。

　自分のこころの中だけで，自立のプロセスは進むわけではない。そこには必然的に，親子の関係の変化もつきまとう。親子の関係がバランスを崩すとき，それも人生の十字路と出会う瞬間である。十字路における青年の選択は，実は，親子の間での選択でもある。

第4章 友人関係の発達

1. 青年期の友人関係の発達的意義とは？

(1) 青年期の友人関係の定義

「青年期には，他の年代以上に，友人との関わりを希求し，自己の安定や成長に関連付けられ，知的・情緒的成熟に伴い，互いの違いを受容しつつ，相手との信頼・自己開示・相手への忠誠に基づいた，親密で有意義な友人関係が維持されている」(Atwater, 1992)。

この定義にあてはまる友人関係を築いていると実感できる現代青年は，いったいどのくらいいるだろうか。

岩永（1991）やブリーズナー（Blieszner, 1994）らは，青年期における親密な友人関係・親友関係は青年の自己概念に大きな影響を与えることを指摘した。他にも，アイデンティティの研究者として知られるウォーターマン（Waterman, 1993）は「青年期において重要な他者（significant others）が青年の人生の選択の幅を広げ，アイデンティティ探求の際の積極的関与（commitment）に，より重要な意味づけを与える」として，青年期の友人関係がアイデンティティ形成に重要な役割を果たすことを指摘している。

「家が近所だったから」「同じクラスだったから」という理由で成立する友人よりも，「同じ目標に向かっている仲間だから」「同じ趣味をもつ仲間だから」という理由で成立する友人が徐々に多くなってくる。前者は近接的結合と呼ばれ，児童期に中心となる友人関係である。それが青年期になると後者のように，同じ目標をもつ同志的結合や，同じ趣味を共有する同好的結合が増える。中でも，青年期には「お互いの人格を認め合い，信じあえる人格的結合を中核とした友人関係」を求めることが指摘され，加齢とともにその傾向は高まるとされてきた（原田, 1989）。

(2) 友人関係の機能

> **理想自己**
> 現実自己と対応した語で，「こうありたい自分」を意味する。

岡田（1987）は，青年期前期にあたる中学生段階では，親友と理想自己が密接な関係にあることを明らかにした上で，友人関係におけるモデル機能が自己評価の発達に関わることを実証的に確認している。そして，青年期における友人関係の発達的意義について，①青年自身が両親など大人の生活や規範に疑問をもち始め，自分なりのあり方を模索する時期であり，そのため両親よりも同世代の人間の言うことに共鳴できるようになってくること，②身体的成熟と精神的未熟のアンバランスから情緒状態が不安定になりやすく，友人との深い情緒的関係は，不安定さから立ち直る意味で重要な役割を果たすこと，③緊密な友人関係をもつことは，両親からの心理的離乳，自立を促すことを挙げている（岡田, 1992）。

同様に宮下（1995）も①自分の不安や悩みをうちあけることによって情緒的な安定感・安心感を得る，②友人関係を通して自分の長所・短所に気づき内省することで，自己を客観的に見つめることができる，③楽しいことうれしいことだけでなく，傷つけ傷つけられる経験を通して人間関係を学び，思いやりや配慮を学ぶ，ことなどを友人の意義として挙げている。

一方，松井（1990）は青年期の友人関係が若者の社会化に果たす役割として，①緊張や不安，孤独などの否定的感情を緩和・解消する存在としての「安定化機能」，②対人関係場面での適切な行動を学習する機会となる「社会的スキルの学習機能」，③友人が自分の行動や自己認知のモデルとなる「モデル機能」の3つを挙げている。

このように，青年期の対人関係における大きな課題である「親からの心理的離乳」を果たす上で，友人の存在が自己の安定と成長を促す重要な役割を担っていることが指摘されてきた。

(3) 青年期における友人関係の発達

青年期の友人関係の発達的変化については，落合・佐藤（1996）によって簡潔に実証されている。この研究では中学生から大学生までの青年を対象に調査を行い，6種類のつきあい方を抽出している。①本音を出さない「自己防衛的なつきあい方」，②友達と同じようにしようとする「同調的なつきあい方」，③できるだけ多くの人と仲良くしていたいと願う「全方向的なつきあい方」，④自分が理解され，「好かれ愛されたいと願うつきあい方」，⑤自分に自信を持って友達とつきあえるつきあい方，⑥自分を出して積極的に相互理解しようとするつきあい方である。これら6つのつきあい方は，「友達と積極的に深く関わろうとするか－防衛的に浅く関わろうとするか」を両極とする『つきあい方の深さ』の縦軸と，「限定した範囲の友達と関わろうとするか－広い範囲の友達と関わろうとするか」を両極とする『つきあう相手の範囲』の横軸の2次元によって整理できる（図4-1）。そして発達に伴って，青年の友達とのつきあい方は，浅く広いつきあい方から深く狭いつきあい方へと変化していく（図4-2）。

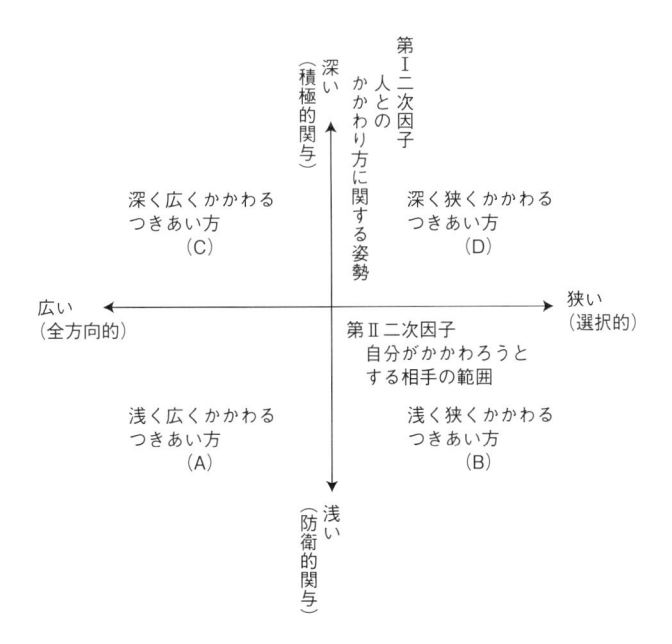

図4-1 友達とのつきあい方を構成する2次元とつきあい方の4パターン（落合・佐藤, 1996）

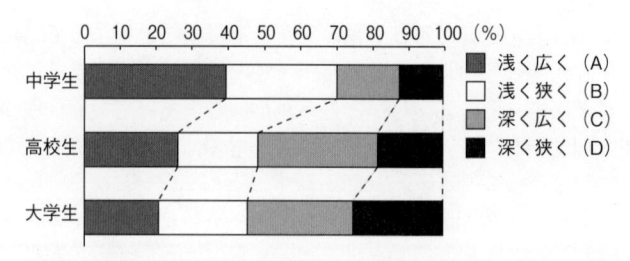

図4-2 友達とのつきあい方の4パターンの発達的変化 (落合・佐藤, 1996)

2. 現代青年の友人関係の特徴とは？

(1) 友人関係の変容

1) 希薄化する友人関係

　ところが1980年代半ばから，上で述べたような発達的意義に照らして，青年期の友人関係の変化を指摘する言説が，青年心理学のみならず，社会学，精神医学など他の領域においても多く現れるようになった。その代表的なものを紹介しよう。

　千石（1985）は現代青年が友人関係において，一人になることを極端に恐れ，群れ的な関係をとることや，硬い話題や問題を避けてとりあえず楽しければそれでよいと考えること，互いに傷つけることを極端に恐れ，相手から一歩ひいたところでしかかかわろうとしないことなどの特徴を指摘した。

　また栗原（1989）は，自他を傷つけることやアイデンティティの問題を回避すること，友人を自分の内面に立ち入らせないこと，群れていることでの安心感に支えられていることなどを挙げ，これらはナルシシズム的で自己中心的な閉じられた「やさしさ」によって成立する現代青年特有の友人関係だとしている。

　同様に大平（1995）は「やさしさ」を鍵概念として，青年がホットとクールの中間であるウォームの関係を保とうとする傾向にあると指摘している。不用意な親切はかえって相手を傷つけると恐れ，相手の気持ちを確かめずに一方的で自己完結型の「やさしさ」に終始するのがウォームなやさしさである。こういった関係においては，互いに傷つかないように深入りしないことを鉄則とし，相手の気持ちに踏み込んでいかぬように気をつけながら，滑らかで温かい関係を保っていこうとする。

> **数量化Ⅲ類**
> カテゴリカル・データ（質的データ）に基づき，そのデータの類似性について調べる統計手法。

　心理学における実証的研究においても，東京都生活文化局（1979）ですでに，数量化Ⅲ類の分析によって，青年期の友だちとの付き合い方における「相手との心理的距離」と「交際への気遣い」の2軸が見いだされている。また上野ら（1994）では，周囲の人に同調しやすい青年ほど他人の視線を気にする傾向が高いこと，表面的な友人関係をとる青年は他人から自分がどう見られているかを気にする傾向が高いことなどが指摘された。

　つまり，夕日に向かって土手を走り，互いを大切に思えばこそ人格同士でぶつかり合うような，汗と涙で彩られたホットな友情は過去の青春群像なのだろう。松井（1990）が指摘するように，現代青年は「友人との全人格的な融合を避けて，距離を保ち，一面的で部分的な関係にとどめようとする，疎隔的部分的な志向性」をもつようになった。90年代までに見られたこれらの知見に共通しているのは，友人関係の希薄化という指摘であろう。

2) 自己の価値づけの変容

　こうした友人関係の希薄化の背景にある要因として，アイデンティティの模索・確立・

実感の難しさを挙げる論者も出てきた。

　千石（1991）は，かつて1970年代以前の青年たちにおいて「まじめであること」に対して与えられていた価値が崩壊したと述べている。学園紛争の頃の青年たちが世界規模で成立を目指していた「連帯」の二文字が，次の世代の青年たちにとっては冷ややかに受けとめられるようになったのである。世界平和と他者との連帯を目指して腕を組み，その信念のためには命もいとわぬようなホットな青春の形に対して，「そんなことをしたって世の中結局何も変わらない」「結局自分が損をするのだから，今あるものに従った方が賢明なのだ」というような保守意識が浸透したのである。

　千石（1991）は次のように述べている。「今の若者たちは『やさしい』のだが，それは友人と距離を置いて，無難に，傷つかないようにしているだけである。本当は『保身的』で，『冷酷』で，『残酷』な面も持っている」。「やさしさ」の大義名分の影にある現代青年のアイデンティティの脆さを鋭く突いたものであろう。

　また斉藤（2006）は，現代青年の対人評価がコミュニケーションに関するスキルに偏っているとしている。勉強やスポーツができるといった特徴はほとんど評価されず，友人から多く笑いが取れることだけが，青年自身の評価基準となり，学歴や社会的成功によっては自分を勝ち組だとは思えなくなってきているというのである。

　このような言説や実証的研究について，岡田（2006, 2007）が「やさしさ」を基軸に整理している（図4-3）。これによれば，1960年代末から70年代には社会的に虐げられた人たちとの連帯を意味する「やさしさ」が機能し，これを通じて管理社会に抵抗する自分というアイデンティティを実感することができた。ところが1980年代には管理社会の進行とともに，自分自身の問題から目を背け，友だちを立ち入らせない代わりに相手も傷つけない，表面的で自己中心的なやさしさへと変質した。そして90年代以降は，他者の内面など推し量れない，あるいは親切は相手のためにならない（やさしさではない）として，他

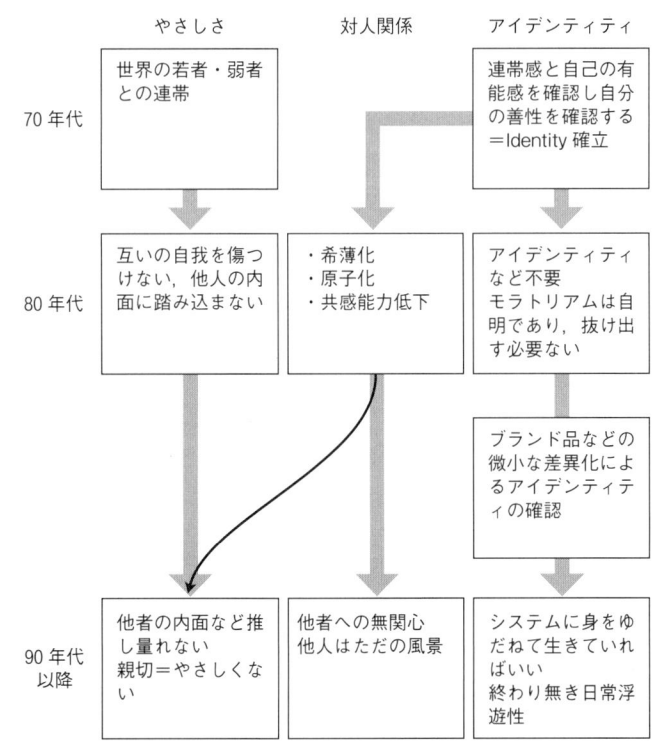

	やさしさ	対人関係	アイデンティティ
70年代	世界の若者・弱者との連帯		連帯感と自己の有能感を確認し自分の善性を確認する＝Identity確立
80年代	互いの自我を傷つけない，他人の内面に踏み込まない	・希薄化 ・原子化 ・共感能力低下	アイデンティティなど不要 モラトリアムは自明であり，抜け出す必要ない
			ブランド品などの微小な差異化によるアイデンティティの確認
90年代以降	他者の内面など推し量れない 親切＝やさしくない	他者への無関心 他人はただの風景	システムに身をゆだねて生きていればいい 終わり無き日常浮遊性

図4-3　現代青年の自己と対人関係の背景（岡田, 2006）

者への無関心が対人関係の中核となった。こうなるとアイデンティティは誰ともつながっていない「終わりなき日常浮遊性」という側面をもたざるをえなくなるのである。

　つまり，アイデンティティと友人関係の問題とはコインの裏表のように軌を一にしており，循環的・有機的な関係をもつものといえるのではないだろうか。アイデンティティを模索し，確立するためには，他者との関係の中でそれを実感することが重要である。逆にいえば，自己の不確かさが友人関係での過剰な配慮を生み，それが更なる自己の浮遊性を招くことにもなるのである。

(2) 希薄さを生み出す二面性
1) 二極化か二面性か

　それでは，現代の青年はこのような友人関係の中で安住しているのだろうか。

　町沢 (1992) は，他者との距離のとり方がわからずに内にこもってしまう青年と，表面的人間関係がうまい青年とに二極分化しつつあると述べた。前者は対人関係の成立・維持が苦手で，そこに神経を使うことに疲れてしまった挙句に，内面を友人には一切明かさず関わるか，文字どおり引きこもってしまうかという青年像である。従来，公的自己意識の高まる青年期において，対人関係上の深刻な悩みとして取り上げられてきた対人恐怖（永井，1994）を中核としているといえよう。一方後者はいわゆるノリがよく，軽躁的な関係を保つのが上手な青年像であろう。KYである（空気がよめない）ことを恐れ，いかにその場の雰囲気を盛り上げ浮かないようにするかに神経を使う青年である。このような青年たちは関係が深まり互いを傷つけ合うことを恐れ，外側からは軽さばかりが目に付く。現代の青年は，このいずれかに二極化しているというのである。

　ところがあるとき，筆者の授業の後で一人の学生が近づいてきてこう言った。「先生，先週の授業を休みました」。当然ながら私は「どこか体調悪かったの？」と尋ねた。するとその学生は「いや，先週はヒッキーやってたんで。」というのである。この学生は，授業中はどちらかというと私語も多い方で，教師である私の目には町沢 (1992) の指摘における「表面的な関係のうまい青年」として映っていた。しかしよく話を聞いてみると，「自分は普段はノリのいい方で，友人にも気を遣って道化を演じているような部分がある。でも，部屋に帰るとグッタリ疲れてしまうことも多い。その疲れがたまって，いつもの自分で友人に接することができなくなったときには一週間限定で引きこもりをして誰とも会わないようにする」というのであった。この場合の引きこもりは，斉藤 (1998) が指摘するような長期にわたる深刻な社会的引きこもりとは異なるものの，共通の引きこもり心性の延長線上にあって，多くの青年が共有しているものと考えた方がよいのではないか。

　この学生のような，ノリと引きこもりという2つの極端な自己像の間で微妙なバランスを保っている青年は，特殊な例ではないだろう。つまり町沢 (1992) が指摘したような二極化というよりも，現代では一人の青年の中に同時に存在する二面的な心性として考える方が妥当なのではないか。外側から見ると軽躁的に見える青年も，内面にはノリのよさをウリにしながら，一方ではしっかりと他者とつながっていない不安感や，自分の「ネクラ」な部分を出すことへの恐怖感をもっている。この2つは，多くの青年に共通する心性だと考えられる。

2) 二面性の間で揺れ動く現代青年

　1) で指摘した心性は，「群れ志向」だが「触れ合い恐怖」という二面性と言い換えることができよう。誰かとつながっていたいと願い，群れる。だが，深く触れ合えば，そこには葛藤も生まれる。葛藤はできれば避けたい。二面性の間で揺れる青年の姿がそこにある。

　内閣府の調査（2001）などによれば，クラブやサークルなどの団体活動に何も加入して

表 4-1 団体への加入状況 (内閣府, 2001)

	子ども会	スポーツ関係の団体	文化関係の団体	青少年団体	特に団体などには入っていない
小学 4～6 年	44.60%	29.40%	1.90%	2.20%	34.30%
中学生	6.30%	8.90%	1.40%	2.20%	81.30%
	地域のサークルや団体など	全国的な青少年団体など	職場のサークルやクラブなど	パソコン通信などのネットワーク	特に団体などには入っていない
15～17 歳	2.30%	1.40%	0.70%	0.90%	92.60%
18～21 歳	4.80%	0.60%	2.60%	1.60%	86.00%
22～24 歳	3.20%	0.20%	4.30%	3.40%	85.40%

いない青年の割合は 8 割を超え，パソコン上でのネットワークを含めれば 9 割前後と非常に高くなる（表4-1）。宮下（1995）は，先輩・後輩関係を中心に集団活動の意義について述べている。ある目標をみんなで共有し，リーダーのもとに協力してそれを育んでいく中での自己の信念や価値観を明確化することや，リーダーや先輩への礼儀と尊敬の態度，後輩へのいたわりのこころ，上下関係の中でうまく自分の役割を遂行する力の獲得など，礼儀を中心とした社会性の獲得などである。集団活動においては，集団の目標は個人の気分を凌駕する。すなわち，その場の気分やノリだけでは進めないのである。しかし，こうした集団活動を維持する上で求められる課題は忍耐を必要とし，ともすれば自分が傷つけられることもあろう。特に社会的スキルが未熟で人間関係の構築が苦手な青年にとっては，高いハードルと大きなプレッシャーとなる。

　現代の青年は誰かとは一緒でいたい，つながっていたいと願う反面，そこで生じる重さは回避したいという相反する欲求をもっている。そうなると，数人で群れているのは気が楽だが，10 人以上の集団になると息苦しいし，役割を遂行することができなければ居場所が見つけづらくなるから嫌だということになる。

　他にも，友だちの中で目立ちたいという思いの反面，集団の中からはみ出すことは避けたいという二面性となって現れることもある。みんなが読んでいる雑誌に出ている，みんなが知っているブランドのものを持つが，それだけでは目立てないので限定モデルを求めるという二面性である。みんなが認めるブランドならば，集団の中からはみ出すことはない。

　要するに，孤独は怖いが，常に人と一緒にいて自分の立ち位置がわからなかったり，深くまでお互いに触れ合ったりするのは疲れるということである。孤独とは，青年期の基本的な生活感情とされ，人格形成上極めて重要だとされてきた（落合, 1989）。実存主義の哲学者ムスターカス（Moustakas, 1968）も，「他者との分離への気づきと自己洞察から生じる実存的な孤独感」があると指摘している。つまり，孤独は本来，自分自身を見つめ内省を促し，こころの成長を助けるという意味があった。アイデンティティを模索するための絶好の機会であった。

　しかし現代ではせっかくの孤独な時間も，携帯のボタンを一つ押せば世界中の情報が氾濫しており，未知・既知を問わず他者とつながることが可能である。むしろ情報やネットワークを取捨選択し遮断するほうが困難である。あるいは「まじめ」「ネクラ」の否定的価値づけから，孤独を忌み嫌うようになってしまった。通学中の学生たちが，バス停で，バスの中で，駅で，電車の中で，しきりに携帯のボタンを押す姿をよく目にする。この現象について，ゼミの中で学生に対し，孤独を恐れて必死に誰かとつながろうとしているのかと問いかけをしてみた。すると学生からは，「孤独が怖いというよりも，あの人はメールを

打つ相手もいないほど孤独だと他人から思われるのが嫌だからとにかく携帯を触る」という意見があがり，多くの学生が首を大きく縦に振った。孤独になりにくいのは，過剰な他者意識という青年期特有の心性もはたらいているのかもしれない。

3) 適度な心理的距離を求める葛藤

2) で指摘してきたように，現代青年は友人関係において二面性という深刻な悩みを抱えている。その中核にあるのは，友人との関係を深めたいと思っても，なかなか深められないというものであり，それは葛藤として経験されることもある。

この心理を心理的距離の模索という視点から整理してみよう。藤井（2001）は，ヤマアラシ・ジレンマという現象から実証的に検討している。ヤマアラシ・ジレンマとは，ショーペンハウエル（Schopenhauer, A.）が寓話の中で示唆したものであり，適度な心理的距離を模索し葛藤する現象を意味している。ある冬の寒い朝に，ヤマアラシの一群が暖め合おうと身を寄せ合うが，近づくほど互いの棘（トゲ）で互いを刺してしまう。痛いので離れれば寒い。この2つの難儀の間で，試行錯誤の末，最終的に程々の間隔を置くことを見つけ出したというストーリーである。これまで哲学や心理学の領域において扱われてきたが，かつてヤマアラシ・ジレンマとはこうして実際に他者と近づいたり離れたりを繰り返す葛藤を指す言葉であった。

しかし藤井（2001）によれば，現代青年の友人関係においては，実際に他者と近づいたり離れたりするのではなく，「ここまでなら近づいてもOK，離れてもOK」という自分の中での「適度な心理的距離」が前提として存在していることを指摘している（図4-4）。すなわち，「近づきたいが（自分にとって適度な距離以上に）近づきすぎたくない」「離れたいが離れすぎたくない」という，自己内でのジレンマとなっていることが現代特有の問題だといえよう。

そして，このジレンマには，相手に嫌われたのではないかと萎縮したり，相手との関係を確かめようとしがみついたり，あるいは逆にジレンマに耐えかねて相手との関係を見切ったり，という反応が伴う。これらの反応は，自分が傷つくことを恐れ守ろうとすればするほど生じることも明らかになっている。いずれの場合も，親密な対人関係を結ぶ上では悪循環を生むことになると考えられる。

以上のように，希薄さを指摘される現代青年の友人関係は，その内面に多くの二面性をもち，青年たちは適度な心理的距離を求めて葛藤し揺れ動いている。そのためには，微妙な間合いをよむような気遣いが必要となる。かつての大人社会において求められていたこのような複雑で高度な社会的スキルが，今では思春期・青年期からすでに求められている。その結果として，当然のことながら人間関係におけるストレスや疲れも，小学生や中学生

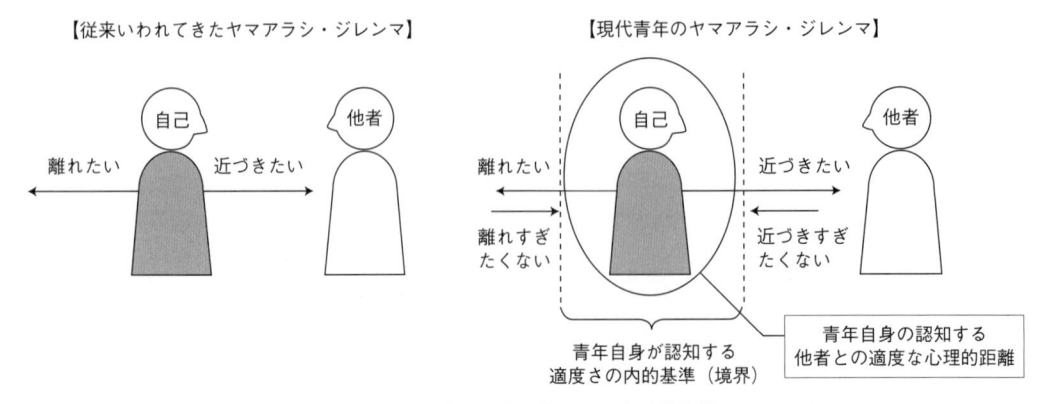

図4-4 心理的距離のとり方をめぐるジレンマの概念的比較 （藤井, 2001）

の段階にまで波及するようになる。

(3) 社会的スキルとしての意義

　現代青年の友人関係は，希薄化ばかりを指摘されることが多く，内面において葛藤する青年自身の姿にはなかなか焦点を当てられてこなかった。また，その否定的側面ばかりが大きく取り上げられ，問題行動との関連が論じられてきた。
　しかし，希薄な友人関係が一面的に負の影響ばかりを生むものととらえることが妥当なのだろうか。
　岩田（2006）は，1992年と2002年の2回の調査に基づいて，10年間での青年の自己意識の変化を指摘している。この中で岩田は，「どんな場面でも自分らしさを貫くことが大切だ」というような自己一貫性への志向性に対する回答が減少し，「自分がどんな人間かわからなくなることがある」のような自己喪失感や自己拡散はさほど高まっていないと指摘している。
　一方で，「場面によって出てくる自分は違う」「本当の自分というものはひとつとは限らない」などの項目に対しては7割の若者が肯定していることを明らかにした。このように，現代青年の自己意識は可変性や多元性によって特徴づけられるものであり，単に自分で自分がわからないという未熟な状態にとどまっているわけではないとしている。さらに，多元的な自己意識をもつ青年たちが，自己中心的であったり規範意識が低かったり，あるいは就労意識が低いという結果は示されていない。つまり，多元的な自己のあり方そのものが問題とはいえないことを指摘しているといえよう。また，「その場その場でノリがよい」「遊ぶ内容によって一緒に遊ぶ友達を使い分けている」など，選択的な友人関係を志向する傾向も同時に指摘されている。
　これについて岡田（2007）は，「多元的な自己を持つ若者はさまざまな人間関係の場に応じて関わり方を使い分けることができる高度な対人関係の技術（スキル）をもっている」と肯定的なとらえ方をしている。
　辻（1999）や浅野（1999）が指摘するように，近年の若者の友人関係が変化しているとした上で，その「新たな」関係を「浅い－深い」とは異なる軸でとらえる必要があるのかもしれない。これらの研究で共通しているのは，若者が状況に応じて友人関係を選択する関係性は「部分的で浅い」とみえるが，「部分的でかつ深い」関係ととらえるべきであるとしている点であろう。このような理解は，若者の友人関係に関する調査の経年的比較からは見いだすことのできない，友人関係の「質」の変化，および，それと密接に関連する自我構造の変化の可能性を示唆するものであろう（松田, 2000）。
　また，齋藤・藤井（2008）では，内面的関係と軽躁的（表面的）関係を同時にもつ青年がいることを明らかにしている。そして，内面的・軽躁的それぞれ単独の関わり方，あるいはいずれの関係ももたない青年と比べ，充実感が高いことを示した。またこの両方の関係をもつ青年の割合は，いずれか一つの関係しかもたない群よりも多かったことから，現代青年の友人関係が一様に「表面的で浅い関係しかもたない」と評するのは早計といえるであろう。少なくとも青年自身はそうは感じていないことがわかる。
　青年期の友人関係が状況に応じて相手や相手に提示する自分のあり方を切り替えるつきあい方があることを検証した研究もある。大谷（2007）は，青年が友人関係の中で傷つけ・傷つけられると想定されることにより，自分のあり方を切り換えざるを得なくなるつきあい方にはストレス反応を伴う傾向があることを明らかにしている。つまり，希薄な友人関係そのものがストレスと直接関連するのではなく，自分の意思によってつきあい方や自分自身のあり方をコントロールできなくなることが問題だと考えられる。

その他松田（2000）は，携帯電話というツールを通して現代青年の友人関係の変化の分析を試みている。それによれば，一般的に「浅く広い」関係を維持するためのツールとして認識されることの多い携帯であっても，「選択的」という次元を新たに加えることで，深いツールになりえる。そして，現代青年の友人関係の特徴は関係希薄論でとらえるのではなく，選択的関係論でとらえるべきであるという指摘をしている。

「全面的な深い人間関係」よりむしろ「選択的な人間関係」を望む傾向は現代青年特有の現象としてではなく，どの世代にもあてはまる現象，「時代の経過」やそれに伴い進行した「都市化」といったより広い文脈で検討すべき現象（松田，2000）だと考えるべきなのかもしれない。地域性の問題は，今後の青年心理学における友人関係研究に必要な視点であろう。

3. 友人関係が青年にもたらす混乱

(1) マリモ化する青年

現代青年にとって友人関係は，要求されるスキルやエネルギーという点において，その重みをますます増してきているといってよいだろう。岡田（1988, 1989）は，大学生への相談活動を通して，「集団的自閉」という現代青年特有の心性を挙げている。すなわち，身近な集団に受容されることに対して強迫的な努力と気遣いを行っている半面で，たとえば他人とぶつかっても平気であるといった，仲間内にしか意識が向かない傾向のことである。

また菅原（2005）は現代青年の行動規範の変容を恥の概念から検討している。つまり，かつての地域共同体が機能していた頃の日本人はセケンの目を気にして，セケンに恥じないように振る舞うことが行動規範であった。ところが地域共同体の機能が崩壊した現代では，自分のごく身近な人間関係が「狭いセケン」となり，その集団で外れないように振る舞うことが行動規範となっているという。そしてそれ以外は「タニン」として自分とは無関係の領域に押し下げられてしまうのである。こうなれば，誰が見ているかわからないタニンの前で地べたに座ることはまったくかまわないが（あるいは恥ずかしいことだとわかっていても），座らないことで仲間から浮いてしまうことが恥ずかしいから座る，ということになる。

同様の指摘は他にもある。土井（2004）は，現代青年は「親密圏（親密な関係）」を維持するためだけでエネルギーを使い果たしてしまい，「公共圏（仲間以外の第三者）」に対して気を回すだけの余裕が残されていないと述べている。また宮台（1997）も，仲間として意識する範囲が極小かつ偶発的になり仲間内ではメンバーに同調する一方，その外側では何をしても平気（仲間以外はみな風景）といった感覚を身につけている現代青年の姿を指摘している。

これらの言説に共通しているのは，自分の身近な友人に対しては，自分を装って過剰なまでに配慮し合わないと関係が維持できないと感じて疲弊している反面，直接的な関係のない相手に対してはまったく無関心・無配慮で，一方的に自分を表出するのみというアンバランスである。

これはいわばビンの中で生きる「マリモ」の状態である。マリモは，清水の中でしか生きられない。自分を直接取り巻く清水とのみ関係性を保っていて，ビンの中の環境変化には非常に敏感である。少しでも混じりものがあれば反応し，場合によっては生きるか死ぬかという問題になる。ところが半面で，ビンの外側とはほとんど無関係である。内側の水まで影響を及ぼすほどの暑さ寒さでないかぎり，他の生き物がビンの中を覗き込もうがビンを倒そうが，まったく関係ない。このように現代青年はマリモ化してきていて，関係性

が極端に分離されているということである。ビンの中で疲弊しきったマリモが，ビンの外側へも関心を向け，関係を構築し，自己存在を布置できるようになるか——。これが現代の青年期の対人関係における大きな課題になってくるのかもしれない。

(2) い じ め

　これまでみてきたように，友人関係は常に青年の生活を明るく彩り，支えるものとは限らない。文部科学省の調査によれば，2005年度までのあいだ，いじめの発生件数は昨今減少傾向にあった。しかし，2006年に文部科学省から提示された定義では「①自分より弱いものに対して一方的に，②身体的・心理的な攻撃を継続的に加え，③相手が深刻な苦痛を感じているもの」とされている。なおかつ新たに「個々の行為がいじめに当たるか否かの判断は，表面的・形式的に行うことなく，いじめられた児童生徒の立場に立って行うことに留意する必要がある」と示された。この定義の改変により，減少傾向にあったはずのいじめの発生件数は，この年を境に急激に増加している。つまりいじめとは，定義のしかたや調査の方法によって，発生件数にかなり増減幅の生じやすいものであるといえよう。

　森田・清永（1994）によれば，いじめを含む現代的問題行動には以下の4点の特徴があるとされる。①日常生活の延長上の出来事であること，②逸脱性の判定および逸脱境界の不明確さ，③加害意識の希薄化，④グレーゾーン（白と黒の区別がつきにくい曖昧な領域）の拡大である。

　思春期の女子の友人関係は特に，グループ内での同調が強い強制力をもっている。それぞれのメンバー間はほとんど対等であるが，あるメンバーの「あの子なんか最近ちょっとムカつかない？」という一言を契機として，容易にいじめが発生してしまう。いじめの対象となる言動は非常に些細なものが多く，返事のしかたであったり，制服の着崩しかたであったりする。昨日まで仲のよかった仲間たちに，突如としてシカト（無視）されるという経験は，青年に強い恐怖をもたらす。倍返しが怖いので，周囲の誰にもSOSを出すことができない。一方対象とならなかった仲間たちの側も，たとえ自分が言い出したわけでなくてもシカトに加わらなければ，グループに同調しないことで逆に自分が今度はいじめの対象になる恐れがある。互いの友情や関係に確固たる信頼が形成されていれば，「そんなこと別にいいんじゃない？」と反論することもできよう。しかしいつ自分がグループから外されるかわからないという恐怖がそれを阻止し，さらには共通の標的を攻撃することで結束を確認しているのである。

　このように，いじめにおける加害者・被害者・観衆・傍観者というそれぞれの立場は非常に流動的であるだけでなく，グループ内の結束を高めるために常に黒い羊を必要としているといえよう。

　そのうえ当事者たちにすら，いじめの認識がきちんとなされているとはいいがたい。加害者の側は「いじめではなく遊びのつもりだった」ということが多い。また森田ら（1999）によれば，被害者の側も「気にしないふり」をしていたという回答が多く，遊びのつもりだという理屈を肯定することになってしまう。土井（2004）は，加害者も被害者もお互いに「遊びモード」に乗りきり，いわば軽い人間関係を意図的に演出することで，軋轢の重さから逃げようとしていると考察している。前述の（1）「マリモ化する青年」で挙げたような関係性の問題がいじめに転じた現象であると考えられるだろう。

　また，現代のいじめの形は大人たちから極めて見えづらくなっているという指摘も多い。その際たるものは「ネットいじめ」であろう。ネットいじめとは，学校裏サイトと呼ばれる携帯の掲示板で，発言する側は匿名性を保ちながら特定の仲間に対して暴力的な発言を執拗に繰り返すいじめである。

ジャイアンがのび太に対して行っていたようないじめとは対照的である。ジャイアンは公の場で，自らも立場を明らかにしながらのび太をゲンコツで殴る。のび太にはドラえもんという逃げ場があり，「やめなさいよ」と止めに入るしずかちゃんもいた。ジャイアンはやりすぎれば大人たちから叱られた。しかし，現代のいじめは大人から見えないところで，自らの素性は隠して保身を保障したところで攻撃性を爆発させるのである。現実場面では表面的に仲のよい友人関係を装い，関係を気まずくさせて自らは攻撃を受けることなく，相手を追い詰めていくことも可能である。被害者の側は，いったい誰にいじめられているのかすらわからず，絶望感と不信感にさいなまれてしまう。

以上のように，現代のいじめは伊藤（2000）が挙げるような7つの特徴に集約されるであろう。①可視化の低下（見えにくい，特に教師の目には見えにくい），②立場の入れ替わり（加害者と被害者が一定しない），③スティグマの拡大（いじめの標的となる要因が拡大し特別な事情がなくてもいじめの対象となる），④いじめの集合化（単独の'いじめっこ'がいるのではなく，集団でいじめが行われる），⑤歯止めの消失（仲裁役や止めに入るリーダーの不在），⑥非行との接点（窃盗や傷害など凶悪ないじめの増加），⑦あっけらかんとした無邪気な明るさ（いじめている本人に罪悪感がみられない）である。

現代のいじめは対応が困難であるとされる背景には，このような多くの問題が絡み合い判断を複雑にしていることがあるだろう。

4. おわりに──現代青年へのメッセージ

親密な関係の有無に関わらず，友人関係においてまったく悩みをもたない青年はまずいないであろう。ともすれば「自分だけがこんな風に悩んでいるのではないか」という思いにとらわれがちである。しかし友人関係における混乱を表すデータを示すと，多くの青年が「自分だけではなかった」と驚き，同時に安心することが多い。いつの時代であっても，友人との関係は青年に肯定的影響のみならず，否定的影響ももたらすものである。その葛藤の中で青年は個としての自己のあり方を成熟させ，安定した関係を獲得していく。つまり，青年期は誰もがこうした試行錯誤を繰り返して個と関係のあり方を模索するものなのである。

そんな青年に対し「現代青年の友人関係は変わった」といわれるようになって随分経った。だがその意味するところの大部分は，青年を対岸に置き否定的に眺めた解釈が多かったのではないだろうか。

一方，青年心理学では「個のあり方についての確信のなさが関係の希薄さを生む」という指摘が多くなされてきた。だが関係の希薄さは翻って，更なる個の不確かさを生むという悪循環に陥ってしまうのである。つながりが薄れたからこそ，つながりにはまり込んでいく状況がここにはある。

だがもしかすると，私たちは文化的・地域的な背景や，現代青年自身が模索する新たな関係のあり方を見過ごしている可能性もある。

現代青年の友人関係を外側から否定的にみるだけでは出口は見いだせない。友人関係でもがき苦しむ青年自身の声に耳を傾け，個のあり方を支えながら，確固としたつながりの中に根を下ろさせるような社会のあり方を模索していく必要があるだろう。

Column 5　学生相談から見る現代青年の友人関係

ここでは，現代青年の友人関係についての一般論ではなく，学生相談所のサイコロジストとして学生たちと心理療法の作業をする中で，筆者に見えてきた現代青年の友人関係の一断面について述べてみたい。

「『空気読めない』と言われるんじゃないか」「自分は空気を読めないからうまくいかない」。近年，学生相談所に来談する多くの学生たちから聞かれる言葉である。「空気読めない」というコトバが，インターネットやマスメディアに溢れ，無自覚に多用されている影響があると思われるが，ここにはその場の雰囲気にそぐわない行動や発言をして村八分的な反応がくるのではないかということへの怖れがある。彼らは周りの人々からのネガティヴな反応を怖れて，周囲にあわせた言動をしたり，同輩との関わりそのものから撤退することも少なくない。これは「現代青年の友人関係の希薄化」といわれる現象の一つの現れであろう。彼らの多くは自分自身の欲求や感情，願望を他者に対してのみならず，自分自身に対しても隠し，自分で自分が見えなくなっている。

そんな青年たちと心理療法のセッションを重ねてゆく中で，共通して起きる興味深い出来事がある。『空気読めない』と言われることへの怖れを語っていた青年が，「空気は読むけど自分の主張はちゃんとしたい」とか，「自分で空気をつくれるようになりたい」と語ることである。このような発言をするとき，彼らはほとんどいつも少しはにかみつつも生き生きとした表情であり，私は彼らのまっすぐな姿にすがすがしさを感じる。自分の気持ちや考えを自分のものとして大事にし表現したいという欲求，そしてそれを表現できる仲間の求めがここにはある。

われわれの学生相談所では，キャンパス・アイデンティティ・グループという精神分析的な青年期発達理論と精神分析的集団精神療法理論を基盤とした予防教育的集団精神療法を行っている。これは，7名前後の学生と1名ないし2名のセラピストによって構成され，率直な自己表現を通じた自己の探求を目的としたグループである。そこに参加した学生の多くは，はじめどのように他のメンバーと関わったらよいのかわからず戸惑う。しかし，自分を表現することに格闘し，挑戦していく中で，愛情や怒りを率直に表現し，他者と生々しいやりとりができる瞬間がくる。そのとき，メンバーの表情は生き生きとしており，グループにある空気は，熱を帯び，個々人が自分らしくあることを支え，「私たちのグループ」という所属感を感じられるような雰囲気がある。この所属感の体験は，青年期のアイデンティティ形成を強化する基盤となる集団同一性の成熟へと連なるものである。

現代において青年の友人関係が希薄になっていると嘆く大人が多くいる。確かにそのような実態はあるだろう。しかし，嘆いていても，評論をしていても何も始まらない。一人ひとりが自分らしく生々しく生きるために，率直に語り合える友の存在，自分のグループと思えるような集団がもつ力は現代の青年においても死んでいない。そこには大きなポテンシャルがある。勇気をもって一歩踏み出せば，そこには生々しい自分と生々しい他者との出会いがある。その一歩は決して容易ではないかもしれない。しかし，そこに青年たちと向き合う大人，同じように格闘する仲間がいるとき，実現可能な一歩である。青年期の若者たちとの臨床実践における私の実感である。

ワーク ④ 限られた世界に生きる"私"を知る──生活空間マップを描く

　風景構成法（Landscape Montage Technique）というものをご存じだろうか。精神科医の中井久夫（1970）が考案した，クライエント理解の一方法である。

　まず検査者がマジックで画用紙に枠取りをする。そして，大景群（1・川，2・山，3・田，4・道）から中景群（5・家，6・木，7・人），そして小景群（8・花，9・動物，10・石）を描き込み，最後に「11・描きたいもの」を加え，彩色するという流れで描き進める。すると，そこに一つの風景が描かれることになる。検査者は，絵について，その天候，時刻，人物の性別，年齢，何をしているところか，川の流れの方向などを質問し，語られた物語と，描かれた一枚の風景から，その人の"こころの風景"を読み解こうとするものである。

　さて，最初に検査者が"枠"をまず描くということに注目してほしい。実は，この枠というものは，意外に大切な意味をもつ。実際，無限大の空間にこれらの物や人を描こうとしてもなかなか場所が決まらない。枠があって初めて，ものごとの間に関係があることを意識し，知らず知らずのうちに，自分の心の中にある"関係性"を，そこに投影することができるのである。

　人の肉体には皮膚という枠がある。自分の行動などにも一定の枠があり，時として「明るい人」などというパーソナリティの枠を与えられる。そして，生きている空間自体にも枠がある。

　当たり前ではあるが意外に忘れやすいことの一つに，人は誰かとの関係や何かとの関係なしには生きられないという事実がある。人は，知らず知らずのうちに，それぞれが生きる"限られた世界"の中に生きるようになる。レヴィン（Lewin, K.）はそれを「生活空間（life space）」と名づけた。生活空間は，自分と自分の生きる風景をいつの間にか限定してしまう，いや，実は限定することで，自分の人生の風景を形にしてくれている。

　さてここでは，自分はどんな生活空間に生きているのかについて，考えてみることにしよう。

(1) ①まずあなたの生活において，重要な関わりのある「場」を自由に挙げてみよう（5つ以上挙がる場合は，特に関わりの深いものに絞る。その場を好きか嫌いかは考慮しない）。

(1) [場]	関係者：	(2) [場]	関係者：
(3) [場]	関係者：	(4) [場]	関係者：
(5) [場]	関係者：		

②次に，過去未来にかかわらず，実際の生活における関わりは薄いが，今のあなたにとって意味をもつ重要な「場」を挙げてみよう。

(1) [場]	関係者：	(2) [場]	関係者：
(3) [場]	関係者：	(4) [場]	関係者：
(5) [場]	関係者：		

③さらに，①②で挙げた場で，関わりのあった人をそれぞれの場所名の横に記そう。

(2) 思い浮かんださまざまな場を，①の場は丸で，②の場は四角で表して配置しよう。

【例】

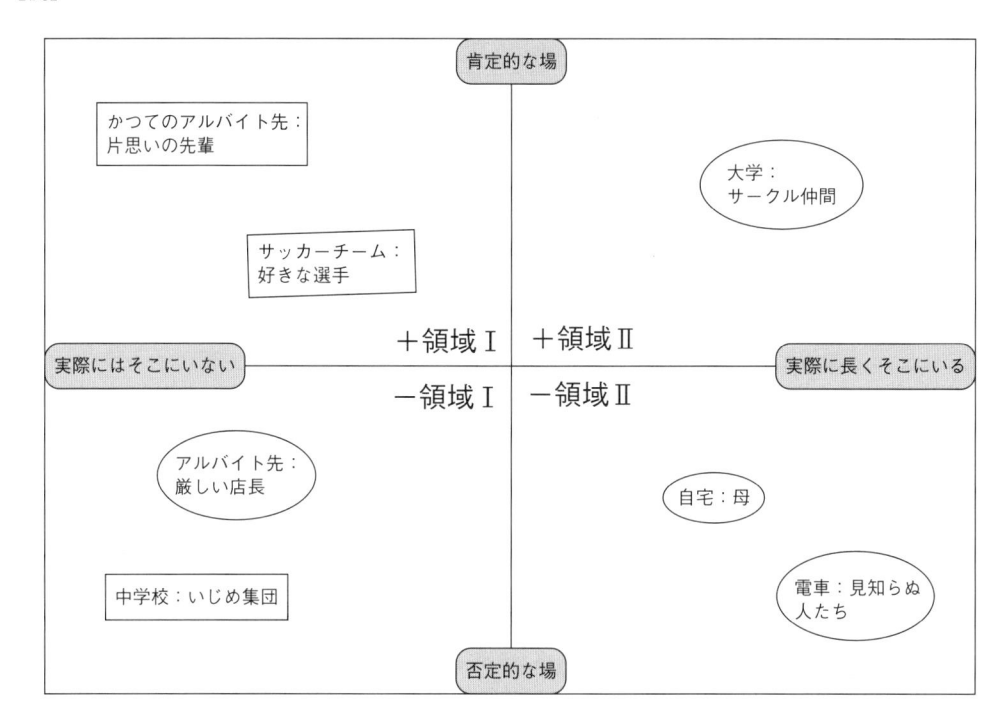

```
                          肯定的な場
    ┌────────────────────────┬────────────────────────┐
    │  かつてのアルバイト先：  │                        │
    │  片思いの先輩            │           大学：        │
    │                         │         サークル仲間    │
    │     サッカーチーム：     │                        │
    │     好きな選手           │                        │
    │                +領域Ⅰ  │ +領域Ⅱ                │
 実際にはそこにいない ────────┼──────── 実際に長くそこにいる
    │                -領域Ⅰ  │ -領域Ⅱ                │
    │   アルバイト先：         │                        │
    │   厳しい店長             │         自宅：母        │
    │                         │                        │
    │  中学校：いじめ集団      │       電車：見知らぬ    │
    │                         │        人たち           │
    └────────────────────────┴────────────────────────┘
                          否定的な場
```

（丸や四角の大きさに意味をもたせなくてよい）

　ここに配置された場所と人とは，あなたが生きている「生活空間」を構成しているといえる。そして，それが肯定的な方に多く配置されていれば，おそらく生活空間全体は居心地のよい，自分の「居場所」となっているだろう。そして，もし否定的な方に偏って配置されているとすれば，どこか不自然さや不快感の多い生活空間に生きているといえるだろう。

　理論的には，無限大の空間と無限大の人間関係の中で人は生きることが可能であるにもかかわらず，実際には，この10の関わりのある場と人との間に，あなたの生活はだいたい収まるのではないだろうか。

　人は限られた時間を，限られた空間において，限られた人々と共有しながら生きている。それぞれの場には，それぞれ関わりのある限定された人物と作り出す「場の物語」があり，それは肯定的な場合もあれば，否定的な場合もあるだろう。いずれにしても，一人ひとりが体験する多くの人生の物語は，そうした限られた生活空間において生じているものであり，自分自身で選ばされている，また選び取って生きていることに気づいただろうか。

　もちろん，生活空間は変化を繰り返す。その中で，自分自身の居場所を居心地のよいものにできるかどうかは，人生を大きく左右するものであろう。青年期は，その後長く続く，固定した生活空間を選択する一つの重要な時期であるともいえる。

　あなたは，どのような場所に，どのような人と生きようとしているだろうか。

第5章 恋愛・結婚―妬み・嫉妬

1. はじめに

　なぜ，青年期の心理を学ぶ際に，恋愛や結婚，妬みや嫉妬の心理を学ぶ必要があるのだろうか。青年期においては，急激な身体的変化によって，自己の性を意識するだけではなく，異性への関心も増加し，親しくなりたいという心理的欲求が芽生える。また，このような他の人を愛する気持ちは，安らぎや幸福感というポジティブな感情だけではなく，苦悩や戸惑い，嫉妬というネガティブな感情やさまざまな反応を引き起こす。したがって，青年期を詳しく理解するためには，恋愛や結婚，妬みや嫉妬の心理の学習が求められるのである。本章では，はじめに恋愛関係形成の基礎となるジェンダー・アイデンティティと性的行動について述べる。次に，結婚と恋愛に関するさまざまな研究を紹介し，さらに，妬みと嫉妬の心理を解説する。

2. 恋愛と結婚の基礎―ジェンダー・アイデンティティと性的行動

　満足のできる異性関係を確立するためには，自分自身が男性か女性かという自己の性に関する認識をもつことが重要である。この性の自覚は，ジェンダー・アイデンティティ（gender identity）と呼ばれており，青年期において成熟する。人間の場合，生物学的な性（セクシャリティ：sexuality）は，誕生以前にすでに染色体の組み合わせによって規定されており，生殖器の形成やその後の神経系・内分泌系の活動にも大きな影響をもたらす（第一次性徴）。また，同性を好きになるか異性を好きになるかという性志向性は，遺伝子によって規定されていることを示唆する報告もなされている（Bailey & Bell, 1993）。さらに，思春期においては，性ホルモンの分泌が活性化し，性に応じた急激な身体的特徴の変化がもたらされる（第二次性徴）。したがって，ジェンダー・アイデンティティの基礎は，ある程度先天的に形成されているといえる。一方，人間社会においては，生物学的な性に応じた行動規範や価値観を身につけることも要求される。たとえば，わが国においては幼児期から「男の子は泣いてはいけない」「女の子は遠くまで遊びにいってはいけない」などの行動規範は性に応じて求められる傾向がある。このような行動規範や性役割は，後天的に学習されるため，生物学的な性とは区別して心理・社会的な性（ジェンダー：gender）と呼ばれている。したがって，青年期におけるジェンダー・アイデンティティの成熟には，生物学的要素だけではなく心理・社会的要素の双方が関与する。

　青年期においては，ジェンダー・アイデンティティが成熟するだけではなく，特定の異性と心理的交流や愛情関係を確立したいという心理的欲求が生じる。たとえば，異性への性的関心の増加は，主に14歳頃から認められる特徴である（財団法人日本性教育協会, 2007）。

実際に，異性とのデート経験率の推移を見てみると14歳頃から経験率が上昇する傾向が示されている（図5-1）。

それでは，異性に対する態度や行動は，あらゆる文化で共通しているのだろうか。これまでの調査から，それらの態度や行動は，文化によって決定される部分が大きいことが示されている。たとえば，財団法人日本青少年研究所は，日本，アメリカ，中国，韓国の高校生を対象とした生活と意識に関する調査を行っている（財団法人日本青少年研究所，2004）。その結果，異性への愛の告白経験率において，文化差が存在するだけではなく（異性への告白経験有率：アメリカ 57.8%，日本 50.7%，韓国 47.8%，中国 28.2%），その際に用いられた方法も異なることが明らかにされた。たとえば，直接告白する方法は，最も用いられている方法であったが，アメリカでは 62.3% と際立って高かった（その他の国では 30% 台）。さらに，わが国では，メールを利用した告白方法が 26.5% と二番目に高い告白方法であったが，その他の国においては 3〜12% 程度であったこと，結婚観においても文化差が示されていたことが明らかにされた。また，ある国で許容されている性的行動が，他国ではタブー視される場合もあることからも恋愛行動への文化的要因の影響は大きいといえるだろう。さらに，恋愛関係に伴うさまざまな行動は，同一国内においても社会環境・文化的変化に伴って変動する。たとえば，1981 年と 2005 年の年齢別性交渉経験率調査を比較してみると，性交渉経験の低年齢化が認められている（財団法人日本性教育協会，2007）。したがって，異性への態度や恋愛関係の進展に伴うさまざまな性的行動には，さまざまな国の実情を反映した文化的差異が存在し，同一国内においても時代的変化によって変動するといえる。

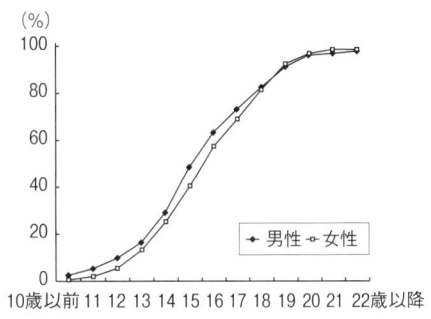

図 5-1　デート経験有の大学生を対象とした初デート経験累積率（財団法人日本性教育協会，2007 より作成）

3. 恋愛と結婚

　心理学は，恋愛と結婚の問題に対してどのようにアプローチしてきたのだろうか。たとえば，ルービン（Rubin, 1970）は，それまでの研究を整理し，他の人を愛する感情（愛情）と好ましく思う感情（好意）を概念的に区別し，両感情を計測する愛情尺度と好意尺度を開発した。好意尺度は，対象人物への好意的評価，対象人物に対する尊敬的評価，対象人物との類似性の知覚から構成された。一方，愛情尺度は，対象人物に対する親和・依存欲求，対象人物への援助傾向，排他的感情から構成されていた。分析の結果，恋人に対しては愛情尺度得点と好意尺度得点はいずれも高く，友人に対しては好意尺度得点のみが高かった。さらに，愛情尺度得点の高いカップルと低いカップルの目線の触れ合い回数を比較したところ，高いカップルの回数が高かった。この研究は，①恋愛感情と好意感情が区別可能であること，②恋愛感情の程度によって，実際のコミュニケーション行動が異なることを示した先駆的な研究の一つである。この研究から示されるように，心理学においては，恋愛や結婚を科学的研究対象として位置づけており，人間の行動を手がかりとすることでその構造や特徴を実証的に解明しようとしてきた。本節では，恋愛と結婚の心理として，①どのようなときに人を好きになるのか，②どのような人を恋人にしたいと思うのか，③恋愛から結婚へはどのように進展していくのかについて解説する。

（1）どのようなときに好きになるのか？──恋に落ちる条件

　私たちが恋に落ちるためには，自己にとって魅力的な他者の存在や出現が求められる。

この問題に対しては，対人魅力に関するさまざまな研究が具体的な知見を供給している。たとえば，身体的魅力が高いと評価される人は，他者から好意を抱かれやすく，デートを申し込まれやすい（Walster et al., 1966）。しかしながら，対人魅力や他者への好意は，相手の身体的魅力のみで規定されるのではない。たとえば，ダットンとアロン（Dutton & Aron, 1974）は，カナダにある吊り橋と固定橋を舞台にフィールド実験を行った結果，心臓が高鳴るなど生理的に興奮していた状態で恋愛対象となりうる異性が存在した場合は，生理的興奮をその異性への好意から生じたものと誤って帰属してしまうことを明らかにしている。また，ホワイトら（White et al., 1981）は，男子大学生に2分間もしくは15秒間のランニングを求めることで生理的興奮状態が女性の魅力度評定にどのような影響を及ぼすのか検証した。実験では，女性の外見や話し方を変えることで魅力度を操作したビデオ刺激が使用されていた。その結果，2分間ランニングを行ったことで高い生理的興奮状態にある参加者は，ランニング時間が短かった参加者よりも魅力的な女性の魅力を高く評価しただけではなく，非魅力的女性をより魅力がないと評価していた（図5-2）。これらの研究は，自己の生理的興奮が異性の対人魅力評価に作用することを明らかにしている。

また，自己の生理的興奮状態だけではなく，物理的環境要因や状況要因も対人魅力に影響を及ぼす。たとえば，ザイアンス（Zajonc, 1968）は，ある人物や事物を繰り返し見るだけでその対象に対する好意や魅力の評価が高まることを実証している。また，住宅間の距離などの物理的距離が近いとその人物と親しくなりやすいが（Festinger et al., 1950），それが長期間にわたる場合は恋愛や結婚には抑止効果が生じることも報告されている（Diamond, 1991）。さらに，自分と意見が類似している人物（Byrne & Nelson, 1965）や身体的魅力がある程度一致している人物（Murstein, 1972）に対して好意を抱きやすいこと，自分が置かれている環境が快適であると類似性が低くても高くてもその人物に対して好意的に評価するが，環境が劣悪で不快だと類似性が低い人物をより非好意的に評価することも明らかにされている（Griffitt, 1970）。また，自己の行動や精神状態も他者の魅力評定に作用する。たとえば，援助行動を行った場合はその相手に対する好意が増加すること（Jecker & Landy, 1969），自尊心を失っている状態の方が他者に好意を感じやすいこと

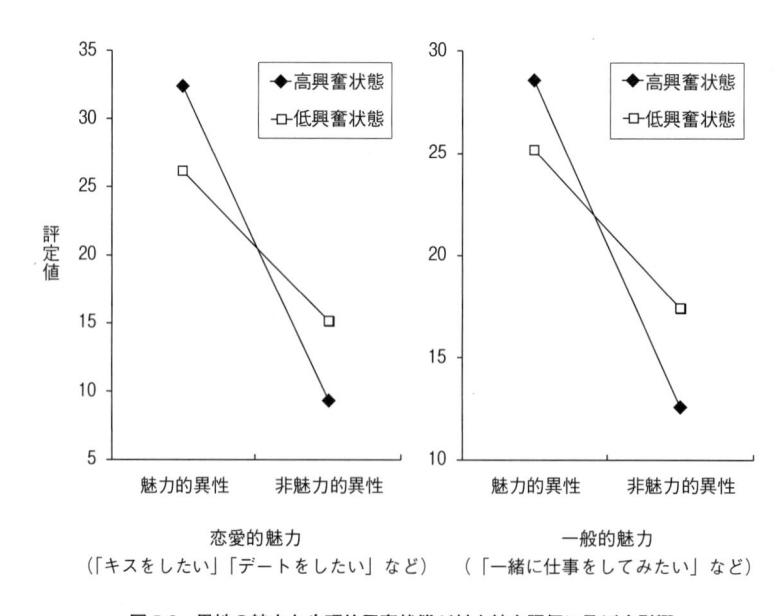

図5-2 異性の魅力と生理的興奮状態が対人魅力評価に及ぼす影響
（White et al., 1981 より作成）

が明らかにされている（Walster, 1965）。したがって，どのようなときに人を好きになるかの問題には，相手の魅力だけではなく，自己の生理的・心理的状態，自己と相手との類似性や環境的要因などさまざまな要因が関与している。また，遺伝子研究の著しい進展により，自己と異性間の特定の遺伝子の一致の程度が対人評価に関与することを示す研究も報告されている（Jacob et al., 2002; Wedekind & Füri, 1997）。

(2) どのような人を恋人にしたいか？—恋人の条件

私たちは，恋人や結婚相手にどのような条件を求めるのだろうか。たとえば「ルックスが良い」「高収入である」「趣味が合う」などの条件が挙げられるかもしれない。2004年厚生労働省は少子化に関する意識調査を行っている。この調査では，現代青年が結婚相手に求める条件についても調べられた。その結果，独身男女ともに性格や価値観・相性を最も重視していたが，男性は女性の容姿を，女性は男性の収入・経済力を重視していたことが明らかにされた。また，家事・育児の能力・姿勢は男女ともに重視する傾向があった（図5-3）。

これらの条件は，社会環境・文化的な変化に伴って変動するのだろうか。たとえば，詫摩（1973）は，昭和47年に東京都内の大学生を対象として結婚時に重視する項目について調査している。その結果，この調査においても男女ともに性格や愛情などの人柄に関する項目を最も重視しており，男性は女性よりも顔立ちやスタイルという容姿に関する項目を，女性は男性よりも収入や将来性などの経済力に関する項目を重視していることが明らかにされた。詫摩（1973）の調査では家事・育児に対する項目は含まれていないが，平成16年に厚生労働省が行った調査と類似する条件が多いといえる。それでは，恋人や結婚相手に求めるこれらの条件は，宗教，民族，人種が異なる社会においても示されるのだろうか。たとえば，バス（Buss, 1989）は，アフリカ，ヨーロッパ，オセアニア，北アメリカ，南アメリカにわたる37の文化を対象として配偶者の好みについての質問紙調査を行っている。その結果，①男女ともに知性，人柄，外見，宗教観を重視していること，②男性は女性よりも身体的特徴，貞節，若さを重視していること，③女性は男性よりも経済力，野心，勤勉性を重視していることが明らかとされた。したがって，配偶者選択においては，

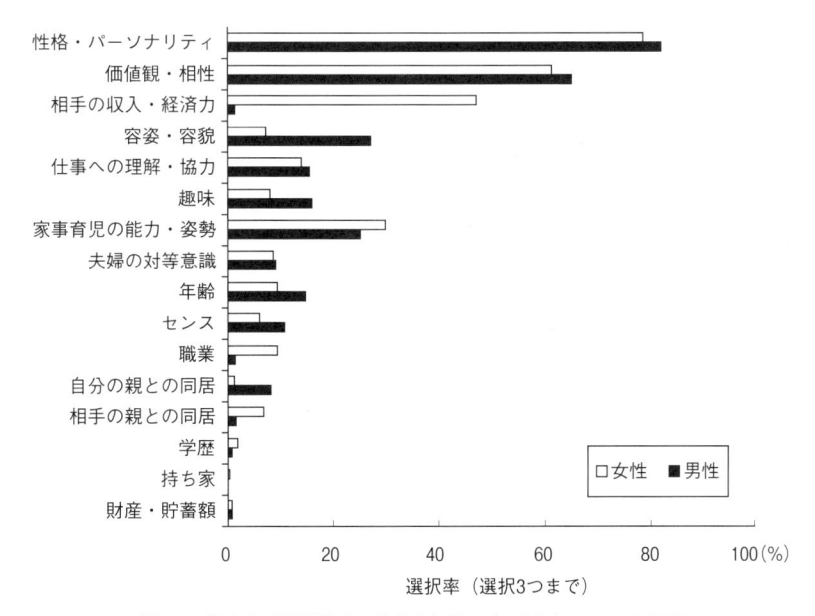

図 5-3　独身者が結婚相手に求める条件 （厚生労働省，2004 より作成）

男女ともに性格などの人間性に関わる特徴を最重視するが，男性は女性の容姿などの身体的魅力を重視し，女性は男性の経済力などの生活安定性を重視するという通文化的性質があるといえる。バス（Buss, 1989）は，進化論的視点から，男性では若く身体的魅力の高い女性を配偶者とした方が自分の子どもの生き残る確率が高く，一方，女性では社会的地位や経済力が高い男性を配偶者とした方が自分の子どもの生き残る確率が高かったため，配偶者選択における男女差が進化の過程で形成されたのではないかと考察している。それでは，男性は女性の身体的魅力を女性は男性の経済力を重視するという配偶者選択の男女差は，実際の恋愛に影響するのであろうか。現在のところ，実証的知見は乏しいが，これらの配偶者選択の男女差が恋愛の初期には必ずしも影響を及ぼさないことを示唆する研究が報告されている（Eastwick & Finkel, 2008）。したがって，望ましいとされる配偶者の条件が実際の恋愛に関与するのかについては更なる検討が必要である。

(3) 恋愛から結婚へ—類型論と段階論

恋愛から結婚へはどのように進展していくのだろうか。この問題に対しては主に恋愛の特徴をもとに類型によってとらえる研究と関係の進展を段階的にとらえる研究が行われている。たとえば，類型的アプローチとして，スタンバーグ（Sternberg, 1986）は，①相手との結びつきに関わる感情的要素である親密性（intimacy），②性的欲求に関わる動機的要素である情熱（passion），③恋愛関係の維持に関わる認知的要素であるコミットメント（commitment）という三要素から恋愛関係が構成されると考えている（愛情の三角理論：triangular theory of love）（表5-1）。彼は，三要素の組み合わせによって生じる八類型によって恋愛関係を説明しようとしており，理想的な恋愛は全要素を備えた究極の愛（consummate love）であるとしている。事実，相手との関係が深まるにつれて，三要素がバランス良く備わっていくことが示されている（図5-4）。

さらに，恋愛の要素よりも現実の恋愛のスタイルに注目して類型化した研究も行われている。リー（Lee, 1977）は，恋愛のスタイルとして，①恋愛をゲームとしてとらえ楽しむことを大切に考えるルダス（遊びの愛：Ludas），②恋愛至上主義でロマンティックな考えや行動をとり相手の容姿を重視するエロス（美への愛：Eros），③長い時間をかけて愛が育まれる穏やかな友情的恋愛であるストルゲ（友愛的な愛：Storge），④独占欲が強く嫉妬や悲哀など激しい感情を伴うマニア（嫉妬深い愛：Mania），⑤恋愛を地位の上昇などの手段

表 5-1 愛情の三角理論尺度の項目例

■ 親密性
1. ○○さんとはうまくコミュニケーションをとれている。
2. ○○さんは必要な時には私を頼ることができる。
3. 私と○○さんの関係は温かいものである。

■ 情熱
1. ふと気がつくと○○さんのことを考えている時がよくある。
2. ○○さんについて空想にふけることがある。
3. ○○さんを見るだけでドキドキしてしまう。

■ コミットメント
1. 私と○○さんとの関わりは揺るぎないものである。
2. ○○さんとの関わりは何ものにもじゃまされないものである。
3. ○○さんとの関係を終わらせることなど私には考えられない。

（金政・大坊, 2003 より抜粋）

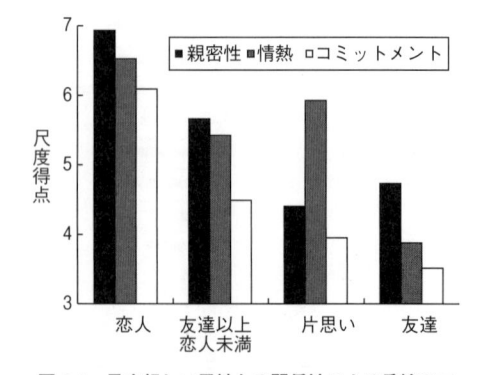

図 5-4 最も親しい異性との関係性による愛情の三角理論尺度得点の違い（金政・大坊, 2003 より作成）

と考えていて相手の選択に規準を設けているプラグマ（実利的な愛：Pragma），⑥相手の利益だけを考え自己犠牲をいとわないアガペー（愛他的な愛：Agape）の六類型を挙げている（図5-5）。これまでの研究から，自己の恋愛スタイルと類似した恋愛スタイルをもつ異性を好むことが示されている（Hahn & Blass, 1997）。

段階的アプローチとしては，マースタイン（Murstein, 1977）によるSVR理論（stimulus-value-role theory）が知られている。この理論では，恋愛関係が，①相手の外見的魅力などに大きく依存する刺激段階，②相互に興味・関心，態度，価値観などを共有する価値段階，③相互の役割を意識し，互いに相手の望んでいることを察知・協調しながら実行していく役割段階という三段階を経て深まっていくことを仮定している。この理論に基づけば，恋愛から結婚へと関係を進展させるためには，相互の類似性だけではなく，お互いを労わることや補い合うことが重要であるといえる。

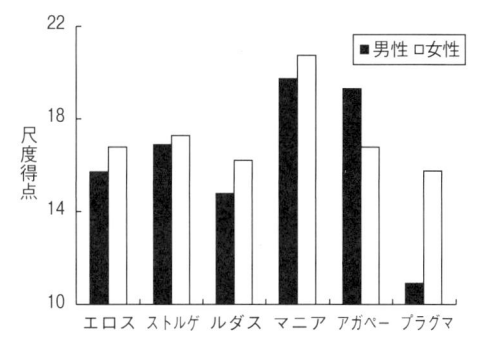

図5-5　日本人大学生の恋愛スタイルの特徴
（Kanemasa et al., 2004 より作成）

わが国においても松井（1990, 2000）が段階的アプローチをもとに恋愛関係の進展についての検討を行っている。その結果，わが国の大学生の恋愛関係は，恋愛段階を構成するいくつかの行動には時代的変化が認められたが，恋愛関係の進展段階には大きな変化は認められなかった。したがって，恋愛から結婚への進展においては，愛情の強さや類似性の程度だけではなく，お互いを労わり補い合うという相互理解も重要であるといえる。

4．妬みと嫉妬

恋愛においては，交際相手に近づきたいという欲求が満たされないことや相手から過剰に干渉されることによってネガティブな感情も生じる（立脇, 2005）。恋愛関係の進展や崩壊に大きな影響を及ぼす感情として嫉妬（jealousy）が挙げられる。嫉妬を内包した激しい恋愛スタイルは，リーの恋愛スタイル研究にも含まれており（Lee, 1977），わが国においては男女ともにその傾向が強い。嫉妬は，自己，恋人や配偶者というパートナー，恋敵となるライバルの存在によって生じ（Salovey & Rothman, 1991），関係喪失感，自己疑惑，自信喪失，不信感，不安感などの感情経験を引き起こす（Parrott, 1991）。類似した感情に妬み（羨望：envy）がある。妬みは，他者の所有している対象や素質に対する切望感や劣等感，特定対象や集団への怒り，状況や運命の不平に対する怒り，悪意を抱いたことに対する罪悪感，他者の美質への憧れと競争心という感情経験を引き起こす（Parrott, 1991）。妬みは，自己と他者の所有物や特性との比較によって起きるが，嫉妬は恋愛関係などの自己にとって重要性が高い人間関係の喪失に対する脅威によって生じるため（Salovey & Rothman, 1991），恋愛関係においては嫉妬の心理が問題として取り上げられている。本節では，①どのような浮気に強い嫉妬を感じるのか，②どのような浮気相手のときに嫉妬が強まるのか，③嫉妬をどのように対処しているのかについて解説する。

(1) どのような浮気に嫉妬を感じるか？──嫉妬が強まる浮気内容

恋人や配偶者の浮気は，恋愛関係に深刻な影響を与える。たとえば，平成18年度に家庭裁判所にもち込まれた離婚調停の申し立て動機を見てみると，夫では性格の不一致（12,354件），異性関係（3,517件），異常性格（2,786件），妻では性格の不一致（20,126件），暴力（13,041件），異性関係（11,867件）の順で高い。どのような内容の浮気でも，私たち

が嫉妬を抱くことは間違いないであろうが，これまでの研究から強い嫉妬を生じる浮気の内容には男女差が存在することが報告されている。たとえば，バスら（Buss et al., 1999）は，アメリカ人，韓国人，日本人を対象とした研究を行っている。この研究では，恋愛相手であるパートナーが他の異性と強烈な肉体関係を結んだがこころは離れていない場合と他の異性に非常に強く惚れこんでしまったが肉体関係は結んでいない場合のどちらに強い苦悩を感じるかを強制選択させる方法が用いられた。その結果，①男性は女性よりも肉体関係に強い苦悩を感じること，②女性は男性よりも愛情関係に強い苦悩を感じること，③選択率に文化差が示されるものの男女差は共通していることが明らかにされた（図5-6）。このような結果は，嫉妬の強さの評定を行った場合においても示される（Heider et al., 2006）。

また，特定の浮気に対してより強い嫉妬が生じるだけではなく，男性は女性よりも肉体関係の浮気の場合にパートナーを許すことができず，女性は男性よりも愛情関係の浮気の場合にパートナーを許すことができないことも報告されている（Shackelfold et al., 2002）（図5-7）。

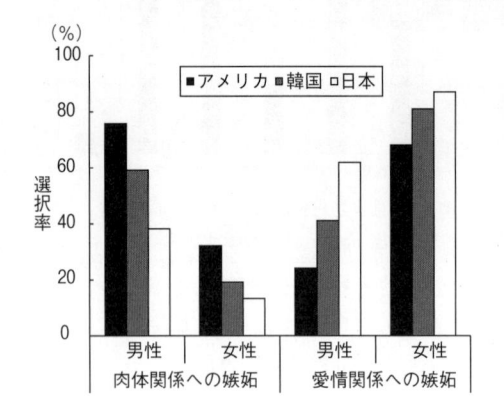

図5-6 **強い嫉妬を生じる浮気内容の男女差**（Buss et al., 1999 より作成）

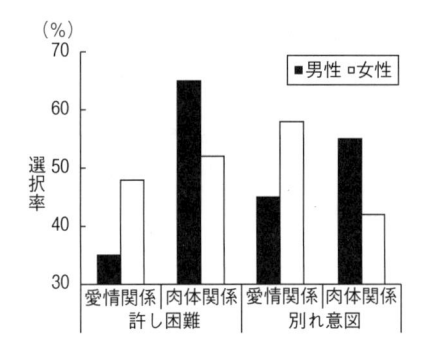

図5-7 **許すことができない浮気内容の男女差**（Shackelfold et al., 2002 より作成）

このような嫉妬における男女差の通文化的性質について，バスら（Buss et al., 1999）は，①パートナーが愛情関係の浮気を行った場合，女性においては，自己や子どもの養育のためにパートナーから投資される資源の量が低下するために強い嫉妬を感じ，②パートナーが肉体関係の浮気を行った場合，男性においては，自己の遺伝子を有していない子どもの養育に資源を投資するかもしれないという父性の不確実性が増加するために，進化の過程において性に応じた選択的な嫉妬が備わったのではないかと考察している。

（2）どのような浮気相手が嫌か？──嫉妬が強まる浮気相手の条件

嫉妬においては恋敵となるライバルが存在する。ある研究は，浮気相手の有するさまざまな特徴によって浮気による嫉妬の強さが異なるのか検討を行っている（Dijkstra & Buunk, 2002）。この研究では，はじめに最も強い嫉妬が生じる浮気相手の特徴を自由記述で収集したのちライバル特徴項目（たとえば「足が美しい」「思いやりがある」など）が作成された。参加者は，浮気相手であるライバルが自分よりも各特徴項目を有している場合に浮気に対してどの程度嫉妬を感じるかを評定した。その結果，嫉妬を生じるライバル特徴項目は，①人柄や知性に関わる社会的優位性，②容姿の美しさに関わる身体的魅力，③行動の大胆さに関わる魅惑的振る舞い，④身体の強靭さに関わる身体的優位性，⑤経済力やその安定性に関わる社会的地位から構成されていることが明らかにされた。さらに，男女ともに人柄や知性に関わる社会的優位性を浮気相手が自分よりも有している場合に最も強い嫉妬が生じること，男性は女性よりも社会的地位や身体的優位性を自分よりも浮気相手が有している場合に強い嫉妬が生じ，女性は男性よりも身体的魅力を自分よりも有している浮気相手に対して強い嫉妬が生じることが示された（図5-8）。

筆者は，原著者から尺度使用許可を得て，わが国の高校生・大学生を対象とした研究を

行った（本多, 2007）。その結果，わが国においても，男女ともに社会的優位性が高い浮気相手の場合に最も強い嫉妬が生じること，男性は社会的優位性が高い浮気相手の場合，女性は身体的魅力が高い浮気相手の場合に強い嫉妬が生じるという男女差が示された。さらに，高校生と大学生は，嫉妬の強さにおいて差異がほとんど認められず，ライバル特徴項目の評定傾向も類似していた。したがって，嫉妬が強まる浮気相手の条件は，十代半ばにはほぼ形成されていることが示唆された。また，この研究結果（本多，2007）は，先行研究（Dijkstra & Buunk, 2002）の知見と類似しているため，嫉妬が強まる浮気相手の条件においても通文化的性質があるといえるだろう。嫉妬

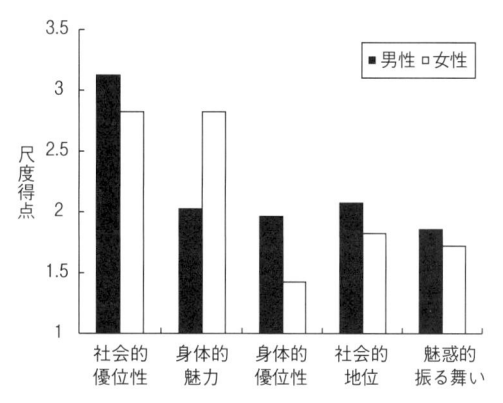

図 5-8 各ライバル特徴により喚起される嫉妬の強さとその男女差（Dijkstra & Buunk, 2002 より作成）

が強まるライバル特徴は，配偶者選択で重視される特徴（Buss, 1989）と類似している点が多い。そのため，嫉妬が強まる浮気相手の条件は，配偶者選択の条件をもとに行われている可能性が高い。具体的には，浮気相手が配偶者選択に有利に作用するこれらの条件を有している場合，浮気相手に自己の配偶者を奪われてしまう危険性が高まると予測される。浮気相手の有する特徴によって嫉妬の程度が異なることは，配偶者が奪われる危険性のある状況を迅速に検出し，それに対処することがヒトの生殖において有利に作用したことを示唆しているのかもしれない。

（3） 嫉妬をどのように対処しているか？——嫉妬による心理的・行動的反応

恋愛関係の危機的状況によって生じる嫉妬は，さまざまな心理的・行動的変化をもたらすが，この反応は，自己の嫉妬感情に対処するために生じている。たとえば，中里（1993）は，嫉妬と妬みに共通して用いられている一般的対処方略を検討している。その結果，①他者の問題処理法を参考にする，問題の解決策を練るなどの解決打開方略，②周囲からの同情の受け入れや相談，感情の発散・隠ぺいなどの緩和気散方略，③事態好転の空想や自分自身への叱責などの願望静観方略が見いだされたことを報告している（表 5-2）。

また，ブライソン（Bryson, 1991）は，アメリカ人，ドイツ人，イタリア人，オランダ人を対象とした研究の結果，嫉妬で生じる反応として，①恋人に対する疑念や怒りという恋人に対する反応，②他の出来事に対処できなくなり感情が不安定になるという感情の荒廃，③攻撃性の増加，④浮気を気にしていないように振る舞うなどの印象操作，⑤恋人が行った浮気行為に対する返報反応，⑥自分自身をより魅力的にするように試みるような関係改善反応，⑦恋人の行動を注視するモニタリング，⑧嫉妬を感じたことに対する罪悪感や自己非難などの自罰反応，⑨親しい人物への感情の吐露という社会的サポートの探求を見いだしている。さらに，嫉妬による反応は，人種によって異なるだけではなく，女性は男性よりもさまざまな反応を示しやすいことも報告している。さらに，川名（2002）は，嫉妬反応として，①恋人に愛されるために会ったり電話をかけることで関係の緊密化を図る求愛的嫉妬，②相手の行動に疑義を抱いて頻繁に電話をかけたりする気がかり的嫉妬，③自信を失うことで恋人を傷つける言動を行ったりする攻撃的嫉妬，④嫉妬を感じたとしても相手に聞かず関係への自信を失う自信喪失的嫉妬を報告している。したがって，嫉妬は，恋愛関係の崩壊を促す攻撃的反応だけではなく，自己の資質を高めるための努力を動機づける自己向上反応や信頼関係の再構築を志向する関係改善反応をも導くといえる。

表 5-2 嫉妬と羨望の一般的対処方略尺度の項目例

■ 解決打開
1. 自分が感銘を受けたひとが，問題をどのように処理していたのかを思い起こし，参考にする。
2. 問題に対して，いくつかの異なった解決策を導き出す。
3. 自分にかかわりのあるなにかを変えてみる。

■ 緩和気散
1. まわりのひとからの同情や理解を受けいれる。
2. 事態をやわらげるために，あまりむきにならないようにする。
3. 自分の気持ちを，ある程度まで発散させる。

■ 願望静観
1. ひたすら事態が好転することを望んだり，空想したりする。
2. 実際に起こったことや感じたことを，なんとか変えることができないものだろうかなどと思ったりする。
3. 自分がもっと精神的に強い人間だったらと望む。

(中里, 1993 より抜粋)

5. おわりに—現代青年へのメッセージ

　本章では，恋愛と結婚・妬みと嫉妬の心理について解説した。恋愛関係を構築することは，その関係性が失われる脅威を抱くことにもつながる。したがって，恋愛と嫉妬は，表裏一体の関係にある。恋愛と嫉妬の心理においては，文化による影響だけではなく，多くの社会に共通する通文化的性質や男女差も観察されている。これは，両メカニズムが，人間の生殖の問題と密接に結びついていることを示唆している。現在，恋愛と嫉妬の心理の解明は，こころのデザインの理解に結びつく研究テーマとしてとらえられており更なる実証的検討が求められている。また，嫉妬は，一般的にネガティブな反応に結びつくと思われがちであるが，恋愛関係の崩壊を意図するような反応だけでなく，恋愛関係の再構築を意図した反応や自己の資質を高めるための自己向上反応をも生み出す。したがって，この感情は，恋愛関係の修復・強化機能や自己成長・改善機能というポジティブな機能的役割を有しているともいえるだろう。嫉妬がどのような機能的意味をもち，現実世界でどのように作用しているかについては知見が乏しいため今後更なる研究が必要である。

　最後となるが，恋愛と嫉妬は「身を焦がす」という表現がともに使用されることからわかるように，どちらの感情も時として心理状態や行動に大きな影響を及ぼす。そのため，読者のなかには，このような強い感情を抱いた場合には，どのように対処したらよいのかについて悩みを抱くときがあるかもしれない。もしそのような悩みを抱くときがきたら，できるだけ自分や相手と向き合って自分なりの答えを見つけ出してほしい。どのように対処するかは自分自身がその問題や感情をどのようにとらえているのかに依存する。恋愛も嫉妬も他者の存在なくして成立しない感情である。自分が他者に対して抱いているこれらの感情を直視することは容易なことではないだろうが，自分や相手と向き合って見いだした答えは，きっとあなたにとっての最適解であるだろうし，どのような結果が得られるにせよ，その記憶はあなたの人生をより鮮やかなものにするだろう。

Column 6　ダイエットのこころ
―思春期・青年期女性の視点から

　幅広い年代の人の興味をひくダイエット。肥満児の増加や，中高年のメタボリックシンドロームなど話題には事欠かず，日々さまざまなダイエット法が巷を飛び交っている。中でも「思春期～青年期女性」は，とりわけダイエットへの関心・ダイエット願望が高い。彼女らにとってダイエットは，"必要に迫られて"ではなく，"自分磨き"的な目的が多い。実際，女性をターゲットにした雑誌などで取り上げられるのは「やせてキレイになる」といった"美容"目的がほとんどである。単に望みの体重を手に入れるだけではなく，「自分に自信がつく」「他者からの評価が期待できる」などの副産物がまた魅力的なダイエットは，あるときは手っ取り早い自己実現の手段になり，またあるときはその人の生き方の変容をも生みだすテーマとなるなど，私たちのこころに大いに影響を及ぼしている。

　ダイエットは19世紀後半にアメリカで生まれ，日本に広まって約50年（日本でテレビ放送が始まったわずか数年後の1959年，早くも日本初のダイエットドキュメンタリー番組が放送されていた）。こんなにも長い間，私たちは自分の身体に"理想"を求め，何らかの"理想と現実のギャップ"に悩まされ続けてきた（片野，2007）。確かに，人は見た目の印象で損をしたり得をしたりするから，身体の印象は大切ではある。恋愛に限らず，あらゆる職業でも見た目の印象は重要な要素となる。しかし，なぜ女性ばかりがダイエットに多くのエネルギーを費やしているのか。背景にはいくつかの点が考えられる。たとえば，思春期から始まる第二次性徴には男女の違いがあり，この時期脂肪細胞が増す女子の方が脂肪に抵抗感を感じやすいこと（発達的背景）。また，女性が男性よりも外見を重視される傾向にあること（対人関係的背景）も関係する。さらに，華やかなファッションモデルらは例外なくスリムな女性ばかりで，それがよしとされる社会的な背景も，大いに影響しているだろう。

　とはいっても，ダイエットは長期的にはうまくいかないことが多いのが現実。ダイエットの失敗の多くは「続けられないこと」。そこには人間が長い歴史の中で得てきた，生きるためのシステムが関与しているようだ。何万年もの間，餓死の危険と隣り合わせに生き延びてきた人間にとって，体重を減らさないといった餓死対策は最重要課題としてインプットされてきており，身体を危機的状態には陥らせまいと頑張っている。これが体重のセットポイント説である（片岡，2008）。減量後のリバウンドは，セットポイントが一時的なダイエットでは容易にこれを下げることができないことから起こると考えられている。つまり，人は個々に自然とある決まった体重になる，いわゆる自分の体重のセットポイントなるものをもっていて，一時的に体重が減っても身体は必死で元の体重に戻ろうとするのである。

　セットポイントには脳の働きが関係しているといわれており，セットポイントの変更を定着させるには，6ヶ月程度新しい体重をキープする必要があると考えられている。すなわち，ダイエットにはそれだけの長い期間持続させ，体重を維持し，その後もダイエットで得た生活習慣・生活スタイルの変更を，大げさに言えば生き方そのものの変更をも，持続し続けていくことが求められる。そう簡単にはいかないものなのだ。

　以上のように，ダイエットは誰にでも今すぐ始められるお手軽な"自分磨き"である反面，長期的で多大な労力を要するものである。ひとたび適切なコントロールを欠けば，こころと身体のバランスを崩してうつ病や摂食障害になる危険性もある。近年，脳への悪影響も指摘されている（高田，2005）。ダイエットには華やかな面ばかりではないことをこころの片隅にとめ，慎重にそして楽しく気長にダイエットに挑んでいただけたら，と願う。

ワーク 5　わたしの恋愛行動

　恋愛は，青年をはじめとした多くの人々の関心を引くものである。古くから，恋愛を謳った小説や詩・歌などは，数多くあるし，現代の人気ドラマやポップスにも，恋愛をテーマとしたものは多く，雑誌にも多くの特集が組まれている。このように，恋愛は，いつの時代にも，人々の生活に密着したものであり，人々に喜びや悩みなどの多彩な影響を与えるものであろう。

　一方，恋愛に関する研究を見ると，性教育の視点から行われた研究はあるものの，恋愛中の行動や感情といった心理的側面を焦点化した研究は少ないという現状がある（松井，2004）。恋愛に関する代表的な研究として，ルービン（Rubin, 1970）は，「好きになること（like）」と「愛すること（love）」を区別し，それぞれに対応する好意尺度と愛情尺度を作成している。また，リー（Lee, 1977）は，恋愛を6つに類型化し，それぞれの関係を色相環とする「恋愛の色彩理論」を展開している。そのような中で，松井（1990）は，1982年に，大学生が恋愛においてどのような行動をとるのかについて調査を行い，分析した結果，恋愛行動を以下の5段階に分類している。最初の段階は，会話をする段階であり，会話，相談をしたり，プレゼントを贈ったりする。第2段階では，デートをしたり，特別な用もないのに電話をしたりする。この頃，手や腕を組んだり，ちょっとした口げんかをしたりする。第3段階では，ボーイフレンドやガールフレンドとして，友人や周囲の人に紹介するようになり，キスをしたり，抱き合ったりする性的行動も見られる。その一方で，けんかは深刻になり，別れたいと思ったりするほどのけんかになることもある。第4段階では，恋人として，友人や周囲の人に紹介する。第5段階では，ペッティングがあり，結婚の約束をしたり，結婚してほしいと求めたりしてから，セックスする。この頃のけんかは壮絶で，殴ったり殴られたりすることもある。

　さらに，2000年にも同様の調査を行ったところ，82年と比較して，いくつかの違いが認められている（松井，2006）。具体的には，「寂しいとき，話を聞いてもらう」「用もなく電話する」ことは，2000年の方が増えており，これは，携帯電話の普及が一因ではないかと考えられる。また，「キス，抱き合う」「セックス」も2000年の方が増えており，セックスは，2000年では，第5段階から第4段階に移行し，恋愛におけるセックスの意味が変わってきていることが示唆されている。しかし，会話から始まり，徐々に内面を打ち明け，デートを重ね，恋人として友人に紹介するという恋愛行動の全体としての流れは，時代を経ても変化していないことが指摘されている。このような恋愛時の行動や意識を明らかにすることは，青年期の関心が高い問題を扱うというだけでなく，恋愛という場で繰り広げられる双方向的な多様な行動や感情を整理するという意義もあると考えられる。

　そこで，ここでは松井（1990）の知見を参考にしつつ，あなたの恋愛行動を見てみることにしよう。

（1）1枚の紙片（A4くらいのサイズがあるとよい）を用意する。縦に年表を作っていくので，縦長に使うとよい。

（2）まず，恋人や配偶者，好きな人，あるいは家族以外であなたにとって最も親しい異性を一人思い浮かべ，紙片の上部にイニシャルを書く。イニシャルを書く理由は，これ以降の作業で，ここで記入した相手との行動について記述していくため，作業がしやすいようにするためである。

（3）次に，（2）で記入した相手との恋愛行動を年表にしていく。書き方は，以下の図を参考にし，先述した1～5段階に含まれる出来事について，行ったものを時系列順に記入していく。行ったことがないものについては，書かなくてよい。また，先述した5段階に含まれないものでも，思い出せる出来事があれば，できるだけ具体的に記入していく。

相手のイニシャル：M

年・月	会話 （どんな会話をしたか）	行動 （どんな行動をしたか）	性的行動 （どんな性的行動をしたか）	けんか （どんなけんかをしたか）
2007年4月	勉強の話・相談などをする 子どもの頃の話をする			
5月	悩みを打ち明ける 人に見せない面を見せる	勉強の手伝いをする	肩や体に触れる	
6月	寂しいときに電話をしたり話したりする 用もないのに電話をしたり会う	プレゼントをする，される		
6月中旬		デートをする 一緒に買い物をする	手や腕を組む	口げんかをする
7月		ボーイフレンド・ガールフレンドとして友人に紹介する 相手の部屋に行く，来る	キスをしたり，抱き合ったりする	別れたいと思うほどのけんかをする
7月中旬		恋人として友人に紹介する		
10月	結婚の話をする　結婚したいと相手に言う，言われる 結婚の約束をする 親に紹介する，される		ペッティング セックス	殴った，殴られたというけんかをする

図1　恋愛行動の年表例（松井, 2006を筆者が一部改変）

この作業により，これまでにあなたが経験したことのある恋愛行動の年表ができたことになる。それでは，次に，この年表を元に，自分の恋愛行動を分類してみよう。

(4) 年表を記入したものとは色の違うペンを使って，以下の図を参考に，段階ごとに枠で囲んでいく。段階は，先述した松井（1990）の5段階を参考にするとよいが，その際，5段階に該当しないものや別の段階のものがまぎれていた場合は，その箇所にチェックをしておく。また，5段階以降の段階が見られた場合は，それもまとまりにできそうなものは枠で囲み，わからない場合はチェックをしておく。

(5) 振り返り

どうだろうか。

　まず，あなたが経験したことのある恋愛行動を年表に整理してみて，どの時期にどういった行動があったか，振り返ることができただろうか。松井（1990）では，恋愛は，会話から始まるとされているが，現在ではさまざまなコミュニケーションツールがあり，メールやSNSなどの電子的なコミュニケーションから始まる場合もあるかもしれない。また，会話から始めた関わりが，さまざまな行動を経て，徐々に内面的なつながりをもつようになり，それと平行して，けんかや衝突，恋愛を通じての悩みなども出てくる過程が見られただろうか。そのような過程が見られた場合には，恋愛は，多彩な

80　ワーク5　わたしの恋愛行動

相手のイニシャル：M

年・月	会話 (どんな会話をしたか)	行動 (どんな行動をしたか)	性的行動 (どんな性的行動をしたか)	けんか (どんなけんかをしたか)	
2007年4月	勉強の話・相談などをする 子どもの頃の話をする				第1段階
5月	悩みを打ち明ける 人に見せない面を見せる	勉強の手伝いをする	肩や体に触れる		
6月	寂しいときに電話をしたり話したりする	プレゼントをする，される			
6月中旬	用もないのに電話をしたり会う	デートをする 一緒に買い物をする	手や腕を組む	口げんかをする	第2段階
7月		ボーイフレンド・ガールフレンドとして友人に紹介する 相手の部屋に行く，来る	キスをしたり，抱き合ったりする	別れたいと思うほどのけんかをする	第3段階
7月中旬		恋人として友人に紹介する			第4段階
10月	結婚の話をする　結婚したいと相手に言う，言われる 結婚の約束をする 親に紹介する，される		ペッティング セックス	殴った，殴られたというけんかをする	第5段階

図2　段階の分類例（松井，2006を筆者が一部改変）

行動や感情が複雑に生じるものであるといえるだろう。
　次に，恋愛行動の段階を見ていこう。松井(1990)の5段階は，82年の大学生を対象とした調査から抽出されたものであるため，現代の大学生では，異なるところがあるかもしれない。あなたの結果と，図2とを比較して，どのような点で共通点や相違点が見られるか，考えてみよう。それにより，あなたの恋愛行動の特徴が理解できるかもしれない。さらに，世代が違えば，この5段階とは異なる分類が見られるかもしれない。恋愛研究は，主に大学生を対象とした研究が多く，その他の世代について検討した研究はほとんど蓄積されていない(松井，2004)。しかし，恋愛は，大学生に限定された現象ではなく，中学生・高校生の恋愛，社会人や中高年の恋愛，夫婦間の恋愛，同性間の恋愛など，世代や対象により，その行動やあり方が異なるものと考えられる。したがって，今後はそれらの広い世代や対象についても，実証的に検討していく必要があるだろう。また，恋愛の進展の先には，失恋や離婚などの別れが生じる場合もある。したがって，恋愛の深まりを理解することに併せて，別れにまつわる心理や行動を検討することも，重要なことではないかと考えられる。

第6章 青年と文化―携帯電話を中心に

1. はじめに

　文化とは，特定の道具を共有・使用することによって，特有の行動様式を発生・維持させる社会集団の総称とされる（ヴィゴツキー, 2005; Cole, 1996; 石黒, 2001）。人間は，自ら作り出した道具を思考に媒介させ，さまざまな行動様式を獲得することで高度な共同活動を行えるようになった。そしてその結果として，他の動物とは比較にならないほどの高い水準の進化を文化的に達成してきた。ここでいう道具には，服・家・農耕機具などの生活に必要となる具体的な「技術的道具」のほか，他の人間と自らの意思を伝え合う対話に使用される言語を代表とする「心理的道具」があるといわれ，特に後者は，複雑な文化を構成する人間特有の思考を支える上で重要な役割を果たすとされた（ヴィゴツキー, 2003）。

　このヴィゴツキーの視点から青年の文化を定義づけると，青年期に到達した多くの者が共有する道具の使用による，他の世代の人々には見られない特有の行動様式の総称ととらえることができるだろう。白井（2003）は，このような青年文化を支える道具には主に，①自分らしさの独自性を表現・追求するためのものと，②他の人々との関係性を模索するためのものがあると指摘している。人々と関係性を維持しながらも，自分らしさの追求を行いたいとする青年期に特徴的な心性は，ジンメル（Simmel, 1911）をはじめ多くの研究者が指摘してきたものであるが，白井の分析は，このような心性が彼らの道具使用に色濃く影響を与えていることを示唆するものといえる。

　①に関しては，流行の最先端をいくファッションを追求する若者の行動分析（箱井, 1999; 阿部, 1999）や，暴走族などマイノリティー集団に関する研究（佐藤, 1984），またアニメの登場人物を模したコスプレ集団や同人誌の発行などを通じて他の集団と異なる行動様式を追求する青年たちに関するサブカルチャー研究（宮本・有元, 2005; 神澤, 2006）などが行われてきた。これらの文化行動は，比較的少数の集団に属し，服・バイク・アニメなどの道具使用によって，特徴的で独自性のある自己表現を行い，他の多くの集団と差別化を図ろうとする者が多いという点において，白井の定義に合致する。一方，②に関しては白井自身も指摘しているように，近年のIT産業の発達に伴って，この世代にも急速に普及し始めた，さまざまな電子機器によるインターネットを介した対話を意味するCMC（Computer Mediated Communication）が挙げられる。これは，青年たちがパソコンや携帯電話（以下，ケータイと略す）などの道具を通じ，多くの人々と対話を行い，自らのつながりを拡張していこうとする文化行動といえる。

　本章ではこの後者の，CMCを中心とした文化行動について検討する。このような行動は今日，もはや狭い範囲の集団に属する特定の青年たちだけではなく，この世代の8割以上が行うようになっており（総務省, 2008），さらにこのような他の人々との「つながり」

に関する文化に注目することで，青年たちに特徴的な対人行動や認知発達の傾向を明らかにすることができると考えたからである。また青年たちの主な CMC の手段としては，パソコンよりもケータイがより多く使用されることから（三宅, 2005），ケータイを中心に取り上げ，この技術的道具を媒介とした特有の言語活動（すなわち心理的道具）の検討を行う。そして青年期の発達理論も参照しながら，この技術的道具が青年たちの成長・発達を促進する上で，どのようなメリットとデメリットを有するかを分析する。最後に，これらのデメリットを緩和し，メリットをより活かすためのケータイ文化のあり方について，情報教育などの取り組みも紹介しながら提言を行っていく。

2. ケータイ文化のメリットとは？

(1) 情報縁を結ぶケータイ文化

ケータイによる CMC は，子どもや若者の人間関係に有害な影響を及ぼすというイメージが一般的なのかもしれない。それは出会い系サイトなど両親の目の届かないところでケータイを通し，匿名の不特定多数の人物と知り合い，これらの人々と実際に会うという行動をとって，事件に巻き込まれる青年たちの被害が報道されることが多いためである。

> **ケータイに関わる事件報道と世論**
> ケータイが関わるこのような事件報道が頻発したことをきっかけとして，政府の教育再生懇談会では 2008 年 5 月に「小中学生には携帯電話を持たせない」という提言を行った。このことに関連して福田首相（当時）は「携帯電話の必要性が子どもの場合，それほどあるとは思っていない。むしろ有害情報といったようなことを心配した方がいい」と語った（「朝日新聞 2008 年 5 月 18 日」）。

しかし多数の調査協力者を対象に行われたアンケート調査からは，匿名の人物とケータイメールをしたり，彼らと実際に会ったりしたことがある者は全体の一割程度であり（羽淵, 2006），問題とされる青年期に限ってもその割合に大きな変化はないことが示されている（土橋, 2003）。つまり匿名の人物との CMC 行動は，青年期のケータイ文化を代表的に特徴づけるものではないということである。

それでは，青年期のケータイ文化を代表する行動とはどのようなものなのだろうか。まずケータイを使ってやりとりする相手の特徴としては，調査によって数値に差はあるが，ほとんどがケータイで連絡を取り合う以前からの知り合いで，なおかつ，日常的に接する機会がある親しい人物であることが知られている（土橋, 2003; 宮田, 2005; 遠藤, 2005; 羽淵, 2006）。さらに，このケータイメールでは，パソコンメールと比較して，情報そのものの交換というよりもむしろ，それらの情報についてお互いにどう思うかなど，親しさを深めるようなメッセージが多く交わされるという特徴がある（秋月, 2005; 天野, 2007）。このようなメールの事例として秋月は，別々の場所でサッカーの試合を見ている若者同士のやりとりを紹介している。ここでは，同じ試合を見ている友人に対して，「今のゴールはすごかった」などの情感を伝え合い，同じ経験を共有する感覚を得ることで親しさを増すというやりとりになっていた。中村（2005）は，ケータイを介したこのような対話状況を「コンサマトリー（自己充足的）」と呼び，情報交換というケータイの本来の使用目的を離れ，おしゃべりそのものが自己目的化していると特徴づけている。

つまりケータイを通じた対話には，「自分はこういう感情をもつ人間なのだ」というような情緒的なメッセージを伝え合い，私的親交を深め合う傾向があるということだろう。実際，ケータイで連絡を取り合う青年たちには社交性の水準が高く，孤独感が低い傾向がみられるという（辻・三上, 2001; 中村, 2003; 松田, 2004）。辻らは，ケータイを通じて青年たちはお互いの距離感を縮めようとする交渉を行っており，その結果として孤独感や対人不安を低く抑え，心理的健康を高めることになると指摘している。

これらのことから，ケータイを介した青年たちの主要な文化行動とは，空間を共有しない親しい人物との間で，その関係性を維持し深めるネットワークを構築していくものであることが明らかである。羽淵（2006）はケータイによるこのようなネットワークを，人間関係を包み込む繭（cocoon）に見立て，「テレ・コクーン」と呼んだ。そして，従来の地縁・血縁に続く，「情報縁」（高石，2006）と呼べるような，メディア環境が取り結ぶ人間関係の創出にケータイが重要な役割を果たしうる可能性を指摘した。つまり，ケータイ文化において代表的な機能とは，すでに知り合いになっている人々の間を取り持ち，その関係性を強化していくものといえるのである。

(2) 匿名性に守られたやさしいケータイ

　さらに，全体の一割程度の人間しか行わない，匿名の人物とのやりとりに関しても，一般に指摘されているような問題のあるものばかりではない。たとえば宮田（2005）では，同じ悩みを抱える人たちが，自分たちの名前を明かすことなく，電子掲示板などで話し合う支援的コミュニティの有効性が指摘されている。このような CMC では，実名や住所・職業などを知られない匿名の状態で他の人々とやりとりを行うため，他人に知られたくないことであっても安心して自己開示でき，深い信頼感を伴って話し合うことができるとされる。この特徴を利用して，不登校やいじめ，性の問題など，実名では相談できない内容に関する青年期を対象としたカウンセリングに，CMC を活用する試みも提案されている（河村，2003; 加藤・赤堀，2005）。富田（2006）は，このようなネットにおける匿名性に守られた親密度の高い人間関係を，「インティメイト・ストレンジャー」と呼んだ。そして，このインティメイト・ストレンジャーを形成するネット接続に使用されやすいのも，青年たちが常に身につけているケータイなのである。

　青年期は，大人と同じ水準の論理的思考が可能となる形式的操作期に至る認知発達が達成される時期とされる（Piaget & Inhelder, 1966）。しかし一方で，この時期の発達は不安定であり，いまだ自己中心的思考から抜け切れていない者が多いという指摘もある（Elkind, 1967, 1994）。エルカインドは，このような青年期の自己中心的思考の特徴として，周囲の人々が過剰に自らを賞賛したり逆に非難をすると思い込む傾向を挙げ，彼らの中で創出される，これらの仮想の人物を「想像上の観衆」と呼んだ。この発達的特徴のため，青年たちは自らの期待に応えてくれない人々を過剰に非難したり，逆に自分が犯したわずかな失敗について，人々が強く非難していると思い込んだりするとされる。そして，このような傾向にさいなまれる青年の多くは，孤独感を抱えるようになる（Peplau & Perlman, 1982）。

> **自己中心的思考**
> 　自分の視点からの考え方にこだわり，他の人々の視点に立って考えることができないという認知の限界性を示す。自己中心性が強い状態では，自分とは異なる他の人々の思考を認識することが困難となる傾向が見られ，対人関係にも影響を与える。ピアジェは認知発達を，この自己中心的思考から，多様な視点の存在に気づき，物事を多面的・論理的に理解できるようになる脱中心化を伴う思考へ進む過程ととらえた（斎賀，1992）。

　これらの発達課題と直面する青年たちにとって，ケータイを使って接続した CMC が，同じ悩みを抱えるインティメイト・ストレンジャーたちと話し合う場になっているとすれば，このケータイ文化は，彼らの発達の契機になりうるものだといえよう。エルカインドは，青年たちが多くの人々と話し合い，彼らの思考に接する機会を得ることが，自己中心的思考から脱し，対人行動も論理的な推論に基づいた妥当なものとする認知発達の原動力になると指摘しているからである。実際，このようなケータイを通した匿名の友人をもっている青年たちの多くが，現在の自分の人間関係に満足しておらず，新たな世界へのあこがれを抱いていることが指摘されている（羽淵，2006）。これらの青年たちにとってケータイは，有害なものというよりもむしろ，匿名性という「やさしさ」に守られることで，多く

の人々との出会いを可能とし，自らを成長させていく文化を提供する潜在力を秘めた，重要な道具にもなりうるものといえるだろう。

3. ケータイ文化のデメリットとは？

(1) 既存の人間関係に閉じこもる青年

　前節で述べたように，確かにケータイは，青年期における認知発達を促進する機能を果たしうる潜在的な可能性が高い道具といえる。しかし，現在のケータイ文化の実態を見ると，必ずしもこれらの機能が十分に活かされているとはいえない状況が多いことも事実である。

　たとえば，自己中心的思考の解消に効果的と考えられた新たな人々との出会いを，現在のケータイ文化は十分に提供・促進できていない。すでに述べたように，多くのケータイユーザーは，匿名の相手とメッセージを交換しないからである。さらに彼らがメールを送る宛先が，普段も会うことがある少数の友人や家族に極端に偏るため，ケータイを通じた交友関係が固定化され，新たな人間関係の構築が阻害される傾向にあるという問題も指摘されている（遠藤，2005; 小林・池田，2005; 小林，2007）。

　遠藤（2005）は，このようなユーザーのネットワークを「日常的私的親密圏」と呼び，多くの青年ユーザーにおいて，私的で狭い生活圏の範囲内での人間関係に充足してしまい，生活圏外の人々と交流をもたない行動傾向が見られるとした。さらに小林・池田（2005）は，ケータイによって狭い人間関係を拡張することはできず，むしろその関係性をますます狭くしていくように機能していると指摘した。ケータイには確かに，情報縁であるテレ・コクーンを形成する機能がある。しかし現在の状況を見ると，ケータイによって多くの青年たちは，狭いテレ・コクーンのネットワーク内に閉じこもってしまい，新たな人間関係を構築していく力を弱めてしまうという問題が生じているのである。

　このことは，ケータイメールで交わされる言語活動にも大きく影響を及ぼしている。狭い友人関係の範囲内で交換されるケータイメールの言語には，言葉による伝達情報が著しく省略される傾向があるとされるからである（三宅，2005; 天野，2007）。これは，同じ生活文脈を共有する親しい話者間の対話では，すでに意味を参照した言葉に関しては，その後，言語化されなくなることが影響している（秋月，2005; 天野，2007）。ロシアの言語学者・バフチン（1979）は，このような，生活文脈を共有した親しい者同士の会話には，互いに知っていると想定される意味が省略された言葉が多用されると指摘し，これを「合言葉」と呼んだ。この合言葉は，文脈を共有した者同士では通用する，いわば「あうん」の呼吸で通じる言葉である。

　たとえば，以下に示すメールの発話事例を検討してみよう。これらは中村（2005）が，学生たちのメール発話を収集・分類したものの一部である。

○もうすぐラフォーレ
○国際法取っていたとき，レポート書いた？
○今日の亭主改造のリクエストは・・・ベッカムです・・無理だろう
○今日はなんだかいいことがありそうな気がして，街へ行ったら，ななナナなんと，×××王子に出会いました＼(^o^)／だから△△は今日一日ふにゃーっとしています♥♥

　これらのメールに見られる「ラフォーレ」「国際法」「亭主改造のリクエスト」「××××王子」などの言葉は，メール発信者らと生活文脈をともにしているメール受信者にとって

はすぐに何を示すのかがわかるものだろう。しかし生活文脈を共有していない者にとっては，文脈の中に省略された意味が多い合言葉となっており，結果としてメールの意図を十分に理解することができない。

　無論，ケータイメールであっても，送信相手が日常的私的親密圏の外にいる人物であれば，このような傾向と異なり，言語的に豊かな内容となる（加藤ら，2005；三宅，2005）。しかし問題は，ケータイユーザーの多くが，日常的私的親密圏内の人物へのメール送信に偏り，それ以外の言語運用をしないようになるという点にある。ケータイメールの使用頻度が高い者ほど，語彙の知識量が低くなる傾向が指摘されているが（天野，2007），このことからも示唆されるように，生活文脈を共有しない相手に対するメッセージで必要とされる，合言葉に省略されない豊富な言語能力を生かす場面がケータイCMCでは少なくなってしまうという点に，ケータイ文化の大きな課題を見いだすことができるのである。

　さらにこのことは，ケータイユーザー間のトラブルを誘発する要因ともなっている。狭い私的ネットワーク内におけるメッセージのやりとりでは，お互いのわずかなすれ違いがきっかけとなり，高いストレスにさらされる可能性が高くなるとされるからである。たとえば，ケータイメールを利用する頻度の高い青年期ユーザーは，メールを送る相手が自分と異なった意見や価値観をもつことに対して不寛容になるとされる（小林・池田，2007）。このようなユーザーには，自分とは異質な相手の思考や立場を尊重・考慮して，丁寧な言語化による対話を行うより，彼らを自分たちのネットワークから排除する傾向があるということである。このことは，彼らがメッセージを送る相手と自分は同じ関心・思考をもつという過剰な期待につながるため，わずかな行き違いを許容することができず，容易に感情的あつれきを生じさせることが多くなる。自分が送ったメールよりも短い文で構成された返信が返ってきたり，自分が期待するよりメールの返信が遅れたりすると，不安や怒りなどのストレスを感じるようになる傾向は（加藤ら，2005；小林，2007），彼らのこのような心性を示すものといえる。

　しかし，たとえ日常的私的親密圏内の相手であっても，完全に同じ関心・思考をもっていることはありえない。そのようなことを相手に期待するのは，まさにエルカインドの指摘した，想像上の観衆に翻弄される自己中心的思考の強い若者の特徴を示しているといえる。

　この傾向と関連していると思われるのが，過剰なケータイ使用が，青年たちの孤独感に耐える力を抑制しているという問題である。前節で指摘したように，ケータイには青年たちの孤独感を軽減する効果はあるのだが，それも過剰になると，常時，誰かとつながっていないと不安を感じるような状態を招く（砂田，2004；中村，2005）。同じ思考傾向をもつことを期待する相手とのやりとりに終始するケータイCMCでは，逆に自分の思考が相手と異なって孤立することに耐えられないため，自分自身の思考を相手と常に確認しなければならず，頻繁にメールを交わさざるをえなくなると考えられるのである。

　青年にとって孤独感とは，単に彼らの精神的健康を阻害するだけのものではない。むしろ，多くの人々と関係を結びながらも，時に一人になって自分と向き合うような孤独感には，自分とは異なる他の人々の思考を認め，同時に自らの個別性を認識しながら，これらの人々との相互理解を目指せるようになるという意義が認められている（落合，1999）。ここで明らかにされた孤独感と向き合う過程は，前節で述べた，自己中心的思考から脱し，他の人々の思考に対する論理的推論に基づいた，妥当な人間関係を構築していく心性に到達する認知発達と同様のものを示すと思われる。このような孤独感に耐える機会を青年たちから奪っているとすれば，現在のケータイ文化は，彼らの発達を十分に促進できていない実態に陥っているといえるだろう。

(2) ケータイの匿名性の恐ろしさ

さらに本来は，新たな人々との出会いによる発達の促進機能が期待される，匿名の青年たちが出会うケータイ文化においても，その現状には問題が多い。匿名性を盾に暴走し，他の人々を攻撃したり犯罪に誘ったりなどする者が少なからず存在するためである。一般に懸念される，ケータイが若者の人間関係に対して与える有害な影響というのも，このような場面における問題を示すのだろう。

この種の問題を引き起こす温床となるサイトには，援助交際などの問題を抱える出会い系サイト，集団自殺を誘う自殺系サイト，さまざまな犯罪行為を紹介するサイトなどが挙げられるが，ここでは「学校裏サイト」（下田, 2008; 加納, 2008）と呼ばれるケータイサイトの問題を取り上げ，検討する。このようなサイトを運営・維持する者は，その多くが青年期を迎えた子どもたちであり，これらのサイトを通じてさまざまなトラブルに巻き込まれるのも，また彼らとされているからである。

学校裏サイトとは，学校側の承認を得ることなく非公式に立ち上げられた，特定の学校名を冠したウェブサイトで，多くの場合，その学校の生徒たちがケータイを使用して匿名でアクセスする。この種のサイトを開設する本来の目的は，学校について自分たちなりに紹介したり，電子掲示板を通して情報交換を楽しんだりすることであり，その内容のすべてに問題があるわけではない（加納, 2008）。しかし，これらのサイトの掲示板において，いわれのない誹謗中傷やおぞましい性的記述，さらにはいじめに発展するような私的情報の流出を行う者がおり，それらの書き込みが社会問題化している。実際に，ランダムサンプリングを行ったサイトのおよそ50％に，誹謗中傷に当たる言葉が使用されていたとする調査結果もあり（文部科学省, 2008），その多くが憂慮すべき状態に陥っていると考えられる。

この問題の要因としては，青年たちの中に，実社会では他の人々の目を気にしてできないような言動（掲示板で行われるこのような言動は「荒らし行為」とも呼ばれる（加納, 2005））を，自らの欲求の赴くまま行う者がいることが挙げられる（下田, 2008）。彼らがこのようなことを行うのは，匿名性を盾に，自らの発言に対して周囲からの批判を受けてもすぐに逃げ出せると考えるからである。そして，掲示板でそのような書き込みを見た匿名の読者も，これらの荒らし行為を刺激し盛り上げる反応を示す場合が多い。その結果として，この種のサイトでは，おぞましい内容の記述が次々と書き込まれることになる。さらに親や教師など，本来は彼らを教育すべき立場にいる大人たちは，彼らの行動を十分に把握できていない状況にあるという。

このような場合，ケータイ文化における匿名性は，青年たちの発達を促進するどころか，彼らの自己中心的思考を助長しているように思われる。彼らは，相手に自分の素性が突き止められ非難されることはないだろうという，自らの想定する想像上の観衆を盾に，相手の反応を考慮に入れた思考を行うことを停止していると考えられるからである。

(3) 現在のケータイ文化に不足しているもの

これらのケースから示唆されるのは，現在のケータイ文化には，バフチン（1996）のいう「他者」の存在が不足しているのではないかということである。他者とは，生活文脈を共有しないなどの理由で，合言葉を理解しない人物と定義づけることができる（田島, 2007）。この他者に対して自分の思考を伝える対話を行う上では，今まで言語化してこなかった合言葉を言語化し，相手に伝わるような言葉を探さねばならない。このような対話の進行はしばしば困難を伴い，破綻を来すことも多い。

しかし，このような対話は，自己中心的な思考から他者の意図・思考を論理的に推論し

ながら関わることができる認知発達を促進する源泉にもなりうる。ヴィゴツキー（2004）は，この他者のような人物との対等で相補的な対話を経験することが，ピアジェのいう認知発達を促進する要因になると指摘した。これは，合言葉が通じない他者に対し，自らの意志・主張を伝えることができる言葉を探すことをきっかけとして，子どもは自らの思考を他者の立場から論理化し，内省を深め始めることができると考えられるからである。逆をいえば，論理的な思考とは，自分と異なる思考傾向をもつ他者との対話によって初めて必要となるものであり，生活文脈を共有する仲間との間では，その必要性が自覚されないものともいえるだろう。これらのことから田島（2007）は，以上のような認知発達を促進する対話を，他の対話と区別して，「創発的対話としての説明」と呼んだ。他者と正面から向き合って自らの思考を「説明」し，また他者の思考の「説明」を聞くことによって，認知発達は促進される。このような対話は，自己中心的思考から論理的思考への発達が期待される青年期において，特に必要となるものだろう。

しかし，本章で見てきたケータイ文化における対話は，この観点から見れば，その多くが他者との対話になっていないと考えられる。ケータイを媒介した CMC は空間を超えた対話ではあるが，それが日常的私的親密圏にとどまっている限り，彼らの生活文脈を超えたものにはならない。そのため，多くのメール内容は仲間内に伝わるものに限られ，論理的思考の発達を促進する言語活動とはかけ離れた実態となっていると考えられるからである。また匿名の相手との対話に関しては，確かに生活文脈を超えた他者との対話になっているようにも見える。しかし，現在のケータイ文化で見られる，他者の思考を無視して一方的な主張を繰り返したり，攻撃を行ったりといった言語活動に関しては，対等で相補的な対話関係にはなっていない。これは，このような行為を行う青年たちの多くが，自分の身元は相手にわからないという前提に立ち，他者から反論や批判を浴びるなど対話が困難な局面に陥ればすぐ逃げ出すことができると考えているからである。したがってこの場合も，発達を促進するために必要となる他者性を帯びた対話にはならないと考えられる。

対話の破綻事例

他者との対話の破綻事例として，教室で見られた以下の対話モデルを挙げる。この対話は，理科の授業で習った地動説（科学的概念）を支持する生徒に対し，天動説（素朴概念）を支持する生徒が批判し，その正当性について説明を求めている場面である。

> 天：君は地球の方が動いていると言うけど，電車に乗っているとき，動いているって感じるけど，地面の上だとそんなに感じないよ。
> 地：そんなこと言っても，地球が回っているんだ。教科書にもそう書いてある。
> （天＝天動説支持者，地＝地動説支持者）
> （西川（1999, p.118）より一部改変して引用）

ここで天動説を支持する生徒にとって地動説は，これを支持する生徒がすんなり受け入れた意味を，日常文脈における既有知識の観点から納得していないという意味で，彼にとって理解不能な合言葉となっている。その観点からいえば，ここで地動説を支持する生徒にとって天動説を支持する生徒は，教室という生活文脈は共有するものの，「他者」になっているといえる。

しかし，この地動説を支持する生徒はここで，天動説を主張する相手に対し，自分の意見が正しい理由を説明できず，そして彼の視点を自分の思考に取り入れることのないまま，一方的に却下した。彼にとって，地動説が「なぜ正しいか」という理由を，他者である天動説を支持する生徒に説明することは困難なことだったと考えられる。その結果として，ここでの対話は，破綻してしまっている。

本事例は教室で見られたものだが，他者の自分の意見に対する批判や疑問に対し，言語的に応答することができず，一方的に却下しているという点で，CMC における傾向と同様の問題を示す対話と思われる。むしろ CMC では，対話相手の顔が見えないだけに，このような傾向はより強まるのだと考えられる。

---

4. 青年たちを新たなケータイ文化へと導く教育とは？

このように，青年たちのケータイ文化の現状には問題が多い。しかし，すでに述べてきたように，この文化には本来，青年たちの発達の促進を期待できることも事実である。本節ではケータイに関わる問題点を軽減し，その潜在的な利点を伸ばす方向性を探るため，情報教育の分野で提案されたさまざまな実践案について分析を行う。以下に示す教育実践

の多くは，コンピュータを使用したものとなっているが，ケータイによる CMC に対しても同様の教育効果があると考えられたものを中心に紹介している。

　まず，学校裏サイトに代表される，匿名性の高い CMC における問題に対応するための実践として，ネットの匿名性が，完全なものではないことを教育していくものが挙げられる。たとえば下田（2008）の実践では，荒らし行為が横行した裏サイトをもつ学校の中学・高校生に対し，荒らし行為を行った人物が特定され，社会から批判を受けた事例を紹介した。その上で，ネットの向かい側にいる相手（他者）の立場を考慮に入れた CMC のあり方について生徒たちに考察させることで，学校裏サイトの状況を改善させることに成功している。

　また電子掲示板への書き込みに関する，より実践的な指導法も効果があると考えられる。たとえば，顔の表情が見えない匿名の相手との対話では，書き込みをした本人が意図しなくても，相手には荒らし行為と受け取られる可能性があること，そして相手の立場に立った明確な言語化による書き込みが求められることを，電子掲示板への書き込み体験などを通じて学習させる指導法が提案・実施されてきた（加納，2005; 加藤・赤堀，2005; 藤井，2006）。このような指導には，生徒たちの荒らし行為を緩和させる上で一定の効果があることが認められている。

　これらの介入実践では，インターネット越しに存在する他者の視点を推測し，どのような書き込みが荒らし行為とみなされるのか，そしてさらに，この他者の立場に立って書き込みを行うことの必要性について学ばせることが目指されていたと考えられる。したがって，これらの指導法は，自己中心的思考の水準に陥りがちな青年期の CMC を，他者性を意識させた論理的思考の水準へと発達させようとする試みであるとも解釈できるだろう。

　さらに，アサーション・トレーニング（平木，1993）の観点からの実践提言も，注目に値する。アサーションとは，一方的・感情的に自分の主張を述べるのではなく，相手の主張に耳を傾け，その立場を考慮に入れながら，合理的・論理的な言葉によって，自分の意志を相手に伝える交渉スキルを意味する。そして，ロールプレイングやグループ討論などを通じて生徒たちが，このアサーション的対話を行えるようにすることを目指すのがアサーション・トレーニングである。CMC における問題の多くの原因が，青年たちの未熟な対話能力にあるという指摘がある中，適切な CMC のあり方を指導する教育手法としても活用が期待されるという（守末，2004）。

　このアサーションを目指した指導事例として，大学生を対象に行われた，特定のトピックに関して解説者と質問者が議論を交わす CMC の支援事例を紹介する（鈴木・舟生，2002）。本実践では，特定のトピックについて学生が解説を行った電子掲示板に対し，閲覧者が解説者に質問を行う対話が教育対象となった。これらの対話では，解説者が合言葉的に提示した内容に対し，質問者がより詳細な解釈を求めるという書き込みが多く見られ，その意味で他者性を帯びた質問が多くなされた。しかし，この実践ではこのような合言葉の解釈要求に対し，解説者が応じることができない場面であっても，質問者と話し合って解釈を深め合うことが重視され，指導

CMC の支援事例（鈴木・舟生，2002）

　たとえば，以下のようなやりとりが，他者性を帯びた対話の例として挙げられる。この発話は，解説者の学生が行った「パソコンをリースで購入する」という説明に対し，質問者がこの場合の「リース」の意味の解釈を求めた発話への返答である。

　「リース」で「購入」するって確かに変ですね。リースって「借りる」ことですもんね。この部分は資料をそのまま写したところなので，私もよくわかりません。

　「リースで購入」という言い回しは，実際にレンタル業界で多く交わされる合言葉である。さらに"lease"の意味は本来，「借りる」ではなく「賃貸」であるので，ここで展開された定義づけも誤ったものである。しかしここで質問者はこの合言葉の意味について，彼なりの視点から不可思議さを感じ，その意味を検討する必要性を主張した。そして解説者はその質問を却下せず，無批判にそれを使用していたことを認めている。このケースでは，解説者が説明できないことを質問者に率直に認めることができた結果，このトピックについて，両者の間でより深い解釈を行う可能性が開けたのである。

されていた。そのため，解説者は即答できない質問がなされても，対話を破綻させず，自分では解釈ができないことを素直に認めることができた。その結果，多くの場面で話し合いによって検討を行う余地が発生したのである。実際，本実践ではこのような対話を通じ，課題トピックに関してさまざまな解釈が創られたとされる。これらの対話内容は，田島（2007）が指摘した，他者に対する創発的対話としての説明が行われたことを示すものといえるが，対話事例から判断して，それらの多くがアサーション的対話の定義にも当てはまっていたとも考えられる。

　このような対話教育の活用はまた，電子掲示板などにおける匿名の話者間の対話だけではなく，日常的私的親密圏にとどまる傾向にある，多くの青年期ケータイユーザーに対しても有効な方法と思われる。前節で指摘したように，このようなケータイメールのやりとりにおいて発信者は，わざわざ自分の意志を言語化しなくても，受信者に理解してもらえると考える傾向がある。そのため，それが裏切られ，対話が他者性を帯びると，感情的なあつれきとなってトラブルとなる。しかし，相手に自分の主張が伝わっていないと思う場合は，単に感情を爆発させるのではなく，自分の意志を合理的に説明することで，他者との対等な対話を行うことを指導していけば，このようなトラブルを軽減させることが期待できると思われる。

　必ずしもケータイを通したすべての対話が，この創発的対話としての説明のようなものになる必要はない。しかし，仲間以外の他者と対話を行わなければならない場合や，また仲間同士でもトラブルとなった場合のために，自分の意志を適確に相手に伝えることができる能力も習得すべきだろう。本節で紹介した指導案の多くが，そのような能力を生徒たちに教育し，より豊かなCMCを経験できるようになることを目指していたと考えられる。そして，このような能力の獲得を通し青年たちが，自己中心的思考の現れである想像上の観衆ではなく，現実の人物と対話する機会をより多く得ることができれば，結果として，ケータイに期待される認知発達を促進する潜在的な機能を発揮させることにもつながると思われるのである。

5. おわりに──現代青年へのメッセージ

　本章では，青年文化を代表するものとして，ケータイによるCMCを取り上げた。ここで検討してきたように，ケータイ文化の現状にはさまざまな問題点があることも事実であり，その問題点だけを取り上げれば，ケータイは青年たちにとってデメリットが強い有害な道具であるかのように見える。しかし一方で，ケータイが青年たちのさまざまな人間関係を開拓・維持する重要な道具として機能しているというメリットがあることもまた，まぎれもない事実である。往々にして，強力な道具というものには，強い副作用が伴うことが多いものである。現代に生きる青年たちにとっては，ケータイがもつ副作用（特徴）と付き合いながらも，そのメリットを生かしながら，自らの発達を促進していくことが必要になるのではないだろうか。

　筆者も，ケータイメールをよく利用する方である。家族や友人などの親しい人たちとのメッセージのやりとりには，多くの場合，パソコンではなくケータイを使用してきたように思う。その中でいつも思うのは，普段の，何気なく交わす言葉のやりとりの複雑さが，ケータイではすっぽり抜け落ちてしまうということである。

　普段のフェイス・トゥー・フェイスでの会話では，私たちはお互いの顔の表情や声のトーンなどから，交わされる言葉の意味を理解している。たとえば，「ありがとう」という短い言葉を一つとっても，会話を交わす人間同士の表情やトーンなどによっては，文字通り

の感謝の意味だけではなく，相手を皮肉ったり，批判したりするなどの意味にもなりうる。しかし，この顔の表情や声のトーンのような複雑さが，ケータイでは省略され，言葉だけに頼ったやりとりになってしまうのである。

　その結果として，筆者もさまざまな困難さを経験してきた。たとえば，授業を休んだ友人を気遣うつもりで「何で休んだの？」と書いて送ったメールが，相手には非難のメッセージとして伝わってしまったときには，言葉だけで自分の意志を伝えることの難しさを痛感させられた。

　しかし，だからといって，ケータイの存在意義を否定するつもりは少しもない。ケータイには，場所や時間を問わず，人々を結びつけることができるという無限の可能性が広がっている。冒頭にも書いたように，ケータイのもつ特徴を理解しつつ，積極的に活用していくことが，最終的には自らの成長を促進することにつながると考えている。筆者の場合は，相手に少しでもネガティブな意味として誤解される可能性のあるメッセージをメールで伝える場合は，できるだけ自分の伝えたい意味を丁寧に言語化して，相手に真意が伝わりやすいものにしていくよう努力をしてきた。ケータイと付き合う中で，こういった努力をしてきたことで，普段の会話であっても，以前と比較すれば，相手を気遣う丁寧な対話ができるようになったように思う。そして，このような能力は，つきつめれば，まさに本章で議論をしてきた「他者」との対話を可能にするものになっていたのではないだろうか。

　青年たちが，ケータイという技術的道具のよさを活かしていく上では，やはり，ケータイを介した彼らの言語活動＝心理的道具を，他者とも語り合うことのできるものにしていくことが必要になると思う。それは時に，筆者も経験したように，「相手に自分の意思が伝わらない」「相手の考えていることがわからない」などの困難さを伴い，結果として孤独感を味わうこともあるかもしれない。しかし，バフチン論を展開するクラークら（Clark & Holquist, 1984）は，他者との対話は困難だが，同時に話者を彼らの生活文脈のくびきから解放し，さまざまな文脈へと旅立たすことのできる「自由」を可能にする言語活動にもなりえると指摘している。青年たちがケータイを通じ，このような自由を謳歌し始めたとき，道具を通じた共同活動の広がりによって文化的に進化を遂げてきた人間は，さらに新たな進化の一歩を踏み出すことになるのではないだろうか。

Column 7　インターネットと青年
―携帯電話は，青年に悪影響を及ぼすのか？

　インターネットは，普及して間もないメディアだが，今日では私たちの生活に広く浸透している。インターネットは，バーチャルな空間でコミュニケーションを行うことを可能としたメディアであるという点で，これまでのメディアと大きく異なり，使用者に新たなコミュニケーション・スタイルを提供した。そして，青年世代も，インターネットをさまざまな用途に駆使しており，とりわけ携帯電話におけるインターネットの使用（携帯メールも含まれる）が多いことは，よく知られている。2007年の調査結果では，高校生の9割以上，中学生の5割以上が携帯電話を保有しており，さらに小学生でも3割近くが保有していると報告されており，保有の低年齢化にも拍車がかかっている（高橋，2007）。そこで，ここではインターネットの中でも，青年世代が主に使用している携帯電話の影響に焦点を当てて扱っていく。

　青年世代への携帯電話の著しい普及に伴って，青年世代の携帯電話使用をめぐる問題は，数多く指摘されてきた（たとえば，下田，2004; 岡田・松田，2002）。携帯電話のもたらす問題としては，大きく分けると次の2点が挙げられる。1つは，携帯電話が使用者の人格や行動に悪影響を及ぼすという可能性であり，2つ目は，携帯電話を悪用して使用することで，被害者・加害者になるという可能性である。前者には，「携帯電話の使用により，人間関係が希薄化する」といった悪影響が考えられ，後者には，出会い系サイトや有害情報へのアクセス，携帯いじめの問題などが含まれる。しかし，こうした問題のうち，後者については問題であることは自明であるが，前者についてはそのような問題が本当に生じているのかは，実証的に明らかではないため，多くの研究が行われてきた。

　「携帯電話の使用が，人間関係の中でもとりわけ友人関係を希薄化させる」という懸念は，携帯電話の普及当初から論じられていた。とりわけメディアでは，青年世代が携帯メールなどでバーチャルなやりとりを過度に行うことで，対面コミュニケーションを行う機会や意欲が減少し，現実社会での他者との付き合いが希薄化するのではないかと論じられることが多かった。しかし，実証研究からは，多くの反論が挙げられた。すなわち，希薄化の関連は見られず，逆に携帯電話の使用と友人関係の緊密さとの関連が示唆された（たとえば，辻・三上，2001）。

　これらの知見を踏まえて，近年の筆者の研究では，携帯電話を用いることで，その時々でつながる相手を選択することが可能となり，希薄な友人関係と緊密な友人関係の両方が維持されることが示唆された（赤坂ら，2007）。具体的には，携帯メールでのやりとりが多い青年世代ほど，友人の数が多いことが示された。その内訳を見ると，緊密な友人の人数は，メールの使用量の多い少ないにかかわらず，違いが見られない一方，希薄な友人の人数は，メールの使用量が多いほど多いことが示された。したがって，これらの実証研究からは，携帯電話の友人関係への悪影響は認められなかったといえる。ただし，これまでの研究は相関研究がほとんどであり，相関関係からは，影響関係は明らかにできない。社会問題の解決に寄与するためには，今後，因果関係を推定する影響研究が行われていくことが必要である。また，携帯電話は，今日も多機能化の方向に発展を続けているため，どのような機能がどのような影響を及ぼすのかについて，多様な側面から研究を蓄積していく必要があるだろう。

ワーク 6 携帯電話の使用について考える

　あなたは，一日の中で，どんなときに携帯電話を手にしているだろうか。朝，携帯電話のアラームで目を覚まして一日が始まる人も多いかもしれない。あるいは，通勤や通学途中のちょっとした時間で，友人にメールをしたり，ゲームをしたり，音楽を聴いたりすることはないだろうか。また，外出先で携帯電話を使って写真を撮ったことがある人も少なくないだろう。

　このように，少し考えてみても，携帯電話にはさまざまな機能があることが思い当たるが，携帯電話の最も基本的な役割は，通話やメールといった人とのつながりを媒介することである。だからこそ，携帯電話は対人関係において影響力をもつものと考えられる。しかし，同じ携帯電話を使用する場合でも，携帯メールをやりとりする場合と，携帯電話で通話をする場合とでは，違う感じ方をすることもあるだろう。また，メル友と呼ばれるような，メールのやりとりしかしない友人もいれば，メールをしたり，通話や直接会って話をしたりする友人もいるだろう。

　中村（1999）では，固定電話，携帯電話，電子メールのそれぞれの相手の特徴と，それぞれのメディアの重層性について検討している。その結果，これら3つのメディアは，他のメディアと組み合わされ，重層的に利用される傾向が高いこと，利用されるメディアの重層性が高くなるほど，親密な相手が多くなる傾向があること，3つのメディアの相手と対面で会う相手とを比較すると，重層的にメディアを利用する相手は，対面で会う機会も多いことなどが示された。このことから，携帯電話は，単独で利用されているのではなく，対面を含む他のメディアと重層的に使用されており，メディアの重層性が高い相手は，親密感も高いことが示唆されたといえる。

　そこで，ここでは中村（1999）の知見を参考にしつつ，あなたが実際に，どのようにメディアを使い分けているのかを見ていくことにしよう。

（1）まず，3枚の紙片を用意する。

（2）①携帯電話でよく通話をする相手，②携帯電話でよくメールをする相手，③よく会う相手をそれぞれ5人ずつ挙げて，それぞれの紙片に名前を書き込む。これらの相手は，重なりがあってもかまわない。なお，携帯電話を持っていない場合は，①については固定電話，②についてはパソコン等のメール相手として書いてもよい。

この作業により，あなたが普段の生活の中で，関わることが多い相手が挙げられただろう。
それでは，次に，このリストを元に，次のような図を作成してみよう。

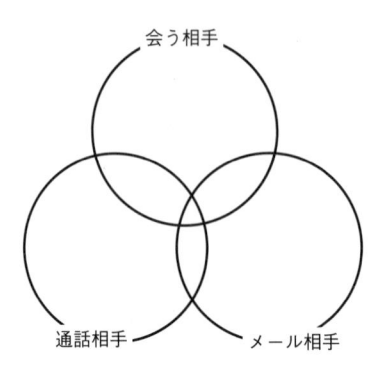

図1　メディアの重層性

円のそれぞれに，先ほどあなたが挙げた①〜③の相手の名前を書き込んでいこう。その際に，2つの円（あるいは3つの円）に重なる場合には，重なり合った部分に書き込んでいくようにする。

(3) 振り返り

どうだろうか。

まず，リストを見て，あなたが多く関わっている相手は，どのような間柄の人か考えてみよう。あなたが関わりを多くもっているのは，家族の誰かだろうか，それとも友人だろうか。自分の対人関係を振り返ってみよう。

また，図を見て，円が重なった部分と，重なりのない部分とを比較してみよう。円が重なった部分に名前がなかった人は，3つのメディアを相手によって使い分ける傾向が高い人といえるかもしれない。逆に，重なった部分に名前が多くあった人は，特定の相手と，さまざまなメディアを重層的に使って関わる傾向が高い人といえるかもしれない。中村（1999）では，重層的なコミュニケーションをもつほど，その相手との親密感が高いことも指摘されている。そのように考えると，2つ，あるいは，3つのメディアの円が重なった部分にあたる相手は，あなたにとって，特に親密な相手なのかもしれない。

このように，普段多く関わっている相手をメディアごとに分類することによって，自分の対人関係のもち方がわかってくるのではないだろうか。

あなたが描いた図を見て，気づいたことを書いてみよう。

気づいたこと：＿＿＿＿＿＿＿＿＿＿＿＿＿＿＿＿＿＿＿＿＿＿＿＿＿＿＿＿＿＿＿＿＿＿＿＿＿

＿＿

＿＿

＿＿

それでは次に，携帯電話に焦点を当てて，あなたの携帯電話の使用の特徴について見ていこう。

携帯電話の機能別使用量を検討した調査によると，携帯電話の使用の中では，メールの使用が多いことが指摘されている（インターネット協会, 2004）。とりわけ，他の世代と比較して，若者世代はメール使用量が多く，10代では25.0％が，一日の平均メール数が，20回以上にのぼっている（インターネット協会, 2004）。一方，メールでやりとりされている内容については，ほとんど検討されていないが，やりとりする内容の違いによって，対人関係に及ぼす影響は異なるものと考えられる。たとえば，どんなにやりとりが多くても，「今日は，帰りが遅いです」などの事務的な連絡ばかりでは，相手への親密感は高まらないかもしれないし，逆に，気持ちのこもったメールをもらえば，相手への親密感が高くなることもあるだろう。

メールの内容を測定するものとして，赤坂・高木（2005）では，4種類の内容に分類されている。1つ目は，相手と本当の気持ちをやりとりする「真実の心理的一体感」，2つ目は，嘘の気持ちであっても相手との関係を維持するためにやりとりする「虚構の心理的一体感」，3つ目は，暇つぶしやちょっとした気持ちをやりとりする「情緒的依存」，4つ目は，必要な用件のみをやりとりする「情報伝達」である。

そこで，ここでは，あなたがメールでどのような内容のやりとりをしているかを見ていこう。

(1) まず，自分の携帯電話で，メールの送信フォルダを開く。
(2) その中から，最新のものから順に10件のメールを1～10として，これらのメールが，上記の4種類のうち，どの内容に該当するかを考え，下記の表に1～10の番号を書き込んでいく。もし，1つのメールが，2種類以上の内容にまたがる場合には，該当する内容の欄すべてに番号を書き込む。
(3) 送信メールの分類ができたら，同様に，受信メールの分類をしていく。ただし，受信メールについては，虚構の心理的一体感にあたるかどうかは判別できないため，虚構の心理的一体感は除外する。また，迷惑メールは含めず，最新のものから順に10件について，分類していく。

表1　携帯メールの内容の分類

	真実の心理的一体感	虚構の心理的一体感	情緒的依存	情報伝達
送信メール				
受信メール		―		

(4) 振り返り

分類の結果を見てみよう。あなたは，どのような内容のやりとりを多く行っていただろうか。真実の心理的一体感や情緒的依存が多かった人は，気持ちのやりとりを多く行う傾向が高い人かもしれない。一方，同じ気持ちのやりとりであっても，虚構の心理的一体感が多い場合は，相手と親密な関係が築けていないかもしれない。また，情報伝達が多かった人は，携帯メールを情報のやりとりのツールとして利用する傾向が高いのかもしれない。ここで見られた結果からは，あなたのメール相手とのつきあい方が理解できるのと同時に，あなたの携帯メールのとらえ方も反映されているのではないだろうか。

このように，携帯電話の使用が対人関係に及ぼす影響を考える際には，使用量だけでなく，やりとりされる内容といった質の違いについて考えてみることも必要ではないかと考えられる。

Column 8　オタク世界の広がり

今,「秋葉原といえば？」と聞けば,すぐさま「アニメ・漫画・オタクの街」と返ってくるであろう。それほどに秋葉原＝オタクというイメージは一般社会に浸透している。それではいったい,オタクとはどういった人々であろうか？

オタクがブームになったのは,最近では2005年頃のことである。インターネットサイト上の掲示板に書き込まれた実話を単行本化した『電車男』という作品が,テレビドラマ化された時期である。オタクがブームとなり世間にもてはやされたのは良いが,一般から見たオタクというものへのイメージはあまり良くない。そもそもオタクという言葉自体が少し侮蔑の意味を込めて使われているといえる。日本では「オタクはアニメや漫画,ゲームが好き」な「暗くて人付き合いもできないやつ」なのだ（岡田,1996）。

しかし海外での日本のオタクに対する見方はまったく違っている。オタクは海外では「COOL JAPAN（かっこいい）」ととらえられ,日本のアニメは立派な日本の文化の一つとして認識されているのだ（MSN産経ニュース,2008）。日本のオタクたちに憧れ,秋葉原に行くことを夢見ているオタクが世界中で増え続けている。

日本の一般社会においても,オタク文化が日本の立派な文化として浸透し始めているのではないだろうか。2007年に行われた自由民主党の総裁選挙において,麻生太郎氏が「漫画好き」を国民にアピールしていたことは記憶に新しい。

文化に浸透しつつあるオタクたちの執着するものの一つに,漫画やゲームのキャラクター（以下,キャラとする）が挙げられる。オタクたちはコスプレ（漫画やアニメのキャラになりきって,自分ではないものになる）を通して自分の好きなキャラの格好をし,自分の好きなキャラにこころからなりきる。このキャラとは登場人物という意味だけではなく,存在感をもった人格の断片のようなものという意味が含まれている（伊藤,2007）。またオタクではない青年たちの交わす日常会話においても「私はそういうキャラだから」という使われ方で,うわべだけの人格・仮面のようなものとしてとらえられ,頻繁に使用されている。現代の青年に多く見られるような「本来の自分とは違うキャラという仮面」をかぶって人と接することは,オタクたちのコスプレと通ずるところがあるのではないだろうか。現代では自身のキャラを他者に明示し,キャラを通して行動することが若者の円滑なコミュニケーションを促進するために欠かせないものとなっている（相原,2007）。また青年期はアイデンティティが不安定な時期であり（丹野,2008）,コスプレに熱中し始める者が多い時期でもある。キャラの仮面をかぶることによって,無意識的にアイデンティティの不安定さを補完しようとしている可能性が考えられる。また本来の自分とは違うキャラになるという行為は,何も青年期だけに見られるものではない。日本の一般社会で生きていく上でも必須な社会的スキルである。オタクのコスプレ行為は青年期の特徴だけではなく,日本の社会的役割を重視するような文化の影響を強く受けている……といえるかもしれない。

第7章 道徳性の発達

1. はじめに

　若者の規範意識やモラルが低下しているといわれる。電車の中で化粧をする，座り込む，お年寄りに席を譲らない。授業中に私語をする，携帯電話でメールのやりとりをする，出席していない友人の代わりに出席カードを提出する。これらの行動は，若者のモラルの低下の現れなのであろうか。

　そもそも，規範とは，モラルとは，何だろうか。人は規範やモラルをどのように身につけ，発達していくものであろうか。本章では，青年のこころの様相を道徳性の発達という観点から探る。

　村井（1990）によると，私たちが道徳と呼ぶものには，大きく分けて，本来性質の異なった二つのものが含まれている。一つは，社会生活の慣習的なルールまたは約束としての道徳であり，他の一つは，人間の本質的なあり方という意味での道徳である。一般に慣習と呼ばれるものは前者にあたり，「他人に迷惑をかけない」という意味での道徳，すなわち道徳律は後者にあたる。そしてこの慣習と道徳律を，実際生活の行動の上で区別することは難しい。慣習は道徳律によって道徳的に正当化されるものであり，道徳律は具体的な行動や態度において初めて具体化される。村井（1990）は，私たちの道徳的行為は，慣習と道徳律との相補的な全一体として成り立っていると指摘する。ところが，道徳という言葉を，人々は慣習と同一視する場合が多く，それによって道徳についての把握の歪み，誤解が生ずるのである。

　一方，「道徳性」とは，「道徳」が各個人ごとに異なった様相で内面化されたもの，あるいは内面化しうる特性を指している（戸田，1997）。道徳性心理学では，この内面化されたものや特性を，さまざまな精神機能，すなわち，情動，認知，行動，人格などから探ってきた。

　内藤（2005）によると，道徳性の定義として代表的なものは次の2つである。

　①道徳性は，その社会において正しいと信じられている行為やそれらを生じさせる心理的特性である。

　②道徳性は，社会や集団を超えた普遍的な性質である。

　普遍性を前提としたものとしないものである。どちらがより適切な定義であるのかについては，本章を読み進めていく中で，読者自らが納得できる答えを見つけてほしい。いずれにせよ，さまざまな理論がどちらの立場によっているのか，また，読者自身が暗黙のうちにどちらの立場を採用しているのかを意識することは重要である。

　道徳性の主要な理論として，精神分析理論，行動主義理論，社会的学習理論，認知的発達理論がある。本論に入る前に，各理論が道徳性をどのように理論化しているのかについ

て確認しよう。

フロイトによって創始された精神分析理論では，精神を「エス」「自我」「超自我」の3つの部分に分けている。そのうちの「超自我」が道徳的な機能をもつものであり，本能的な衝動について自我に制限を課す。子どもは親

> **エス，自我，超自我**
> 精神分析学では，人格構造は，本能的欲動の領域であるエス，現実への適応機能を担う自我，内在化された社会規範の領域である超自我の3つに分かれるとする。自我は，エスと超自我と現実の3面の要請を調停し，種々の防衛機制を行使して，葛藤を解決して人格の統合を維持する。

との同一視によって，社会的規範を内在化し，超自我を形成する。超自我がうまく統制力をもたない場合には罪悪感をもつようになる。

スキナー（Skinner, 1971）は，行動主義理論の立場から，道徳性を文化的基準と関連した価値判断によって強化された行動と考えた。人は責任や義務の感覚，誠実さや他者への尊敬の念をもっているように見えるが，それは，良い行動をしてほめられたり，悪い行動をして叱られるといった社会的随伴性による行動頻度の増加に過ぎない。

バンデューラ（Bandura, 1977）は，社会的学習理論の立場から，モデルの観察（モデリング）によって道徳的な行動を獲得すると考えた。子どもは，他者の道徳的な行動を観察し，模倣することによって新しい行動レパートリーを学習する。なお，その後バンデューラは，個人要因としての認知的な変数を強調し，社会的認知理論を提唱するようになった（Bandura, 1986）。これは，相互決定主義と自己調整機能の2つからなるものである（明田，1992）。相互決定主義は，行動，環境要因，個人要因の3者が相互に影響し合い，互いに決定因になりうると考える。自己調整機能とは，こうした諸要因の相互作用の中で，自分の行動を調整するはたらきである。

道徳性を認知的な側面から検討した先駆者はピアジェである（Piaget, 1932）。ピアジェは，子どもには他律的道徳性と自律的道徳性という2つの道徳性があることを見いだした。この2つの道徳性は，ルール理解，過失・盗み・うそについての判断，正義観などのさまざまな領域において見られる。他律的道徳性の段階の子どもは，道徳的規則をあたかも実在するかのようにとらえる（道徳的実在論）。また，過失に対する責任を行為の物理的結果に基づいて判断し（結果論的判断），善悪は罰せられるかどうかに基づくと考える。つまり，道徳を律する主体は権威ある他者の側にある。自律的道徳性の段階になると，過失に対する責任を行為の動機に基づいて判断し（動機論的判断），善悪と罰せられることは別の概念ととらえるようになる。つまり，道徳を律する主体は，自己の側にある。これら2種の道徳性を規定する要因は，認知的能力と社会的関係である。他律的道徳性を支える要因は，自己中心性と「大人への一方的尊敬」，自律的道徳性を支える要因は，自己中心性を脱すること，そして仲間関係に特徴的に見られるような互恵的・協同的な関係である。

ピアジェの研究は，11, 12歳くらいまでの子どもを対象としたものであったが，コールバーグ（Kohlberg, 1958, 1971, 1984）は，青年期以降の道徳性の発達をも含む，より包括的な理論に発展させ，道徳的価値（生命，法律，良心など）が葛藤するジレンマを解決しようとして用いる判断者の理由づけをもとに，3水準6段階の道徳性の発達段階を提出した。この段階は，主観的な見方や具体的な問題状況の特殊性を構成する要素から離れ，誰にとっても正しい判断を下すことができるようになる過程である。コールバーグ理論の詳細は，本章第3節で扱う。

青年期は，正しいものとして内面化してきた道徳規範を問い返し，「本当の正しさとは何か」を問う時期である（山岸, 1990）。本章では，青年期の道徳性を扱うにあたり，上述の2種類の道徳性（内藤, 2005）を視野に入れつつ，「正しさ」についての認識に注目して論を進める。道徳性の研究は，精神機能のさまざまな側面からなされているが，本章は認知的な側面が中心になっていることを申しそえておく。

本章の構成は次の通りである。2.「なぜきまりを守るのか？」で，どういった理由で規範に従わなければならないと認知されるのかについての理論を通して，青年の規範意識の低下といわれる現象を再考する。

規範は集団ごとに異なるものであるが，時代や文化を超える「正しさ」は存在しないのだろうか。3.「道徳性はどのように発達するのか？」では，道徳性の普遍性を追求した研究として，コールバーグの理論を取り上げる。

慣習と道徳が理念的に異なるものだとすれば，人はいつからそれらを区別するようになるのだろうか。4.「道徳と慣習を区別できるのか？」では，コールバーグが指摘するよりも幼い年齢の子どもがこの2つの領域を区別している可能性について考えていく。

文化によって道徳が異なると考える人は多いだろう。5.「文化によって道徳性は異なるのか？」では，道徳性の比較文化研究を見ていく。

その一方で，同じ文化圏の人ならば同じ道徳性を有すると考えてよいのだろうか。6.「道徳は状況によって変化するのか？」では，個人においても，文脈においても，複数の道徳が多元的に存在するという立場に基づいた研究を取り上げる。

以上5つの観点から，道徳性の発達について考えていく。最後に，筆者からメッセージを贈る。道徳性とは何か，異なる価値観をもつ人々とどのように共存することができるのか，そして冒頭に提示した道徳性の定義（普遍性を前提とするものとしないもの）について，一度徹底的に考えてみてほしい。

2. なぜきまりを守るのか？

友枝・鈴木（2003）によると，「電車やお店の入り口付近の地べたに座る」「電車やバスの車内で，携帯電話やPHSを使って話しこむ」「電車やレストランの席などで，女性が化粧をする」ことに抵抗を感じる高校生は6割程度である。それに対し，教師は9割以上が抵抗感を示している（図7-1）。これらの行為は，いずれも，大人が若者のモラル低下やだらしなさを批判する際に指摘する行動である。なぜ，世代間で規範意識の差があるのだろうか。これは，若者の規範意識の低下と考えてよいのだろうか。

北折（2007）は，社会規範の定義として，「外在化する基準や期待」「内在化された信念」という2つの主張を整理している。そして，人々が規範を守ろうとするのはなぜか，つまりどういった理由で従わなければならないと認知されるのかについては，「命令的規範」と「記述的規範」に分けて考えることが重要だという。

命令的規範とは，多くの人々がとるべき行動や，望ましい行動と評価するであろうとの，個人の知覚に基づく規範であり，多くの人が「～すべきである」と評価しているとの予測に基づく，行動のステレオタイプを意味する。不適切と評価された行為はタブーになったり，政府や組織により，法律として明文化される。一方，記述的規範は，多くの人々が実際にとっている行動であるとの知覚に基づき，周囲の他者がとる行動を，その状況における適切な行動の基準であると認知することによる。命令的規範が常に望ましいとされる行動を志向しているのに対し，記述的規範は効果的な行動に主眼が置かれている。命令的規範と記述的規範との間に食い違いが生じる例として，車の制限速度が挙げられている。車の制限速度は道路交通法などで明文化された法律であり，命令的規範に該当する。しかし，深夜の幹線道路など交通量が少ない状況では，制限速度以上で走行している車が多いため，速度を遵守する方がかえって危険なことがあり，制限速度以上のスピードで車の流れに乗ることが記述的規範の行動志向であり，その状況においては適切な行動である。このように，規範に関わる行動を解釈するとき，命令的規範と記述的規範の相互の影響関係を考慮

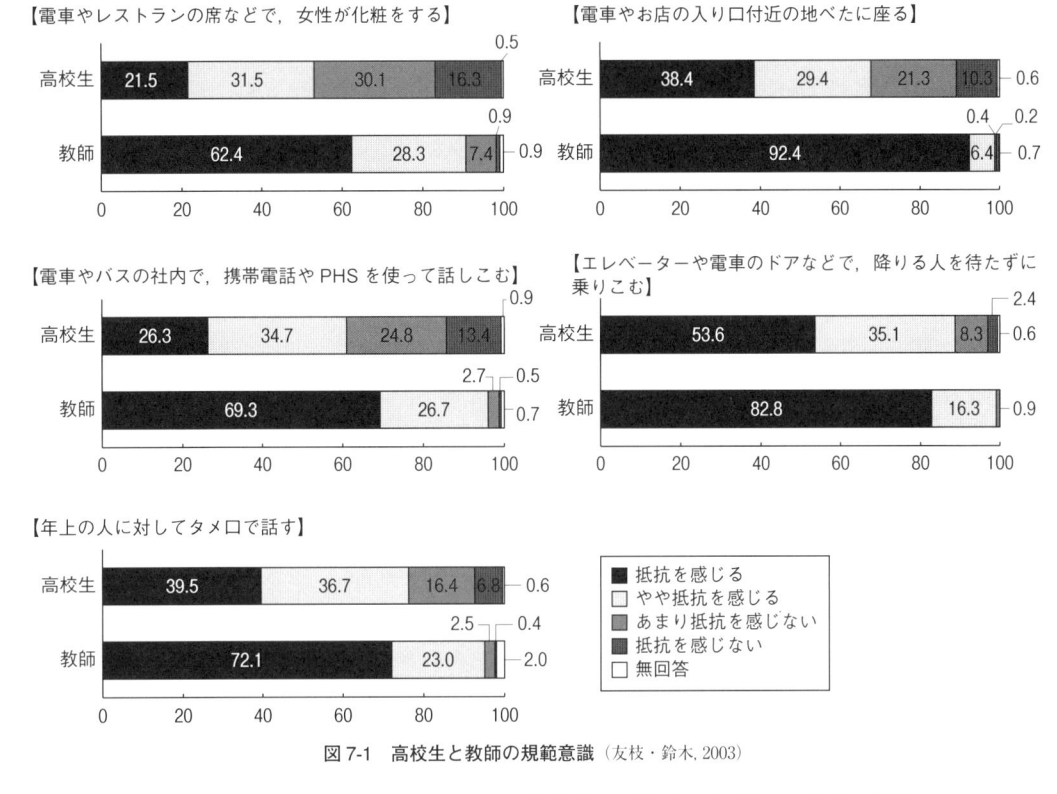

図7-1 高校生と教師の規範意識 (友枝・鈴木, 2003)

する必要がある。赤信号で横断歩道を渡ることや自転車の駐輪違反などは，多くの場合，命令的規範に反するものの，記述的規範に従った行動をとっていると解釈することも可能である。

　また，社会規範は，社会的範囲の中で共有された集団規範である。よって，それぞれの集団間で，要請される行為は異なり，個人が複数の集団に所属することで問題が生じることがある。大久保ら（2006）は，中学生を対象に，問題行動と所属集団の雰囲気の関係を調べている。「タバコを吸う」や「深夜に遊びまわる」などの問題行動を起こす生徒が排斥されている学級と受容されている学級においてどのような違いがあるかを検討したところ，受容する学級ほど，学級が荒れており，問題行動を起こす生徒の活動に対して支持的な雰囲気があることが示された。学校社会の側から見たとき不適応であるにもかかわらず，問題行動を起こす生徒の所属する文脈には適合しているのである。

　冒頭の規範意識の調査にもどろう。若者の行動は，所属する集団内の記述的規範や，集団の雰囲気に影響されるとすると，たとえ命令的規範に反していたとしても，若者にとっては適応的な行動を選択している可能性もある。また，その集団内での期範に従っている，つまり規範意識をもっているのだとすると，「規範意識の低下」とひとくくりに結論づけることはできなくなる。どのような場合にそれらの行為が「正しくない」といえるのだろうか？

3. 道徳性はどのように発達するのか？

　かつて，ユダヤ人を迫害することが社会的に望ましいとされた国があった。奴隷制度が合法的であった時代もあった。当該社会の中で共有されているきまりや規範の遵守を道徳性の成熟とみなすと，ユダヤ人の迫害や奴隷制度は道徳的に正しい行為ということになる。

表 7-1　コールバーグの道徳性発達段階の測定方法 (Colby & Kohlberg, 1987; 内藤, 2005 より)

「ハインツのジレンマ」
　ハインツの奥さんが病気で死にそうです。医者は，「ある薬を飲むほかに助かる道はない」と言いました。その薬は，最近，ある研究所で発見されたもので，製造するのに5万円かかり，それを50万円で売っています。ハインツは，手元にお金がないので，お金を借りてまわりました。しかし，半分の25万円しか集まりませんでした。ハインツは，研究所の所長さんに訳を話し，薬を安くしてくれないか，後払いにしてくれないかと頼みました。しかし，頼みは，きいてくれませんでした。ハインツは，困り果て，ある夜，研究所に押入り薬を盗みました。

質　問
　ハインツは，盗むべきでしたか？／なぜですか？／もし，ハインツが奥さんを愛していなかったらどうですか？／もし，死にそうなのが，人ではなくてあなたのペットの場合はどうですか？／法律は，いつも守らなければなりませんか？／その理由は？／等

反応の例（ただし，盗んではいけないとした場合のみをあげる）
　第1段階「薬を盗むのは，泥棒をすることで悪いことだ」
　第2段階「ハインツは，自分の価値観に従うべきだ」
　第3段階「世間の人々は，そのようなことを望んでいないと思う」
　第4段階「社会が成り立っていくためには，法律は守らなければならない。もし，簡単に法を破ることを認めてしまえば，社会はばらばらになる」
　第5段階「法律を破ってもよいのは，人間としての基本的な人権がおかされるときである。この場合，そのようには考えられない」

　現代から見ると，正しい行為とは考えられない。では，道徳性とは時代や文化によって異なるものであり，普遍的な正しさなどない，と結論づけてよいのだろうか。
　慣習と道徳が異なるものであると主張し，普遍的な道徳性を追求したのがコールバーグである。コールバーグは表面的な道徳的行動や知識の内容ではなく，道徳的判断の背後にある認知構造に焦点を当て，道徳律に基づいて判断することができるようになる人間の発達過程を探った。たとえば，「ハインツのジレンマ」（表7-1）を見てみよう。
　コールバーグが注目したのは，ハインツはそうすべきであったかどうかという回答ではなく，多様な理由づけであった（理由づけの例は表7-1を参照）。理由づけに焦点化することで，道徳の内容ではなく，認知構造を探ることができると考えたのである。
　この認知構造はどのように発達していくのであろうか。コールバーグは男子青年75名を縦断的に調査し，道徳性が段階的に発達することを見いだした。事実（である）と当為（べきである）が混同されている段階から，それらが分化し，さらには，現在存在していないものの潜在的には可能な規範的秩序を構想することもできるようになっていく過程であった（表7-2参照）。このような経験的事実として得られた発達段階は，倫理的に「正しくない」判断からより「正しい」判断へと変化していく過程でもあった。では，倫理的に正しい判断とは何であろうか。それは，主観的な見方や具体的な問題状況の特殊性を構成する要素から離れ，誰にとっても正しい判断を下すことであり，「普遍化可能性」と「指令性」の基準を満たすことである。ある主張が「正しい」というには，特定の社会集団のみで正しいのではなく，すべての人，立場，時代，文化において正しいという必要がある。つまり，その道徳的判断がすべての人にとって受け入れられる性質

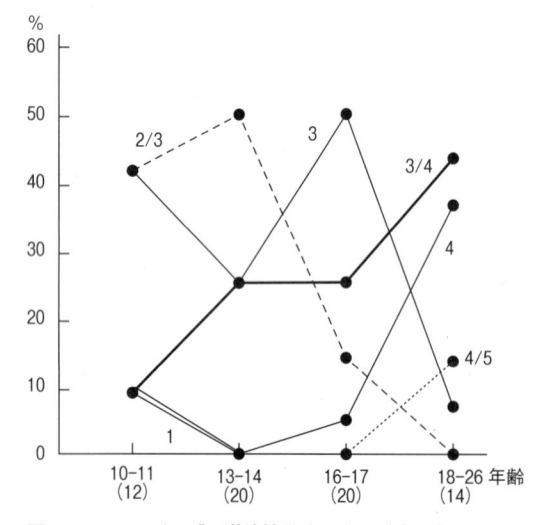

図 7-2　コールバーグの道徳性発達にもとづく日本における結果（山岸, 1991）
注：2/3, 3/4 などは，中間の段階を意味する。カッコ内は人数。

表7-2 コールバーグによる道徳性発達段階 (Kohlberg, 1984; 内藤, 2005より)

前慣習的水準

第1段階 他律的道徳性
　役割取得—他者の観点をとることができない。他者の観点と自己の観点とが区別できず混同する。
　社会状況における様々な立場からの見方が未分化である。規範は，外在的なもので，正当化を必要としないとする素朴な「道徳実在論」である。罰は，悪が何かを指し示すものである。つまり，罰せられることが悪である。社会的状況において，権威者，他者の観点が混同され同一とされる。

第2段階 個人主義的，道具主義的な道徳性
　役割取得—個々，別々に，個人の立場に立って感情や考えを推測することができる。
　具体的な他者の見方から考えることができる。その結果として，個人が異なる利害，欲求をもつことを知るようになる。したがって，各個人が，罰を含むマイナスの結果を最小限にし，プラスの結果を最大限に実現することが正しいとされる。しかし，個人間で衝突が生ずることがあることも理解していて，その場合，それぞれの個人が求めることは，その内容いかんに関わらず同等の重みをもつと見なされる。その場合は，物理的平等かギブアンドテイクの原則に従う。

慣習的水準

第3段階 対人間の規範による道徳性
　役割取得—相互に相手の立場にたって考えている2人を，さらに第3者の観点から捉えることができる。
　充分に関連づけられずに認識されていた個人個人の見方は，第3者的な見方のもとに関係づけられる。信頼しあっている2人の関係を第3者の見方から理解することができ，またそのような理解が共有されなければならないと考える。このような認識のもとで，第3者の見方から求められる2人の関係上の役割期待に従うことが正しいと考える（相互に見方を理解しあっている関係における「友人として」「親として」等）。このような考えは一般化されて，一般的に求められる役割に従うことが求められる。また，人は，多くの人々とそれぞれ関係をもつことになり，その結果，大多数の自己への期待を認識しようとし，それに従うべきとする（「世間の目」に従う）。

第4段階 社会組織の道徳性
　役割取得—集団全体の視点から考えることができる。また，他方で各個人の観点からも状況を考えることができる。
　対人関係を一部として含む社会組織全体の維持という観点から，正しさが判断される。時として，社会的義務を充分に遂行している人々の間でも葛藤が生ずるが，その解決のための規則の必要性を認識する。

脱慣習的水準

第5段階 人間としての権利と公益の道徳性
　脱慣習的水準では，現存の社会組織の維持という観点ではなく，社会組織それ自体を客観視し反省する視点をとる。いわば現存の社会組織やその中で求められる規範自体を対象化して認識する。
　第5段階では，社会組織は個人の間の自由意思に基づく契約や法律の制定によって成立するべきと考えられる。したがってそれを保証する自由，生命の権利は普遍的な権利とされる。人が人間としての普遍的な権利，自由および生存権といった権利をもつものとして互いに認め，そして，そのような条件のもとで成立した契約，合意，法律によって社会組織は成立するべきであると考えられる。逆にこのような観点から社会組織の是非が批判的に検討される。また一方，公益「最大多数のための最大幸福」という原則が加わることによって，規則功利主義という立場に結びつく。

第6段階 普遍化可能であり，可逆的であり，指令的な一般的倫理的原理
　第5段階では，固定された契約や契約法律に従うが，第6段階では，それらを正当なものとならしめる決定の手続きに注目する。すなわち，それらが正当であり得るのは，すべての人間を手段としてではなく目的として扱い（その人格を尊重し），理想的役割取得によって決定がなされることにあるとする。すなわち，すべての人が，すべての他者の観点に立って考えることを想定した上で同意に至る決定をすることにあるとする。それは，ロールズ（Rawls, J.）による「無知のベール」のもとでの「原初的状態」における決定，ハーバーマス（Habermas, J.）による「理想的発話状況」のもとでの討議という形で定式化されたものでもある。
　このような点から，たとえ，契約や法律の及ばない場合でも，この観点から決定がなされる。また，信頼，コミュニティといった概念が，討議や人間の権利等の前提条件として位置づけられる。

を備えているという「普遍化可能性」がなくてはならない。そして，好みや欲求を超えた義務性，すなわち「指令性」がなくてはならない。これは，事実と当為（「である」と「べきである」）が分化していることである。たとえば，多くの人が「している」という事実が，「すべきである」という当為を導くのではなく，多くの人が「している」という事実と，「すべきである」という当為は，独立するものと認識されなくてはならないのである。
　段階の普遍性を検証するために，アメリカ，台湾，メキシコなどさまざまな文化圏でも

研究が行われた。図 7-2（p.100）は日本における研究結果である。このように，第 3 段階が比較的多く見られるものの，年齢とともにより高い段階に属する者が増加している。

コールバーグの発達段階によると，青年期は，慣習，つまり事実として存在する現時の規範が絶対的に正しいと考えるのではなく，徐々に規範や慣習に疑いの目を向けることができるようになっていく時期である。

4. 道徳と慣習を区別できるのか？

冒頭に示したように，慣習と道徳（律）を，実際生活の行動の上で区別することは難しく，慣習と道徳が同一視される場合が多い。コールバーグの理論においては，道徳と慣習が分化するのは第 5 段階である。一般的な年齢としては，青年期後期になってからということになる。その段階に至るまで，人は道徳と慣習の違いに気づかないのだろうか？

社会的領域理論（Turiel, 1983, 2002）は，道徳と慣習の領域は互いに並行して発達するものであり，子どもはかなり早期の段階から慣習についての理解と道徳についての原理的な理解を区別できると主張する。幼児でも，規則の有無に関わらず道徳的違背を正しくないと判断し（「きまりがないとしたら人をぶってもかまわない？」「だめです」），慣習的な違反の正しさは規則の有無に随伴すると答える（「きまりがないとしたら騒いでもいいかな？」「いいです」「どうして？」「きまりがないから」）。

社会的領域理論では，私たちが遭遇する社会的な状況における問題には 3 つの領域があると考える。道徳領域，社会慣習領域，心理領域である。ここでいう社会的領域とは，人の判断や志向性を作り出す「認知の枠組」であり，特定の行為やルールを指し示すわけではない。道徳領域は，正義の概念を土台に構成される領域である。道徳領域の行為や規則は，人が他者や社会にどのように行動すべきなのかという指令性を含んでおり，他者の福祉，信頼，公正，責任や権利に関係する。行動の正しさの判断基準は，社会的なきまりや慣習とは無関係に，その行動が他者の福利や安寧に及ぼす影響そのものに置かれる。慣習領域は，福利や安寧を侵害するかどうかの問題ではなく，社会的なきまりごとや通念，慣習といったものにかなっているかどうかの問題である。心理領域は，道徳・慣習の及ばない領域である。道徳に規定されるものではない，社会的に調整されない，という個人の自由意思に基づき，自己の統制下に置かれる行為の問題である。これらの領域の定義と，領域が区別される基準は表 7-3 に示す。

コールバーグのジレンマ課題は，複数の価値が葛藤する多面的場面であり，子どもの能

表 7-3　社会的領域の定義と基準（首藤・二宮, 2003）

	領域		
	道徳	慣習	心理（個人／自己管理）
知識の基盤	正義（公正）や福祉や権利といった価値概念	社会システム（社会の成り立ち，機能など）に関する概念	個人の自由や意志に関する概念および自己概念
社会的文脈	行為に内在する情報（行為や他者の身体，福祉，権利に与える直接的な影響）	社会的関係を調整するための，恣意的ながらも意見の一致による行動上の取り決め	行為が行為者自身に与える影響
基　　準	規則の有無とは無関係 権威とは独立 一般性あり 自由裁量なし	規則の有無に随伴 権威に依存 一般性なし 自由裁量なし	規則の有無とは無関係 権威とは独立 一般性なし 自由裁量あり
典型的な場面例	盗み，殺人，詐欺，緊急場面での援助，いじめなど	挨拶，呼称，生活習慣，宗教儀式，テーブルマナー，校則など	趣味，遊びの選択，友達の選択など

力を十分に引き出すには難しい課題であるかもしれない。コールバーグは，道徳性の発達を慣習から道徳が分離する過程と考えたが，社会的領域理論では，両者の理解はパラレルに発達するものであり，一次元的なものではなく，多次元的な変化ととらえている。

コールバーグが想定した年齢よりも早く，児童期から道徳と慣習を区別できることが示唆されているが，特定の行為やルールと特定の領域が対応しているわけではない。よって，問題をどの領域の事柄とみなすかによって対立が生じる可能性がある。スメタナによると（Smetana, 1995），青年は「道徳」に関する事柄については大人が権威をもつとみなしているが，「慣習」に関する事柄については，年齢とともに親の干渉を受けない自分の領域，つまり心理領域の事柄だと考えるようになる。青年のこのような変化に伴って，親子間の対立が生じる。テレビ番組や音楽の選択，服装やヘアスタイルなどは，親が社会一般の「慣習」に照らして子どもの青年の行動に一定の枠を要求するのに対し，青年はそれを自分の心理領域に対する干渉と受けとめる。青年と大人世代の規範をめぐる対立は，領域間の葛藤としてとらえることもできるのである。

5. 文化によって道徳性は異なるのか？

クジラやイヌを食用とすること，学校でのスカーフの着用など，特定の文化の規範に沿った行動が他の文化に属する人たちから非難されることがある。

コールバーグは文化を超えて共通する道徳性の認知構造を探った。コールバーグが仮定した普遍性は，道徳的行動や知識の内容ではなく，認知構造である。文化間で表面的に道徳性が異なるように見えるとしても，認知構造の発達は共通であると考えたのである。しかし，文化によってこれほどまでに規範体系が異なることを考えると，本当に人はコールバーグが想定したような発達段階をたどるのであろうか，という疑問が生じるかもしれない。

ギリガン（Gilligan, 1982）は，女性の道徳的判断のレベルがコールバーグの理論的枠組に従って評定されると，総じて男性よりも低く評定されるということに注目し，道徳性発達の理論そのものに性差についてのバイアスがあり，そのために女性特有の道徳的判断のあり方を的確に把握できていないと考えた。ギリガンによると，それまで発達心理学が研究の対象として前提にしてきたものはおおむね男性のライフサイクルであり，女性特有の発達をつかみそこねている。コールバーグの理論は，正義と権利の道徳性を扱ったものであり，ケアと責任というもう一つの道徳性を十分に扱えてはいない。

ハインツのジレンマ（表 7-1）を今一度考えてみよう。たとえば，薬を売って儲けたい所長と，妻の生命を救いたいハインツという，対立する欲求をもった個人間の権利の葛藤として問題をとらえると，その理由づけは公正さを志向するコールバーグ理論に合致し，高く評価される。その一方で，ジレンマの中に人間関係と責任の問題を見ると，問題は所長とハインツの権利主張の葛藤ではなく，所長がハインツの妻の要求に応える責任を果たさないことにある。このジレンマの解決は，所長に妻の容体を知ってもらったり，別の人に訴えるなどの，ハインツの妻を取り巻く人々のネットワークを活性化させることによって導かれてくる。この理由づけは，問題状況の特殊性を構成する要素から離れていないので，評価が低くなる。しかし，ギリガンによると，後者の回答をする者は，道徳性が低いのではなく，異なる道徳性，すなわち「配慮の道徳性」を発達させているのである。

シュベーダーら（Shweder et al., 1987）は，アメリカ人は「権利の道徳」，インド人は「義務の道徳」が強いと考える。インドでは，食事，衣服，呼称，性役割の違反はすべて，状況を超えて悪いと判断される。具体的には，「妻の夫への服従」「父が子どもを杖で殴る」

などはインドでは正しいことであると考えられ，「父の死後長兄が髪を切ること」「牛肉を食べること」「寡婦が魚を食べること」などは正しくないと判断するが，アメリカの被験者は異なる判断をする。

　ミラーら（Miller & Bersoff, 1992）は，アメリカとインドの子ども，青年，大人を対象に，正義と対人的な義務が葛藤するジレンマ課題を提示し，判断を求めた。具体的には，「親友の結婚式に出席するために急いでいた。次の列車に乗らなくてはならない。結婚指輪を届けることになっていたのである。しかし，切符の入っていた財布を盗まれてしまった。いろいろ助けを求めるが誰もお金を貸してくれない。がっくりして座っていたベンチで，隣りにいた紳士が上着を置いて用足しに出かけている。その上着のポケットから列車の切符がのぞいている。それを使えば結婚式に間に合う。この紳士はお金を十分持っていて切符を買い直すことができる」という内容を示し，次の2つの意見のうちどちらに賛成かを選ばせる。

　①たとえ親友に結婚指輪を届けられなくなるにしても，切符を盗んではいけない。
　②たとえ切符を盗むことになっても，結婚指輪を渡すべきだ。

　その結果，どの年齢群でも，インド人はアメリカ人よりも，①の「盗んではならない」という道徳原理に基づく行動よりも②の対人義務に基づく行動を選択した。これは，インドの「義務の道徳」の存在を示唆するものであると解釈された。

　文化差を社会的解釈過程の違いから検討する研究もある。東（1997, 1999）によると，道徳的判断は，特定の行為や価値がそれらの埋め込まれた文脈の認知とセットになって，つまり判断者が一種の物語として理解することによって，なされると指摘する。このような道徳的判断に関わっての文化的スクリプトがあり，東はそれを道徳スクリプトと呼んだ。実験では，「ある人が教師に故意にけがをさせた」というような行為の簡単な記述だけの中核情報に対して道徳的評価を求め，さらにそのためにどのような情報が付け加わる必要があるか，つまり，判断を下せるような物語を構成させた。続く研究では，文脈情報のリストを与えず，自分で情報を作り出して物語にすることを求めている。その結果，人間関係や気持ちの流れによってつづられる日本人に特有の道徳スクリプトの存在が示唆された。同じ規範を共有していても，対象となる行為の認知のされ方は文化間で異なる。特定の行為がまるごとそのまま，かつ独立して道徳判断の対象となるのではなく，判断者によるその行為の認知が，その行為の文脈の認知とセットになって判断対象とされるのである（東, 1997）。

　セルマン（Selman, 2003）は，「個人的意味」が判断に関係すると主張する。たとえば，「ホリーのジレンマ」は，木に登って子猫を救うべきか，木登りをしないという父親との約束を守るべきかという葛藤を想定している。しかし，父親の権威が強く逆らうことが許されないコミュニティの子どももいれば，動物への愛護心が強い家庭に育った子どももいる。判断者のもつ「個人的意味」によって葛藤の解釈が異なってくる可能性がある。

　ウァインリブ（Wainryb, 1991）は，「事実についての信念」という，判断者にとって事実と考えられている現実についての憶測や信念の重要性を指摘する。たとえば，インドでは「寡婦が魚を食べること」は道徳的違背と考えられ，前述のように，シュベーダーらは西欧とインドにおいて異なる道徳的原理が存在すると主張した。しかし，「事実についての信念」の枠組を用いると，別の解釈も可能である。インド人のもつ「死後の魂」の存在という「事実についての信念」の面で文化差があり，その信念に基づいての仮説的推論が異なるため，道徳的判断も異なるのであり，道徳的原理自体の差ではない，という解釈もできるのである（Turiel, 2006）。

6. 道徳性は状況によって変化するのか？

　第5節で見たように，性や文化によって道徳性が異なるというのは，大変説得力があり，日常の私たちの素朴な印象と合致する。しかし，文化は一方的に個人に影響するものではない。人間の主体性に注目し，状況に対応する人間の柔軟性を扱った研究を見てみよう。

　ギリガン（Gilligan, 1982）は，性に関係した2つの道徳性を理論化したが，本当に性と関係するのだろうか。メタ分析の結果によると（Jaffee & Hyde, 2000），性差はわずかに生じるものの，男性は正義志向，女性はケア志向という関係を支持する強い証拠は得られなかった。現在では，これらの2種の志向性（「正義志向」と「ケア志向」）は，人間存在の現実における二面的真実に対応するものであり（榊原, 2003），人はどちらか一方を有するのではなく，両方をもつと考えられている。

　文化差についても多元性が指摘されている。たとえば，アメリカ人に優勢な「権利の道徳」を前提とするならば，アメリカ人は権利志向性が強いとステレオタイプ的に考えられがちであるが，言論，宗教，集会の自由やプライバシーの権利について判断すると，公共の福祉などに抵触する自由は支持しない（Helwig, 1995）。日本においても，児童と青年は，「言論の自由」を大切な権利であり法規制を不正と認識するなど抽象的な理解の点では発達差がないが，「町のスピーチ大会場面」という具体的な文脈においては，スピーチ内容などの状況に応じて，自由を支持しない判断をすることがある（長谷川, 2001, 2003）。

　テュリエルら（Turiel & Wainryb, 1998）はドゥルーズという家父長制度をもつ階層社会で研究を行っている。ドゥルーズは11世紀早期に形成されたアラブ社会であり，女性には就労の禁止，自動車免許取得の禁止，教育の制限など多くの制約がある。このような階層社会において，文化的メッセージとして権利や人権などの概念を「学ぶ」とは一見考えにくい。しかし，ドゥルーズ社会の青年と成人を対象に，言論，宗教，生殖の自由について判断を求めると，上述のアメリカや日本での研究結果と同様に，これらの権利を道徳的に正しいものと認識していた。また，具体的な場面では，それぞれの状況に応じて判断しており，一貫して権利や自由の制限を認める，あるいは認めないというわけではなかった。ドゥルーズという典型的な階層社会であっても権利や自由の概念も発達させており，文化的志向性が一様に個人の判断と行動を形成するのではないことを示した研究である。

7. おわりに──青年期の課題と若者へのメッセージ

　冒頭に2つの道徳性の定義を示した。ここまで読み進めてきて，ではいったいどちらが正しいのか，ますますわからなくなってしまったかもしれない。

　筆者は，両者が多層的に存在すると考える。既存の規範を守る道徳的心性がある。その一方で，長い年月を経て定着したからといって正しいとは限らないと気づく心性もある。

　えてして，道徳性が普遍的なものか，相対的なものか，白黒をつけたくなるものだが，東（1997）が指摘するように，道徳的判断は多水準，多段階の過程であり，ひとまとめに決めることは無理なのである。その一方で，道徳的判断のあり方が世を動かし，多くの騒乱や葛藤を生んでいることも事実であり，ひとまとめに決めるのは無理，というさめた議論だけではことは片づかない（東, 1997）。

　重要なことは，既存の慣習に従うことに比べ，文化や時代を超えた正しさを追求することは，格段に難しいということだ。

　青年期は，自分とは何かについて考える時期であり，また，形式的操作の獲得に伴い，身

近な対人関係を超えた，社会制度や異文化のことまで考える認知能力を有するようになる。役割取得能力が高まり，人間一般や社会についてなど，抽象的な観点をとることができるようになる。このことを踏まえると，青年期は，現時の「事実」から離れて，相対的に正しさを判断し，既存の文化や慣習を見直し，場合によっては新たに作っていくものととらえることができるようになる時期である。

この判断には，現在認められているから，大勢の人が守っているから，という基準は通用しない。自分一人の利益を追求するのではなく，誰もが住みよい平和な世の中を目指すことが望まれる。異文化は確かに，異なった規範や風習をもっている（ように見える）。しかし，自分には関係ないことだと考えてしまってよいのだろうか？　誰もが住みよい平和な世の中は，自分にとってもよい世の中のはずではないだろうか？

筆者は，ドゥルーズの研究で示唆されるように，当為が事実に完全に影響されるわけではないという人間本来の傾向性，そして人間のもつ能動性に希望をもちたいと思う。

Column 9　青年による犯罪—現代的犯罪の特性

近年目立った青年犯罪の報道が多くなっているように思われる。また報道の頻度だけでなく，報道されている内容を見ると犯罪内容の凶悪化が感じられる。しかし犯罪件数を調べてみると，統計的に青年犯罪が増加しているわけではない。犯罪の種類別で発生件数を調べてみても殺人などの重犯罪に大きな推移はなく，実際に凶悪化しているとはいいがたい（奥平，2002）。ではなぜ，私たちは青年犯罪に対して凶悪化を感じてしまうのであろうか。

青年犯罪の凶悪化を感じる原因のひとつとして，犯罪の質的な変化が考えられる。犯罪の質的な変化とは，①罪を犯す青年の変化，②犯行の身近さの二つが主に挙げられる。私たちは，犯罪はいわゆる不良と呼ばれるような素行の悪い青年や，周囲から見てもわかるような精神的に問題を抱えた青年が起こすものであるという先入観をもっている。しかし近年はその先入観にまったく当てはまらない，ごく普通の安定した家庭で育った青年が殺人を犯すような事件が目立ってきている。しかもその動機を問うと，「カッとなって」や「衝動的に」という表現がなされている。対象者に関してもある特定の個人ではなく，偶然一緒になった他者であったりするのである。このような誰でも犯行を起こしかねない，誰でも被害者になりえてしまう身近さという特徴から，凶悪化というイメージが強く広まってしまっていると考えられる。

では青年の性質が昔と今ではまったく変わってしまったのであろうか？　青年期の特徴は，短絡的で自己中心的，アイデンティティの不安定さをもっていることである（丹野，2008）。このことは昔も今も変わっていない。ただ昔にはなかったようなテレビゲームやインターネット，メールといった環境の影響を受けて，少しずつ変化も現れてきている。技術の発展によるテレビゲームのリアリティが向上していくのに伴って，青年の現実感が乏しくなってきていることが考えられる（荒木，2007）。またインターネットなどの文字を通しての人間関係が大きくなるにつれて，現実でのコミュニケーション能力が低下し友人関係にも不安をもってしまい，文字に依存したコミュニケーションへとさらにのめり込んでいくという循環が強くなってしまっているように思われる。これらの要因が青年期のアイデンティティの不安定さに強い影響をもたらし，自分で処理できないほどの強い孤独感や空虚さを生んでしまうのではないだろうか。そして自分の存在感や自己顕示欲を満たすためだけの自己確認型犯罪（影山，2001）を起こしてしまう者も現れる。彼らは犯罪を起こすことによって自分の存在意味を示し，安定を得ようとしているのではないだろうか。

今回少しふれた青年犯罪の特徴を考えれば，友人や家族や近隣住人とのつながりの希薄さが原因の一端であるといえる。青年と周囲の人間との「強い人間関係」による犯罪抑止が可能なのではないだろうか。

ワーク 7 他者との葛藤の解決

　私たちは日々，他者と関わりながら生活している。他者との関わりは，決して楽しいことばかりではなく，すべてが自分の思い通りにいくわけでもない。もめごとや意見の衝突が起こり，対人葛藤に直面することもあるのだ。

　あなたは，友人Aと一緒にチームを組んで二人三脚リレーに出場し，色違いの賞品をもらった。2人でそれを分けようとしたが，2人とも同じ色のものをほしがった。

　このような事態が起こったとき，あなたはどうするだろうか？
　——どのようなことをしてでも，自分がほしい色の方を手に入れるだろうか？
　——あるいは，何も言えないままに友人Aの要求を受け入れ，ひそかに悔しい思いをするだろうか？

　対人葛藤をどのように解決するのかにより，あなたの目的が達成されるかどうかや，相手との関係をその後も良好な状態で維持できるかが決定されるといっても過言ではないだろう。このように，対人葛藤には社会的な重要性があるのだ。それでもやはり，できるだけ対人葛藤は避けたいところであるが，これがもつ発達上の意義も指摘されている。子ども間で生じる対人葛藤は，社会的・認知的発達，社会言語習得を促す場である（Shantz & Hobart, 1988）。また，他者を理解する能力を獲得したり，自分の主張を表現するための方略を学習する重要な契機（山本, 1995）なのである。

　社会的にも発達的にも重要な意味をもつ対人葛藤に対し，セルマンら（Selman et al., 1986）は対人交渉方略（Interpersonal Negotiation Strategy：以下 INS）モデルを提唱している。このモデルでは，INSを生み出す4つの社会的情報処理ステップ（①問題の定義，②方略の産出，③方略の選択と実行，④結果の評価）が設定されている。そして同時に，社会的視点取得能力の観点から発達段階の概念を取り入れ，各ステップに未分化で自己中心的なものから互恵的・第三者的なものへという順序をもった4段階のレベルが設定されているのである。また，対人葛藤を解決する際のINSには，他者の欲求を変化させる他者変化志向，自己の欲求を変化させる自己変化志向，そのどちらでもない両者の欲求を考慮する協調志向という3つの対人的志向が設定されている。年齢とともにINSの発達レベルが上がることが示され（Selman et al., 1986），その後，日本の児童（渡部, 1993）と青年（長峰, 1996, 1999）においても同様の結果が得られることが確認された。

　山岸（1998）は先述のステップ③に注目し，INSの発達理論に基づいたINSを測定する質問紙を作成している。INSには，先述の3つの対人的志向のINSに，さらに大人に解決を仰ぐ権威志向と，日本において葛藤解決によく用いられるじゃんけんが加えられた。

　その内容の一部を紹介するので，自分の場合はどうだろうかと考えてみてほしい。

　A君のクラスでは社会の時間に2人で日本の地方の暮らしについて調べて発表することになりました。A君はB君と一緒に発表します。A君は田舎が雪国なので雪国について調べたいと思っていますが，B君は去年の夏休みに旅行した九州について調べたいと言っています。
　あなたがA君だったら以下の方法をどのくらいすると思いますか？　当てはまる数字に丸をつけて回答してください。

	すると思う	そうすることもある	あまりしない	絶対しない
①雪国について調べたいから雪国に決めてしまう。	4	3	2	1
②雪国の生活は変わっておもしろいから雪国にしようと言う。	4	3	2	1
③なぜ九州より雪国がいいのか，自分の考えを説明してB君を説得する。	4	3	2	1
④B君が怒ると怖いから九州にする。	4	3	2	1
⑤B君はどうしても九州がいいらしいから九州にする。	4	3	2	1
⑥なぜ九州がいいのか詳しく聞いて，おもしろそうだったら九州にする。	4	3	2	1
⑦先生に決めてもらう。	4	3	2	1
⑧じゃんけんで決める。	4	3	2	1
⑨2人にとってどちらにしたら楽しいか，よい発表ができるかよく話し合って決める。	4	3	2	1

　どのような回答になっただろうか？
　上記の①〜③は他者変化志向（番号が大きくなるにつれレベルが上昇），④〜⑥は自己変化志向（番号が大きくなるにつれレベルが上昇），⑦は権威志向，⑧はじゃんけん志向，⑨はレベル3（協調）志向のINSに相当する。
　先行研究では，女性の方がINSの発達レベルが高い（Selman et al., 1986; 渡部, 1993; 山岸, 1998）ことや，男性は他者変化志向のINSへの志向が，女性は自己変化志向のINSへの志向がより強い（山岸, 1998）ことが示されている。
　大学生くらいの年齢になると，レベル3（協調）志向のINSを用いるくらいに発達レベルが成熟している場合が多いと思われるので，先生に決めてもらおうとする人は少ないだろうか。一方，じゃんけんで決めようとする人は多いのではないだろうか。実際，日常生活において何かをじゃんけんで決定しようとしている場面をしばしば目にする。
　ぜひ自分の回答を他の人の回答と比較して，共通する部分について，また異なる部分について，なぜそのINSを用いるだろうと考えたのか意見交換をしてみてほしい。さらに，対人葛藤が起こる相手があまり親しくない人や，目上の人，あるいは目下の人の場合は，先ほどの回答と変わるかどうかということも話し合ってみると興味深いだろう。

　ところで，しばしば日本人は自己主張をしないといわれている。日本とアメリカの大学生を比較したところ，日本人には対立を回避する傾向が顕著に見られた（Ohbuchi & Takahashi, 1994）という先行知見もある。また，対人的コミュニケーション方略としての"ひく"行動の優位性が強調されている（吉武, 1991）。これらを併せて考えると，自分の欲求を変える，つまり自分がひくことによってできるだけもめないように対人葛藤を解決しようとする自己変化志向のINSは，いかにも"日本人らしい"のかもしれない。

第8章 青年の宗教性
―あなたにとっての宗教性は…？

1. はじめに

「あなたにとって宗教とは……？」「あなたは宗教に関心はありますか？」と青年に対して質問したなら，どのような答えが返ってくるだろうか。おそらく大半の青年からは「別に……」や「関心ありません」といった答えが返されるのではないだろうか。実際，複数の世論調査などの結果を見ると，大半の青年が「宗教には関心がない」「自分は信仰などない」と回答している（石井, 2007）。このような傾向は青年のみならず日本人全般でもいえることであるが，年齢別で見ると青年は他の年齢層に比べ宗教への関心のなさがより顕著である（石井, 2007）。このように，世論調査の結果によれば，日本人青年にとって宗教はほとんど関心の対象になっていないのが現状である。

そして，その現状は，今この本を手に取っている読者のみなさんにもそのままあてはまるのではないだろうか。おそらくみなさんの大部分は宗教に関心をもっていないと思われる。「青年の宗教性といわれても……」と思っている読者も少なくないであろう。

そのような現状を感じつつも，本章では，あえて「青年の宗教性とは……？」との問いを立て，現代青年の宗教性の特徴を考える機会を提供したい。そして，それが「あなたにとっての宗教性は……？」を考える機会につながってほしいと考えている。

筆者は，宗教性について，「自分には存在しない，自分には関係がない」といった他人事の問題ではなく，誰にでも関わりうるテーマであると考えている。そのことを示すために，本章では「宗教を信じる青年」「破壊的カルトにはまってしまう青年」「宗教を信じない青年」という3つの青年の特徴を取り上げることにした。これら3つの青年の特徴を検討することにより，宗教性は決して他人事ではない自分自身に関わるテーマであることを知る機会となれば幸いである。

2. 宗教性とは？[1]

宗教性は，「個人における宗教への関わり」という意味で，個人における宗教への関与・傾倒の程度を示す概念である。すなわち，宗教性とは，「個人がどの程度宗教に関与しているのか」を測定する指標であり，個人が宗教についてどの程度，「信じるのか，感じるのか（宗教意識）」「振る舞うのか（宗教行動）」を表す。

---

[1] 「宗教性」と「スピリチュアリティ」（スピリチュアリティの定義や説明については，第3節第3項の用語説明を参照）との関連については，現在のところ統一された見解がないために取り上げなかった。「宗教性」と「スピリチュアリティ」との関連については，伊藤（2003）や安藤・湯浅（2007）などに記載されている。

表 8-1　宗教性の構造

宗教性	
宗教意識	宗教行動
認知的成分 ／ 感情的成分	行動的成分
宗教的知識　情緒的な体験	個人，社会の場における
宗教的信念　（宗教体験）	宗教的な行動

　宗教学者の岸本（1961）は，宗教意識を「宗教的行動の内行動的なもの。情緒的な経験を主とする宗教体験（情意的），宗教的思惟（知的）を含む」と，宗教的行為（宗教行動）を「儀礼や布教伝道といった社会的要素の強い行動の外行動的なもの」と定義している。岸本（1961）の定義によれば，宗教意識とは，「宗教的信念」や「宗教的知識」が関わる「認知的成分（信じる）」と，「情緒的な体験（宗教体験）」が関わる「感情的成分（感じる）」を含む概念であり，「行動的成分（振る舞う）」は「宗教行動」に相当する。つまり，宗教意識と宗教行動を包括する枠組が「宗教性」といえる。

　以上を踏まえて，「宗教性の構造」を整理したのが表 8-1 である。宗教性とは，「宗教（および宗教にまつわる事柄・事象）について，『知り』『信じ』『感じ』『体験し』『行動する』こと」を意味する言葉なのである。

3. 現代青年の宗教性の特徴

　自我意識の発達によって，宗教に対して自覚的に考えるようになるのが青年の宗教性の主要な特徴といわれている（星野，1977）。それでは，現代青年はどのように自覚的に宗教に関わるのだろうか。3 つの観点から現代青年の宗教性の特徴について考えてみたい。

(1) 宗教を信じる青年とは？──宗教団体に所属する青年

> **宗教団体**
> 　一般的に，礼拝や伝道活動といった宗教活動を行う集団を宗教集団という。宗教集団には，教義，儀礼行事，信者，施設の 4 つの要件が必要とされる。そうした宗教集団の内部に地位や役割の分化が生じ，地位の体系が作り出されて組織化されると宗教団体と呼ばれるようになる（石井，2007）。

　日本の宗教団体としては，大きく分類すると，神道，仏教，キリスト教，新宗教が存在している。しかし，日本人は宗教団体への所属度が低く，青年では 1 割にも満たないといわれている（石井，2007）。

　そのような現状ではあるが，宗教団体に所属し信者として生きる青年は常に存在している。本項では，そのような宗教団体に所属し信者として生きる青年たちに注目したい。すなわち，日本における仏教，キリスト教，新宗教といった各宗教団体の現状を概説するのではなく，宗教団体に所属する青年に関する研究を取り上げ，宗教団体との関わりの中で見えてくる現代青年の宗教性について考えてみたい。ただし，日本では，宗教団体に所属する青年を対象とした心理学的研究は多くはない。そのため，限られた宗教団体しか取り上げることはできないが，そのような中でも少しでもその特徴を明らかにしてみたい（神道については，管見する限り神道に所属する青年を対象とした実証的な研究が見あたらなかったので取り上げることができなかった）。

　さて，青年はどのような理由で宗教団体に所属するのだろうか。堀尾（1985）は，プロテスタント，禅宗，新宗教に所属する青年を対象に，その入信動機を質問している。その結果，「人間関係を求めて（32.8%）」の回答が最も多く，「精神的安定を得るため（27.3%）」「宗教へのあこがれ・関心（21.8%）」と続いた。

　この結果から，堀尾（1988）は，青年の宗教団体への加入の背景には，自己の生きがいやこころの安らぎを求める気持ちと同時に，それを他者とのつながりの中に求めようとする気持ちや，同じ集団に所属し，宗教的行為を共有することで仲間意識や安心感を求める気持ちが強く作用しているのではないかと示唆している。反面，この加入の背景には，仲

間意識がもちにくく，孤独感や疎外感が広がっているという現代社会における人間関係の希薄化が反映しているともいえるのである（堀尾，1988）。

続いて，青年と宗教団体との関わりについて調査研究から見てみよう。

堀尾（1985）は，プロテスタント・禅宗・天理教・モルモン教の各宗教集団に所属する青年および一般青年を対象に，そのパーソナリティ特性について調査（Ego-strength（Es）尺度，ロールシャッハテスト）を行った。その結果，①宗教集団の青年の方が性や道徳に対してより厳格であり，自己の弱さや不安定感を意識しやすいこと（Es 尺度），②宗教集団の青年の方が内的葛藤や緊張感をより強く認知していること，③宗教集団の青年は，自分についてより強く関心をもっていること，物事に対してまじめに深く取り組むこと，漠然とした不安感や緊張感が強いこと（ロールシャッハテスト）などが示唆された。

> **天理教**
> 1838 年設立。本部は奈良県天理市。
>
> **モルモン教**
> 正式名称は，末日聖徒イエス・キリスト教会という。1830 年設立。本部はアメリカのソルトレイクシティ。

川畑（1986）は，一般大学生とキリスト者大学生を対象に質問紙調査を行い，日本人キリスト者青年のアイデンティティ形成のあり方について検討した。その結果，アイデンティティ得点には差異は見られなかったが，キリスト者大学生の方が一般大学生よりも孤独に対する耐性が強く，依存欲求が少ないことが示唆された。

辻河（1997）は，カトリック信者の青年を対象にして，宗教とアイデンティティ発達の関わりについての研究を行った。その結果，宗教に関わっている青年と一般青年との間にはアイデンティティ地位尺度について差異は見られなかった。しかし面接調査においては，宗教が青年期における問題や葛藤を解決する手がかりを与え，心理的安定を支える手助けになることが示唆され，アイデンティティの確立に役立っていることが示唆された。

橋元ら（1995）は，真如苑の学生信徒と一般学生を対象に質問紙調査を行い，そのパーソナリティ特性を比較した。その結果，一般学生に比べ学生信徒は，ヤサシサ志向（相手と対立すること・互いに傷つけることを避けること）が強く，刹那的享楽志向・自分中心主義・うわべ志向が弱いこと，より外向的であり，目標喪失感が薄く，合理主義志向も相対的に高いことが示唆された。

橋元ら（1995）は，中でも現代青年の一つの特徴といわれる「ヤサシサ志向」の得点の高さに着目し，学生信徒らが対人的ストレス

> **真如苑**
> 1936 年設立。本部は東京都立川市。

のかかりやすいパーソナリティ特性のもち主であることを示唆している。さらに，学生信徒らにとって宗教の教えとは，対人的摩擦を回避する「ヤサシサ志向」を合理化し，そこからくるストレスを昇華する役割を果たしていると示唆している。

限られた調査結果ではあるが，ここで取り上げた青年たちは，宗教・宗派は違えども，自分自身が抱える問題を宗教を通して解決しようとの姿が見え，自覚的に宗教へ関与していることがわかる（ここでは取り上げなかったが，作道（1986a, b）：キリスト教，杉山（2004）：崇教真光（1978 年設立。本部は岐阜県高山市）・モルモン教，松島（2007）：キリスト教においても，宗教と青年との関わりについての研究を行っている）。少なくとも彼らにとって宗教は生きるための，生活するための大きな指針，また，自らのアイデンティティを確認する方法の一つとなっている。しかし，一方で，宗教団体に所属し熱心に活動していたことはあっても，宗教的な教えや宗教団体内での人間関係につまずき，その宗教が真に自分の中に取り込まれず安定感を得られないまま，宗教団体から離れていく青年も多いとの示唆もある（堀尾，1988）。このように，宗教を信じることが，その人の中でプラスに作用する場合もあるが，マイナスに作用してしまうことがあることも忘れてはなら

ない。

　金児（1987, 1993）は，現代の日本人の宗教性を語る上で，宗教団体の存在や影響力を見過ごすわけにはいかないことを示唆している。日本人の中では，宗教を信じ，宗教団体に所属する人は少数派に過ぎないが，日本人の宗教性を考える際には，自覚的に宗教に関与している人々の姿も決して無視できないことを強調しておきたい。

(2) 青年にとってカルトとは？——破壊的カルトと青年との関わり

　おそらく，「カルト」という言葉に肯定的なイメージをもつ人はほとんどいないであろう。オウム真理教が引き起こした一連の事件が「カルト」，さらにいえば「破壊的カルト」に対する凶悪で否定的なイメージを日本人の中に植えつけたに違いない。では，「破壊的カルト」はいったいどのようなものなのか？　本項では「破壊的カルト」について説明し，その上で現代青年と「破壊的カルト」との関わりについて考えてみたい。

　カルトとは，何らかの強固な信念（思想）を共有し，その信念に基づいた行動を熱狂的に実践するような組織化された集団のことをいう（西田, 1995）。さらに，カルトの中でも破壊的カルトとは，「自己の目的追求のためにあからさまな欺瞞を行う集団」（Hassan, 1988）を指す。ハッサン（Hassan, 1988）は，宗教のみならず，心理療法・教育，政治，商業の分野で同様の活動をしている集団すべてを破壊的カルトと呼んでいる。その中でも，最も多くの問題をはらんでいるのが，宗教分野の破壊的カルトなのである（浅見, 1994）。

　破壊的カルトの特徴とはいかなるものか。西田（1995）は，①虚偽と欺瞞の組織であること，②入会・脱会の自由が剥奪されていること，③組織のトップとメンバーとの間は支配・隷属的関係にあり，メンバーの自由は完全に剥奪されていること，④公共の利益と福祉に反する活動をすること，の4つの特徴を挙げている。また，浅見（2000）は，破壊的カルトの特徴は「基本的人権を侵すこと（「信教の自由」「通信の秘密」「居住・移転の自由」「婚姻における個人の尊厳」の侵害など）」にあり，そのようなことをする組織が破壊的カルトであると示唆している。

　この破壊的カルトが，メンバーを獲得し，メンバーを操作し続けるために利用するのが「マインド・コントロール」である。すなわち，マインド・コントロールとは，「他者が自らの組織の目的成就のために，本人が他者から影響を受けていることを知覚しない間に，一時的あるいは永続的に，個人の精神過程（認知，感情）や行動に影響を及ぼし操作すること」（西田, 1995）である。

　マインド・コントロールは，本人が自分では「自発的に納得している」と思うような状態で，ごく普通の日常に見える環境の中で，何かを強制されているとは感じないままに，その人自身を変えていく。「有名人も賛同しているから……（権威性）」「こんなチャンスはめったにないから……（希少性）」などと何度も親切に誘われると，一度くらいは行ってみようと思い，その集会に行ってみる（返報性）。自分で行こうと決めたわけだから，本人は納得しているわけである。破壊的カルトはそれを悪用し，本人にはいかにも自発的に信じていると思わせながら，次々とその人をコントロールしていくのである。このように破壊的カルトは，マインド・コントロールのさまざまな手法を巧妙に行使し，本人が気づかないままに破壊的カルトが求める人格へと変貌させ，自分たちの利益のために活動させていくのである。

承諾誘導の原理

　権威性，希少性，返報性などは，「人間行動を導く基本的な心理学の原理（承諾誘導の原理）」としてチャルディーニ（Cialdini, 2001）によって紹介されている。チャルディーニ（2001）によると，承諾の過程（ある人が行う要請に対して別の人がそれに従うように促される過程）の多くは，よく考えずに「はい」と言ってしまうといった自動的で何気ない反応によって理解できるとしている。破壊的カルトはこれらの原理を巧妙に利用してマインド・コントロールを行っているといわれている（西田, 1995；浅見, 1997）。

表 8-2 ライフ・ステージとカルトからの接近 (西田, 2000)

若者 人生の模索期	親から独立，自立したいという希望と，親からの期待を裏切ってはならないという両面価値をいだいている。人生の理想や目標を模索し，自分の存在意義を究めようとする時期
20歳後半 人生の転換期	これまでとは異なる人生への誘惑にのりやすい。特に女性は，結婚などで周囲の知人の幸福と比較する。また男性は，これまで自分の歩いてきたレールの行く末が見えすぎて落胆したり，まったく見えなくて不安になったりする時期
主婦 人生の回顧期	いわゆる「主婦」の生活に対して，抱いてきた期待がはずれてしまったり，飽きたりする。何となく世間的に正しいとされるレールに乗ってきた人も，夫や子どもをもち，彼らや今後の人生に対する不安や悩みをもちやすい時期
老年 人生の整理期	身体的な障害や周囲の人の他界などで，自分の死後の世界やこの世に残していく家族の行く末などで心配をもちやすい時期

　それでは，「カルトにはまりやすい人」「マインド・コントロールにかかりやすい人」とはどのような人か？　カルト研究者の一致している意見としては，「はまりやすい人，はまりにくい人という区別はまったくなく，『誰でも』『誰もが』，カルトにはまり，マインド・コントロールにかかる危険性がある」（浅見, 1994; 西田, 1995, 2000; 江川, 2000）といわれている。その中でも「特にこころが脆くなっているとき」が危険であり，破壊的カルトは，そのようなタイミングを待って接近してくる（西田, 2000）。すなわち，不安や悩みに打ちのめされそうになり，こころが脆くなってしまったときに，そのこころの隙間にタイミングを見計らって接近してくるのが破壊的カルトなのである。表8-2には，各世代がそのときそのときに感じる先行きへの不安や悩みが描かれている。この内容は，誰もが大なり小なり感じる不安や悩みである。だからこそ「誰もが」カルトに狙われており，「誰でも」カルトにはまる危険性をもっているのである。

　誰でもどの世代でもはまる危険性のある破壊的カルトであるが，その中でも青年が破壊的カルトに惹かれる理由を取り上げてみよう。

　青年が破壊的カルトに惹かれる理由としては，①管理と抑圧に満ちた息苦しい社会からの離脱願望，②本当に納得できることをして生きてみたいとの生き甲斐や自己実現への願望，③こころの友がいない，こころから語り合える仲間が欲しいという欲求，④個人・社会・世界に対する将来への漠然とした不安の4つが挙げられる（浅見, 1997, 2000）。このような願望や不安に対して，破壊的カルトは，単純かつ強烈な答えを，たとえそれが幻想であるにせよ，与えているのである。

　こうした理由の背景にはどのようなものが存在しているのだろうか。浅見（1994, 1997）および西田（1995）は以下のように示唆している。

　まず，親子関係の歪み（過保護・過干渉，責任放棄）および交友関係の希薄さが挙げられる。破壊的カルトは，親子関係，友人関係の歪み・隙間につけこんでくるのである。

　もう一つは，現代日本の教育のあり方（管理教育・押しつけ教育・競争教育・科学的思考に基づく教育）の弊害である。すなわち，すぐには解決のない「不安」に耐えられず，早く断定的な「結論」をほしがる青年の精神構造は，現代日本の受験教育が助長しているといわれる。また，現代人の特徴として，「曖昧さ（ファジー）」に対する耐性が低く，思考が固い傾向があり，現代の教育システムが「曖昧さ」を認めないスタイルになっていることも挙げられる。加えて，このような「曖昧さ」を認めないスタイルは，単純で断定的な「解答」をほしがる傾向につながるとも示唆される。この「不安」「曖昧さ」に対する耐性の低さ，すぐに「解答」「結論」を求める傾向は，破壊的カルトの格好の標的となる。破壊的カルトは，現代青年のこれらの弱点に乗じて，まず強烈に「自分もこの世もダメだ」と思い込ませ，それから突如「究極の」解決や解決者を提示し，巧みに破壊的カルトに誘

い込んでいくのである。

　さらに，浅見（1994, 1997）は，「破壊的カルトは先進国病である」と指摘している。まず，「信教の自由」により，どんなカルトが発生してもその悪事が発覚するまでは取り締まることができない。加えて，この問題に拍車をかけているのが「プライバシーの増大」である。先進国ほどプライバシーが増える傾向にあり，別々の部屋や生活空間により，子どもが破壊的カルトに深入りしても気がつかず，手遅れになるまで破壊的カルトの被害が見えてこないこともある。さらに，先進国の青年ほど人生の進路に悩む傾向が強く，「自分は何になりたいのか，本当は何をしたかったのか」と，現代青年は「迷うことのできる自由の重荷」に苦しんでおり，そこに破壊的カルトがつけ込んでくると指摘される。

　破壊的カルトの問題は，現代の日本社会が抱える問題や歪み＝「闇」を映し出しているように思える。破壊的カルトとは社会の「闇」を体現した組織であり，破壊的カルトに取り込まれた青年は，本人の自覚のないままに，彼らの宗教性も「闇」の中に埋没していくのである。だからこそ，破壊的カルトの問題は非常に根深いといえる（破壊的カルトの問題は非常に深刻な問題である。ぜひ本書で引用した文献にも目を通してほしい。引用した文献以外にも，伊藤ら（2004），櫻井（2006）なども破壊的カルト問題について理解を深めることができる）。

（3）宗教を信じていない青年とは？──宗教情報との関わりの中で

　各種世論調査の結果を見ると，「信仰あり」と回答する者は20代では10～20%程度にとどまっており，日本人青年の大部分が「信仰なし」，つまり特定の宗教を信じていないことは明らかである（石井, 2007）。しかし，ここで少し考えてみたい。特定の宗教を信じていないとは，宗教にまつわる事柄・事象との関わりさえもたないことを意味しているのだろうか？　本項では，それらのことを念頭に置きながら，「宗教を信じていない青年」の特徴について考えてみたい。

　まず図8-1を見てみよう。図8-1は，大学生の「宗教への関心」について示した結果である（井上, 2006, 2008）[2]。この結果を見ると，「信仰はもっていないが，宗教に関心がある（以下，関心あり）」「信仰はもっていないし，宗教にもあまり関心がない（以下，あまりなし）」「信仰はもっていないし，宗教にもまったく関心がない（以下，まったくなし）」

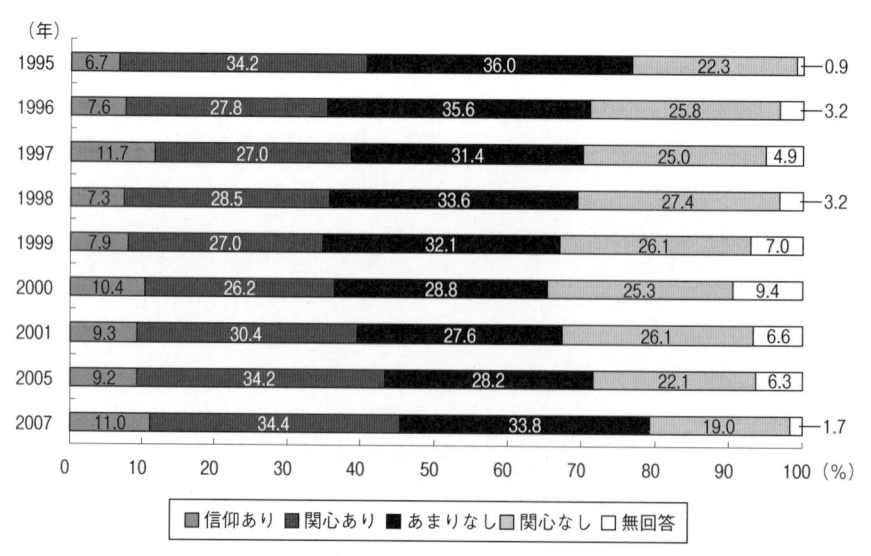

(年)	信仰あり	関心あり	あまりなし	関心なし	無回答
1995	6.7	34.2	36.0	22.3	0.9
1996	7.6	27.8	35.6	25.8	3.2
1997	11.7	27.0	31.4	25.0	4.9
1998	7.3	28.5	33.6	27.4	3.2
1999	7.9	27.0	32.1	26.1	7.0
2000	10.4	26.2	28.8	25.3	9.4
2001	9.3	30.4	27.6	26.1	6.6
2005	9.2	34.2	28.2	22.1	6.3
2007	11.0	34.4	33.8	19.0	1.7

図8-1　宗教への関心（井上, 2006, 2008より筆者が作成）

と回答した学生は 9 割程度おり，各世論調査の結果と同様に，大半の学生が「宗教を信じていない」ことは明らかである。

　ここで，宗教を信じてはいないが，「関心あり」と回答した結果に目を留めてみよう。この 10 年余，25 ～ 35％程度の学生が「宗教に関心がある」と回答している。この割合は決して少ないものではない。この結果から，3 割余の青年たちは，「宗教，宗教団体との関わり」にも関心があると示すことができるだろうか？

　井上（1999）はすでにこの点について以下のような注意を与えている。

　　「注意しなければならないのは，ここで宗教に関心があると回答していても，それは文字通り，宗教や信仰への関心が深いという場合もあろうが，むしろ，宗教に関する話題，つまり『宗教情報』への関心が深いという場合が多いと考えた方がよさそうである」

　また，井上（1999）は，宗教情報への関心の深さに「宗教情報ブーム」との語を充てたが，この「宗教情報ブーム」には，テレビをはじめとするマスメディアの影響が大きいことを示唆している。井上（1999）は 1995 年に起こったオウム真理教の事件を例に挙げているが，マスメディアの影響に大きく依拠する「宗教情報ブーム」は，話題となるテーマ・対象を変えながら今なお脈々と続いているように思われる。さらに，ここ最近ではインターネットによる影響も大きいことが挙げられるだろう（井上, 2008）。

　井上（1999）は「宗教情報への関心」について，「宗教への関心がある」と回答した学生の結果から言及したが，「宗教情報への関心」は「宗教への関心がある」と回答した学生だけにとどまるものではないようである。

　井上（2006）は，「宗教への関心の有無」と「神・仏・霊魂の存在を信じるか」との関連をクロス表から検討し，宗教に関心があることがそのまま神・仏・霊魂の存在を信じることにつながっていないことを示唆した。特に，霊魂については，宗教にあまり関心がない学生で 66.2％，宗教にまったく関心がない学生でも 54.2％がその存在を信じる，もしくはありうると思うと回答した（2005 年度調査）。さらに，「宗教への関心」と「①神社・仏閣のおみくじ」「②手相」「③血液型による性格判断」「④細木数子の占い」については，あまりなしの学生で，① 64.7％，② 54.3％，③ 57.6％，④ 28.3％，まったくなしの学生では，① 57.4％，② 44.8％，③ 54.8％，④ 26.0％が信じる，やや信じると回答した。特に，「③血液型による性格判断」「④細木数子の占い」では，宗教への関心がない学生の方が関心のある学生（③ 45.6％，④ 23.7％）よりも信じやすい傾向があるとの結果が出た（2005 年度調査）。

　このように，霊魂，おみくじ，手相，血液型判断，占いは，オカルト・超常現象といった宗教関連の話題に通ずるものであり，宗教に関心がないと答えた学生からも「宗教情報ブーム」による影響の一端を垣間見ることができるように思える。

> **オカルト・超常現象**
> 　オカルトとは，一般に宗教と深い関わりをもちつつ，秘教性が強く，神秘的な現象を指す言葉として広く用いられている（井上, 1999）。具体的には，魔術，妖術，占星術，占い，心霊現象，超能力，UFO などの現象が挙げられる（中村, 1995）。

2）　この調査は，井上順孝氏を研究代表として 1995 年から 2007 年の間，計 9 回にわたり継続的に実施された学生宗教意識調査である。対象とした大学生は 1 回につき 4,000 ～ 5,000 人，多いときには 10,000 人に上る。これら一連の調査は，ランダム調査（無作為抽出法）ではなく，プロジェクトメンバーとその協力者が各大学で実施する方式である（井上, 2006）。そのため，宗教系大学の中でも天理大学，創価大学といった大学では信仰をもつ学生の割合がかなり高くなっている。しかし，宗教に関心がある割合，関心がない割合の動向は，非宗教系大学だけの場合と大きく変わらない結果となっている。

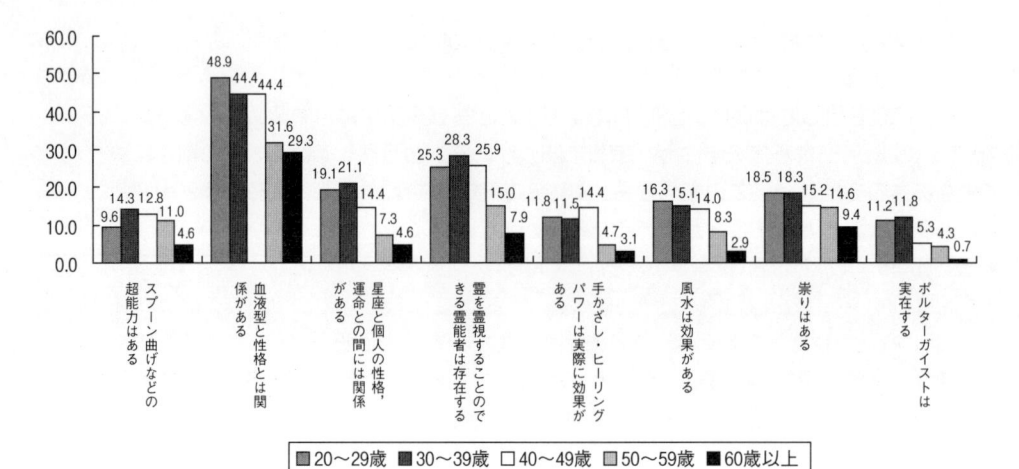

図8-2 本当だと思うもの（石井，2005より筆者が作成）

　さらに，図8-2を見てみよう。これは，「本当だと思うもの」を挙げてもらい，その結果を年代別に示したものである（石井，2005）。20代では，「血液型性格判断」「風水」「祟り」が他の年代よりも高く，「霊視・霊能者」「星座占い」も30代，40代と同様に高い結果となっている。今日，テレビ・雑誌・インターネット等をにぎわしているものに高い関心が集まっており，現代社会のなかで宗教情報が多岐にわたっていることがみてとれよう。
　石井（2007）は，複数の世論調査を踏まえて，青年の宗教への関心は，「占いへの関心」「霊への関心」「超能力・UFOへの関心」にまとめることができるとしている。また，青年の宗教行動の主要な特徴の一つとして，「易，占いをすること」を挙げている。これらの示唆は，宗教情報の影響が現代青年に広く浸透していることを明らかにしているのではないだろうか……。
　それでは，近年，さまざまな領域で注目されている「スピリチュアル」「スピリチュアリティ」についてはどうであろうか。スピリチュアルな事柄についてもテレビ番組をはじめ多くのメディアで目にすることが多い。井上（2008）によると，スピリチュアルな事柄について精神的深みを感じる人は4割を超しており，近づきやすいと感じる人は2割程度存在していた。一方，あやしいと感じる人も1/4程度存在していたが，スピリチュアルな事柄に肯定的な意見をもっている人は6割を超す結果となった。さらに，井上（2008）は，スピリチュアルな事柄に関連して，江原啓之が登場するテレビ番組「オーラの泉」についても質問しているが，番組自体は9割の人が知っていると回答していた。また，この番組をいつも，あるいはときどきは見る人は3割を超していた。さらに，「オーラの泉」での霊の話を信じるかという質問に対して「信じる」「どちらかといえば信じる」と回答した人は46.1％に上った。この結果から，「オーラの泉」が人々の間にかなり浸透していることが理解でき，テレビがもつ影響力の大きさがまざまざとうかがえる。
　「スピリチュアル」・「スピリチュアリティ」

スピリチュアル・スピリチュアリティ

　伊藤（2003）は，スピリチュアリティを「おもに個々人の体験に焦点を置き，当事者が何らかの手の届かない不可知，不可視の存在（たとえば，大自然，宇宙，内なる神／自己意識，特別な人間など）と神秘的なつながりを得て，非日常的な体験をしたり，自己が高められるという感覚をもったりすること」と定義している。また，小池（2007）は，「超自然的な力や存在に自己が影響を受けている感覚」とスピリチュアリティを定義している。これまで「自己を超えた何ものかとのつながり」は宗教でも語られてきたものであるが，そうした感覚を宗教とは切り離して，スピリチュアルやスピリチュアリティという語によって表現しようとしたのが，1980年代以降の傾向であるといわれている（伊藤，2007）。現在，スピリチュアリティは，教育，医療，社会福祉，心理療法などさまざまな分野に広がりを見せている（樫尾，2005；島薗，2006a；伊藤，2007）。しかし，本章では，現代青年とスピリチュアリティとの関係に着目し，マスメディアとの深いつながりをもつ「スピリチュアル・ブーム」の観点から論じることとする。

への関心・関与もまた「宗教情報ブーム」の一端を表しているといえるのではないだろうか。実際，「スピリチュアル」との言葉を一般的な日本語として浸透させたのは江原啓之であるとの示唆（小池, 2007）を見るときに，メディアを通して得られる宗教情報の影響力の大きさを感じざるをえないのである。このように，宗教を信じていない青年にとって，宗教情報の存在は非常に大きいものであることが示されたように思える。

　宗教を信じない青年は，さまざまな宗教情報を通して，占い，オカルト・超常現象，スピリチュアルなものへと傾倒していく。そこでは「自分探し」「生きがい」「癒し」がキーワードとなる。すなわち，合理性と効率を優先する現代社会に息苦しさや空しさを覚え，自らの生きがいを取り戻すために，理性を超えたものや非日常的な現象，スピリチュアルなものに強い関心を抱くようになる（中村, 1998）。また，彼らは，自らの存在を確認すべく，見えない何かや超越的な存在とのつながりを求めたり（磯村, 2007），そのようなつながりを通して魂の成長や癒しを求めたりして（佐藤, 2007），スピリチュアルなものに傾倒していく。

　加えて，これらのものへの関心，傾倒は，従来の宗教，宗教団体の中ではなく，個人のレベルで行われる（中村, 1998; 安藤, 2007; 磯村, 2007; 小池, 2007）。すぴこんやインターネットなどでゆるやかなつながりを保ちつつも，あくまでも個人として「本当の自分」「魂の成長」「生きがい」「癒し」などを探求し続ける。その探求は，さまざまなスピリチュアルな商品を次々と購入するという消費行動によって行われることが多いという（島薗, 2006a）。教義信条や組織で個人を拘束する宗教団体には興味はなく，嫌悪感さえ示すが，個人のレベルでは，神秘的なもの，超越的なものに対してつながりや自己の指針・人生の意味などを求めようとする（西山, 1988; 中村, 1998; 磯村, 2007）。この姿こそ，まさに「教団嫌いの神秘好き」（西山, 1988），「宗教的ではないが，スピリチュアルだ（特定の宗教は信じてはいないがスピリチュアルなものは信じる）」（磯村, 2007）という現代青年，それも宗教を信じていない青年の特徴を表しているのではないだろうか。

> **すぴこん**
> 　すぴこんとは，スピリチュアル・コンベンションの略称である。小泉義仁氏が2002年に始めたイベントで，公共の施設を借りて行われる。出場者は，それぞれのブースや机を使ってスピリチュアルな商品や癒しの商品（占い，アロマ，オーラ測定，姓名・霊感・前世判断などの各種相談，催眠療法，パワーストーンなど）を提供する。入場チケットは，1500～2000円程度である。都内の開催になると，2000人もの人が訪れるといわれている（佐藤, 2007）。

　占い，オカルト・超常現象，スピリチュアルなものへと傾倒していく青年たちは自覚的に「本当の自分」「生きがい」「癒し」を探求しているだろう。しかし，ここにこそ注意が必要である。というのも，これらの事柄・事象は本項で繰り返し述べてきたように，宗教情報に依拠したものであり，当然のことながら，メディア等から発信される。この「メディアから発信される」ことに実は大きな問題がはらんでいる。

> **探求の程度**
> 　その探求は，個人によってさまざまな程度があり，何気なくパワーストーンを身につけているといった程度から自らの生きていくための指針を熱心に追求し続けるといった程度まで存在している。

　菊池（1995）は，UFOや超常現象をテーマにしたテレビ番組の制作は商業ベースで行われている以上，そこから送られる情報にはさまざまな意図による操作が加えられていることを指摘している。中村（1998）もまた，マスメディアによって形成された「オカルト・ブーム」を例に挙げ，メディアから提供された情報は虚構性と脚色に満ちており，データの扱い方に厳密性を欠く場合が多く，その意味でメディアからのオカルト情報の信憑性には疑問が残ると注意を喚起している。つまり，占い，オカルト・超常現象，スピリチュアルなものに関心をもつ青年たちは，自覚的にこれらのものを探求してはいるが，探求のために活用している情報には（すべてではないだろうが）マスメディアによって操作や脚色が加えられていることを忘れてはならないので

ある。

　以上のように，宗教を信じない青年の特徴を見てきた。宗教を信じない青年すべてにあてはまるものではないが，今回取り上げた調査結果を見る限り，これらの事柄・事象に関わりをもつ青年は少なくないように思える。彼らにとって，宗教情報の存在および宗教情報からの影響は非常に大きいものであり，宗教情報を起点にして「宗教的な事柄・事象への関与＝宗教性」が見え隠れしているように思えてならない。宗教を信じない青年は，占い，オカルト・超常現象，スピリチュアルなものを通して，『知り』『信じ』『感じ』『体験し』『行動』しているのではないだろうか。それは本章で示した「宗教性」の特性と合致する。特定の宗教に縛られずに「宗教性」を考えるならば，彼らの姿からも「宗教性」が見えてくるように思える。宗教を信じない青年の宗教性とは，「宗教情報に依拠した宗教性」ということもできるのではないだろうか。しかし，宗教情報に依拠する宗教性のあり方とは，その時代や社会情勢に影響されやすく，あまりにも不安定でうつろいやすいものにも思えるのである。

4. おわりに──現代青年へのメッセージ

　第3節では，3つの問いから現代青年の宗教性の特徴を見てきた。「宗教を信じる青年」にとって，宗教は自らのアイデンティティを確かめるためのよすがであり，宗教の存在はプラスに働いている。つまり，「宗教を信じる青年」にとって，宗教性は青年期の発達過程における「光（肯定的な側面）」として作用し，自らが自らとして生きていくための指針として機能していると考えられる。

　その反面，宗教を信じたことにより，宗教集団の中でトラブルにまきこまれ，こころに傷を負い，さまざまな弊害を抱え込んでしまうこともある（ズィヴィー, 2002）。このような場合は，宗教はマイナスにはたらいており，彼らの宗教性は「闇（否定的な側面）」として作用したといえる。

　そして，その「闇」として作用するケースの極みが破壊的カルトであることはいうまでもない。前節で繰り返し述べたように，メンバーとして活動している際には，あたかも本人が自覚的に行っているように巧妙にその人を操り，その人の生活，人間関係などのすべてを破綻させる。さらに，脱会後もその人が負ったこころの傷は計り知れないものであり，その回復には非常に長い時間を要するのである（黒田, 2008; 西田, 2008）。

　このように，宗教を信じることがプラスにもマイナスにもはたらくことが示されたが，「宗教を信じない青年」についてはどのようにとらえられるだろうか。

　おそらく，オカルト・超常現象という宗教情報は一時的でうつろいやすいものであり，それによって自らのアイデンティティを確かめるには至らないであろう。また，スピリチュアリティについても，長期間ある集団に属したり，一つのものにじっくり打ち込んでしっかりと身につけるといった機会を得にくいことから，安定した世界観やアイデンティティをもつことが困難であるといわれている（島薗, 2006a）。

　宗教的権威や宗教集団からの束縛をきらい，個々人の自由のままに追求できるスピリチュアリティや神秘の世界は現代青年にとって好ましく感じられる。しかし，個人の私的自由に徹しようとする限り，孤独や不安，倦怠は避けることができず，スピリチュアリティや神秘の世界に傾倒してもなおアイデンティティは確かなものにはならないという「寄る辺のなさ」が存在するのである（島薗, 2001）。加えて，この「寄る辺のなさ」は，筆者が示した不安定でうつろいやすい「宗教情報に依拠した宗教性」にも由来しているといえるであろう。

この寄る辺のなさゆえに，中には仏教，キリスト教，新宗教などの宗教団体，さらには破壊的カルトに惹かれていく青年も現れる（島薗，2001）。そこには，確固たる信念体系と高い目標を挙げた集団行動と温かい人間関係があり，自らが親しんできた宗教体験をさらに深めていくシステムが用意されている（島薗，2001）。そのような世界に接したときに，自らが感じる寄る辺のなさや空しさを解放し，癒すものとして，宗教団体へと入信していくのだろう。これらの内容は，前節で示した宗教団体への入信動機とそのまま重なるものといえる。

特に，新宗教，破壊的カルトは，オカルトや霊的，神秘体験との親和性が高いことも示唆されており（清水ら，1991; 西山，1991; 菊池，1995; 中村，1995），より強く青年を惹きつけるものになっている（当然のことながら，すべての新宗教とオカルトとの親和性が高いわけではなく，教義や組織形態によって違いは見られる）。中村（1995）は，オウム真理教を例に挙げて，破壊的カルトは，霊的，神秘体験の追求を最優先にしようとする特徴があり，神秘的，オカルト的な体験領域に関心をもつ者がその標的にされる可能性が高く，オカルト志向をもつ青年らは格好の「漁場」であるとも示唆している。

このように見てくると，宗教団体，破壊的カルト，オカルト・超常現象，スピリチュアリティはそれぞれ別々のものではなく，何かしらの形でつながっているように思える。このつながりは，「宗教を信じる青年」「破壊的カルトにはまってしまう青年」「宗教を信じない青年」にもつながりがあることを示唆するものである。宗教団体，破壊的カルト，占い，オカルト・超常現象，スピリチュアルなものを求める理由を各項で挙げてきたが，どの青年も「生きがい」「癒し」「つながり」を求めていた。これらの探求は，教育における弊害，人間関係の希薄化，将来への不安といった現代社会の息苦しさや空しさをそのまま反映したものである。その息苦しさ，空しさから抜け出すべく，宗教，宗教的なものへと関与していくわけである。そのような中でも，現代青年にとっては，占い，オカルト・超常現象，スピリチュアルなものが身近に感じられ，傾倒しやすいものとなっているわけである。

本節のはじめに「宗教に対して自覚的に考えるようになるのが青年の宗教性の主要な特徴である」（星野，1977）と記した。この「自覚的に」が，現代青年の宗教性を考える際にも重要な鍵となる。

破壊的カルトは，マインド・コントロールを行って，本人が自由な意思で宗教を選ぶ権利を奪っている。それゆえに破壊的カルトは問題なのであり，破壊的カルトにはまってしまった青年の宗教性は闇の中に埋没してしまっているといわざるをえない。

占い，オカルト・超常現象，スピリチュアルなものへ傾倒する青年たちは，本人がこれらの行為を宗教としては自覚していない場合が多い。それは，日本人の多くが宗教といえば，宗教団体（特に，キリスト教）を想像してしまうからである。よって，彼らからすれば，占い，オカルト・超常現象，スピリチュアルなものは，宗教とはいえないであろう。しかし，これらの現象は，宗教的な事柄・事象に深く関わるものであり，前節でも示したように，彼らの自覚的な行為は，宗教性の現れとしてとらえることができるのである。筆者は，彼らの宗教性を「宗教情報に依拠した宗教性」と示唆したが，島薗（2006b）の言葉を借りれば「宗教集団を要しない宗教性」ということもできるだろう。

さて，ここまで青年の宗教性について説明してきたが，本章の冒頭でも示したように，宗教性は「自分には存在しない」「自分には関係がない」といった他人事の問題ではなく，誰にでも関わりうるテーマ，問題なのである。すなわち，宗教性を考えることは，自分自身を省みることであり，社会との関わりの中での自らのあり方を確認することにもつながる。西平（1993）は，エリクソン（Erikson, E. H.）の宗教性に対する考えを整理した上で，「エリクソンにおける宗教性が心の発達に根拠をもつこと，もしくはこうした宗教的なも

のに対して目を閉ざしてしまうならば，心の発達は見えてこないことは明らかである」と示唆している（葛西（2007）は，精神分析的宗教研究から「万人が神表象をもちうる」との考えを紹介している）。この示唆をぜひ吟味して欲しい。

　本章を終える上で最後に質問してみたい。あなたにとっての宗教性は……？──本章がこの問いを考えるきっかけになることができれば幸いである。

Column 10　占いに見る市民と研究者

　NHK放送文化研究所（2004）の調査によると，1, 2年間に，おみくじを引いたり，易や占いをしてもらったことがある日本人は，若年層（16〜29歳）で44%であり，これは他の年齢層をはるかに上回る。多くの青年にとって占いは，身近な存在であるといえる。

　この占いについて心理学では，さまざまな研究がなされている。それらは，占いの妥当性について検証する研究と，人がなぜ占いを信じるのかを検討する研究，および占いにどのような社会的機能があるのかを検討する研究の3種に分けることができるだろう。占いの妥当性を検証する研究は，占いに対して批判的であることが多く，占いは科学的ではないことが前提とされることが多い。

　人がなぜ占いを信じるのかを検討する研究では，占いを信じる行動を，認知のゆがみ，すなわち占いの当たる確率が客観的には偶然の粋を出ないにもかかわらず主観的にはあたっているように感じるというバーナム効果や自己成就的予言などで説明している（村上，2005）。

　占いにどのような社会的機能があるかを検討する研究は，占いの機能として，経験を物語的に位置づける（板橋，2004），個別の理由を与える（村上，2007）を挙げている。

　このような「占い」をめぐる言説が興味深いのは，科学者と市民の感覚のズレが明確になることである。血液型性格診断をはじめとした多くの占いにおいて，市民は信じるか信じないかという言葉で語るのに対し，研究者は，正しいか正しくないかという言葉で語る。このことが示しているように，両者の議論はずれている。

　さらにいえば，多くの研究者は，占いを信じない人が科学的な思考をもった人であり，占いを信じる人は，非科学的な思考をする人である，そして科学的な方が，非科学的よりもよいという価値づけを潜在的にもっていると思われる。占いを批判する多くの研究に見られるように，市民を科学を知らない無知な存在としてとらえ，それゆえに「正しい」知識を教えてあげなければならないという科学者の考え方を，科学技術社会論などの分野では，欠如モデルと呼び，批判の対象となっている。そもそも主観的確率の方が客観的確率よりも正しいという考え方もありえるだろう。

　しかし，占いが人の行動を拘束したり，不安をあおったりする場合も少なからずあるのも事実である。極端な場合には，人間関係を壊したり，社会生活を困難にする場合もあるだろう。このようなネガティブな効果があることは十分な注意が必要である。

　あなたが，もし科学者を志していくなら，占いを信じる人々にどう対応するだろうか？　もしあなたが市民なら，科学者にどのように答えるだろうか？

ワーク 8 　心理検査に関するワーク—エゴグラム・TA

　エゴグラムは，アメリカの精神科医バーン（Berne, E.）が創始した交流分析（Transactional Analysis, TA）理論に基づき，弟子のデュセイ（Dusay, J. M.）が考案したものである。

　バーンはカナダで外科医になった後にアメリカに渡り，精神科医として研修を始め，フェダーン（Federn, P.）に師事した。第二次世界大戦後にはエリクソン（Erikson, E. H.）から教育分析を受け，1950年頃よりTA理論の発表と治療技法の発展に従事するようになった。

　バーンの提唱したTA理論を杉田（2004）を参考にしながら簡単にまとめると以下のようになる。①TA理論では，個人の心的体制を自我心理学的観点から3つに分け，それぞれP（parent：親）・A（adult：成人）・C（child：子ども）と記号化し，自我状態と呼ぶ。Pは両親・養育者から取り入れた自我状態である。Aは事実に基づき物事を客観的かつ論理的に理解し，判断しようとする自我状態である。Cは自分が子どもであったときの感じ方や振る舞いに戻っている自我状態である。機能的には，PはCP（Critical Parent；批判的親）とNP（Nurturing Parent；養育的親）とに，CはFC（Free Child；感情や欲求を自由に表現する）とAC（Adapted Child；周囲に従順に適応していく）とに分けられるので，合計で5つの自我状態が想定される（図1）。②対人関係における具体的なやりとりを分析することにより，まずい交流様式の改善をはかる。非言語的コミュニケーションの動機と心理的意味合いについて検討する。③不快感情と非生産的な結末をもたらす各人が陥りやすいコミュニケーションのパターン（「ゲーム」）に気づき，やめるための自己訓練を行う。④TAの最終的なゴールは，人生早期に起源をもつ人生の「脚本」を修正することである。

　エゴグラムは，デュセイがTAグループ療法を行う中で，5つの自我状態の関係と，それらが放出する心的エネルギーの量とを，視覚的に把握するために考案した棒グラフである。集団でエゴグラムを描くことで，自分の自我状態のはたらきについてフィードバックが得られることを目的としていた。デュセイのエゴグラムは直感的に描くものであったが，後に多変量解析に基づき，質問紙が開発された。日本では，石川・伊藤・十河・和田・東京大学医学部心療内科教室メンバーによって1984年に東大式エゴグラムの初版が発行されて以降，1993年・1999年・2006年と，改訂版が発表されている。

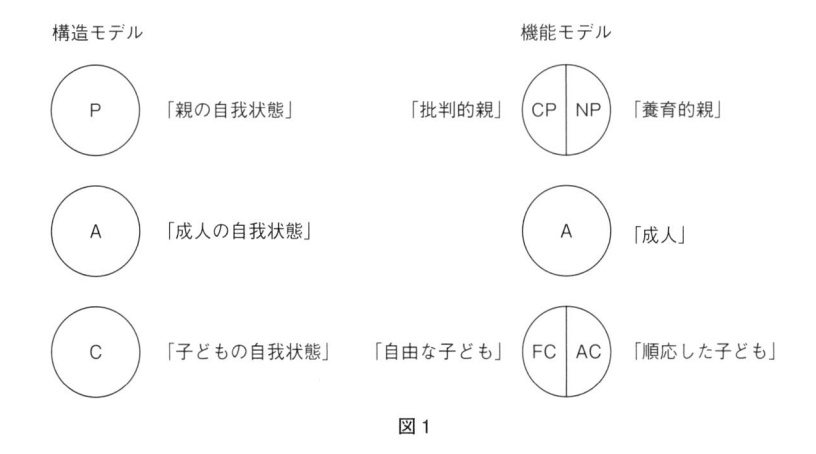

構造モデル　　　　　　　　　　　機能モデル

P 「親の自我状態」　　　　　「批判的親」CP｜NP「養育的親」

A 「成人の自我状態」　　　　　　　　　　A 「成人」

C 「子どもの自我状態」　　　「自由な子ども」FC｜AC「順応した子ども」

図1

自分の"エゴグラム"を作成してみよう

　ここでは，デュセイの方法に従い，自分でエゴグラムを作成してみよう（図3）。まずは，表1を見てほしい。表1には，5つの自我状態が発揮された場合に想定されうる行動や態度を例示した。この中から，自分が最も頻繁に使用すると判断した自我状態（図2の場合はA）を棒グラフで書く。次に，

図2   図3　あなたのエゴグラム

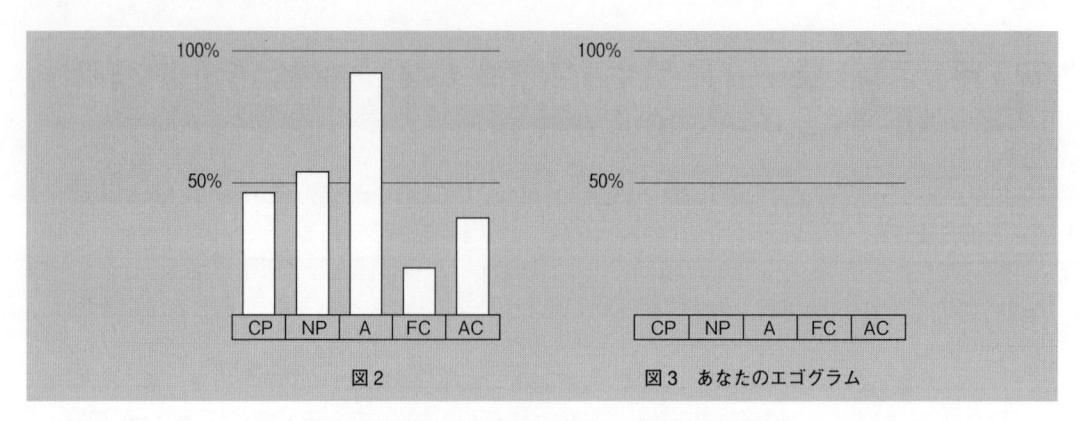

表1　自我状態診断の手がかりの例 (杉田, 2004を参考に筆者が作成)

	言語的手がかり	行動的手がかり	社会的手がかり	生活史的手がかり
CP	～すべきである・しなければならない 当然でしょう　ダメねえ	集団を統率する 評価する　批判する	理想を掲げる 自他のミスや失敗を指摘する	几帳面，完璧主義 責任感が強い 「父は厳しい人でした」
NP	～してあげよう・よくできたね・かわいそうに あなたの気持ちわかる	手を差し伸べる，気配りが行き届く	相手の世話を焼く，心配する，相手の話を聞く	頼まれたら断れない 「母は優しい人でした」
A	誰が？　なぜ？　いつ？　どうやって？ 私は～と考える	能率的，論理的 冷静に人と対等に話す	情報収集をする，冷静な判断をくだす	感情を差し挟まない 「両親とも感情に流されない人でした」
FC	ワァ！　キャア！ 好き・嫌い ～がほしい，したい	自由な感情表現，笑う，ふざける，ユーモア 社会的常識にとらわれない	素直に甘え，遠慮しない	「父は欲しいものがあるとどうしても手に入れる人でした。だから私も……」
AC	～してもいいですか，～できません，どうせ私なんて～，もういいです	遠慮がち，人に気を遣う，迎合的，過剰な反応 時に受動的に攻撃的	相手の顔色を窺う，真意を述べずに相手にあわせる すねる・ひがむ・うらむ	「私は親に反抗したことなどないイイコでした」 親の顔色を見て育つ

　自分が最も使用しないと判断した自我状態（図2の場合はFC）を棒グラフで書く。残りの自我状態は，この2本の棒グラフをもとに，相対的な高さで書き込む。
　あなたが作成してみたエゴグラムは，どのような形を成しているだろうか。表2には，各自我状態が高い場合と低い場合に想定されうる特徴を示した。これらは相対的な評価となるが，高い場合・低い場合のいずれの場合にも，長所と短所が存在していることがおわかりいただけると思う。あなたのエゴグラムは，あなたの長所や短所を含めた特徴を，どのように反映しただろうか。

表2　各自我状態の特徴

	高い場合の長所	高い場合の短所	低い場合の長所	低い場合の短所
CP	責任感が強く，秩序を守り，義理堅い。リーダー。	自分の価値観を強要する。他者否定的。	自他への要求水準が低く，他者と友好的に関わる。	責任感や倫理観に乏しい。しつけや指導が苦手。
NP	他者を受容し思いやりをもって人と接する。	親切の押し付け。他者の自主性や自立性を奪う。	他者と一定の距離を保ち，巻き込まれすぎない。	他人に関心がなく思いやりにかける。閉鎖的。
A	理性的で，合理的な判断をくだす。	冷たい・機械的・打算的に見られる。	打算的ではない，情にもろい。	合理的判断が困難で，混乱しやすい。
FC	素直で率直，好奇心や積極性に富む。	自分勝手で行動の制御ができず，配慮を欠く。	わがままを押さえ，周囲と足並みをそろえる。	感情を抑制し素直に表現できない。沈みがち。
AC	協調性，忍耐強さ，他人に対する寛大さ。	主体性に欠け，依存的。劣等感が高く，すねがち。	他人に惑わされず，自分の意志を貫く。	非協調的，融通が利かず，他人の話を聞かない。

エゴグラムは，正常・異常を判定するものではない。社会的な要請と個性との間でバランスが取れている場合には無理に修正を行う必要はないが，エゴグラムを通じて，自分の自我状態に気づくことはできるだろう。自己分析を行ったり，変化するためのヒントを得るツールとして利用していただきたい。

Column 11　心理テストをどこまで信じる？

心理テストというと，心理学にふれたことのない方は，雑誌やテレビでよく取り上げられるような血液型占いや性格占いを想起されるのではないだろうか。しかし一方で，医療機関や相談機関で用いられる心理テストがある。この2種類の特徴や目的にふれながら，心理検査をどこまで信じるか？について検討していきたい。

上述の2つの心理テストには大きな違いがある。前者については，たとえば雑誌の占いコーナーを開くと，たとえば「あなたは他人の意見に同調してしまうところがあります」または「A型の運勢は凶，外出は控えましょう」など当り障りのない結果や助言が示されている。実はこれらの結果は，誰にでもあてはまるような内容が示されていることが多いのである。「あてはまる」と感じる人は，あてはまる体験だけを想起し，あてはまっていると感じているのである。血液型占いもまったく根拠がないものであることは多くの研究において示されている（村上，2005；Wu et al., 2005）。これらの結果を鵜呑みにして行動する人は，自分の考えや決断に自信がもてないため，明快な答えを与えてくれる何かを求めているといえるのではないだろうか。自分で考えずに簡単に都合のよいアドバイスをもらえるのは心地よいものなのだろう。

後者の，医療機関や相談機関における心理テストについては，前者とは意味合いが異なる。こちらの心理テストを受ける人は，前者よりもより深刻な悩みや問題を抱えていることが多いだろう。そのため，心理テストを受ける目的が，前者よりもはっきりしているのである。つまり医療機関や相談機関での心理テストの目的は，その人のこころの状態や問題点などを理解し，その理解に基づいて今後どう取り組むかを検討することである。しかしこちらにおいても，心理テストの結果がどこまで信頼性・妥当性があるのかと問われると，それを実際に臨床の現場において実施している筆者にもよくわからないというのが本音なのである。なぜなら，実際に心理テストの中には客観的根拠に乏しいものや，信頼性・妥当性が低いものもある（村上，2005）。また，いくつかの心理テストを実施して感じることは，心理テストの信頼性・妥当性も重要であるが，心理テストにはそれらのものとはまた別の意義も存在しているのではないかということである。心理テスト結果のどこがどんなふうに当たっており，自分の問題点をどのようにとらえているのか，またはどこが当たっていないと思ったのか，今後自分自身がどうなっていきたいのか，どんなことを取り組んでいきたいのかなどを検査者（後の治療者となることが多い）と話し合うことにより，自分自身で取り組んでいこうという思いをもつことが重要なのである。

すなわち，心理テストをどこまで信じるかは本人次第である。しかしその結果をどうとらえ，自分自身が今後どう取り組むのかという違いにより，心理テストの結果がその人にとってどれだけ活かされるものかどうかが変わってくるのではないだろうか。

第9章 生きがい感 ―「自分探し，生きる」とは？

1. はじめに

　　青年期は身体的自己イメージの乖離や認知発達の成熟により，自己がわからないという不安，自己を認識したいという欲求が高まる時期である。そのような不安や欲求に応えるように，青年たちはさまざまな可能性を実験的に試すことにより，自分とは何者なのかを探していく。最終的にはアイデンティティの達成と拡散のせめぎ合いの中で，ある程度の自分らしさを意識し，人生や職業を選びとることを要求されるのである。この章では，まず「自分探し」というキーワードのもとで，自己認識欲求の高まりから役割実験を行うに至る青年たちの様子を，体験ゲームの紹介を含めながら述べていく。続いて，青年期の生きているという実感（生きがい感）に着目し，アイデンティティの感覚としての充実感を取り上げる。また一方で，生きがい感と対をなす感情や経験として，アイデンティティの連続性，斉一性の次元のバランスの悪さに伴う焦燥感や根こぎ感，さらに近年指摘されている満たされない自己や仮想的有能感など，他者への攻撃や軽視についても取り上げたい。その上で，現代青年が「自分探し」の結果に，生きがいを感じるためのキーになるものは何なのかを議論していくことにする。

2. 青年期の自分探し

(1) 自分を知りたいという欲求

　　上瀬（1992）は，自分自身を知りたい，はっきりさせたいとする欲求を，自己認識欲求と呼び，特に青年期以降で高まることを示している。また，自己認識欲求の高さは，心理テストや手相・占いに対する興味や肯定的な態度と関連し，自分に関する情報を収集しようという動機になっていることもわかっている（堀野・上瀬, 1994）。

> **自己認識欲求**
> 　自分自身を知りたいという欲求。その背景には自己イメージの不安定さがあるとされる。一般的に青年期やそれ以降の発達段階で欲求が高まる。

　　自己認識欲求は「私とは何者なのか」がわからなくなる状態（同一性の混乱）から自己イメージの変わりやすさ（自己概念の不安定性）を介して喚起される（上瀬・堀野, 1995）。青年期は第二次性徴による身体の急激な変化により始まる。身体的な変化によって，現実に鏡に映る自らのからだと身体的な自己イメージとの乖離が契機となり，自己への関心が増していく（齊藤, 1995）。よく知っていると信じていた自分の体が自分の意思とは関係なく急激に変化を始め，自らに強い不安を感じる青年もいる。このような青年たちにとっては，自分を把握し，再び制御できるようにすることが急務となる。つまり，急激な身体的変化は，青年たちに自分を「知りたい」と思わせるものであり，「知らねばならない」とさ

え感じさせるきっかけになるのである。

　同時に青年期は，形式的操作期を迎え，認知発達がほぼ成熟する時期である。現実とは異なる場面を想定しそれについて思考することができ，同時に時間的な展望も広がりを見せる（楠見，1995）。この認知発達の段階では，複数の私の存在を網羅的に思い描き，それを並列に並べて比較することが可能となる。この能力の高まりは，「自分らしさ」の獲得や将来の職業決定に向けて，さまざまな選択肢を考慮し吟味することができるようになることを指すと同時に，「私とは何か」という問いに対する選択肢や回答を無数に増やしてしまうことも意味している。考えれば考えるほどわからなくなる，という青年たちの声は，認知発達上，成熟を迎えたからこその悩みである。

　青年期後期を迎えると，職業選択が求められようになる。この時期には自分らしさや自分の適性をある程度認識し，その上で将来の自分を明確に描くことが求められる。社会（大人たち）は青年たちが「なりたいものになること」を求めながらも，そこに現実的で妥当な選択があることを前提とするのである。就職指導に見られる自己分析や適正テストなどはそのような自己理解を促すものである。ランドセルを購入した家族を対象とした調査によると，子どものなりたい職業の1位は，男子で「スポーツ選手」，女子で「パン・ケーキ・お菓子屋」である（株式会社クラレ，2008）。しかし，この子どもたちがすべてスポーツ選手やパン・ケーキ・お菓子屋さんになるわけではない。青年期を待たずとも，運動能力について考え，パンやケーキ，お菓子を作る過程の大変さを学び，自分の職業としてそれに就くことを一度真剣に吟味するのである。特に職業選択が迫る青年期後期では，自分自身の適性をしっかりと考慮した現実的な選択を行うことが望まれるのである。

　このように，身体的な成熟から社会的な成熟の期間である青年期には，私がわからなくなること，私が知りたくなる，知らねばならなくなる必然性が，青年自身の中にも，また外にも存在しているのである。

（2）自分探し

　自分を知りたいという欲求は，自分を探すという行動につながる。青年たちは自分たちの「ありえる私」をいろいろと考え，さまざまな経験をしてみるという行動をとる。これはさまざまな役割を演じて試すという意味で，役割実験（role experimentation）と呼ばれる。アルバイトや部活動，サークル，ボランティア活動など，さまざまな場所でのさまざまな自分を経験すること（岡本，2000），

> **役割実験**
> 　モラトリアムである青年期において役割を実験的に演じてみること。たとえば，アルバイト，サークル活動，ボランティア活動など，さまざまな場におけるさまざまな自分を体験し，自分らしい自分とは何かを探っていくこと。

また，想像に耽る，集中的な読書をすることによって可能性を探ることなどもこれに含まれる（Newman & Newman, 1984）。これらは本格的に意思決定をする前の味見（試し）の意味をもつものであり，いつでもそれをやめ，役割を降りることができる。その意味で，どこか「遊び」のニュアンスを伴うものである。やがて青年期後期になると就職や進路選択が迫るにつれ，この「遊び」の性格は失われ，より緊迫した濃密な体験となっていく（鑪，1990）。

　この時期は自らさまざまな役割を演じたり，想像することを通してのみ自分探しが行われるわけではない。生活空間や人間関係が広がる中で，多種多様な年齢，職業，性格をもった人々と接することによっても行われるものである。彼らもまたさまざまなアイデンティティの持ち主であり，そのような人々との関わり合いは「"複数の異なる同一性"との相互的なかかわり」（鑪，1984）となる。これらの出会いは青年にとって自らの将来を描いていく上で良きモデルとなり，また，反面教師ともなるのである。ある女子大学生のケース

表 9-1 アルバイトを通しての役割実験と役割の触れ合い

　女子大学生Aは，現在3年生であるが，大学1年生の8月から，塾講師，飲食店，結婚式場のホール係，コンビニエンス・ストアなどさまざまなアルバイトを経験してきた。コンビニエンス・ストアのアルバイトは大学2年生の夏頃から始め，約1年後の現在も続けている。

「一人暮らしをしていたので，生活費が足りなくなって，で絶対に面接で落とされなさそう，って思ってコンビニのバイトをしようと思いました。アルバイト情報誌をみて家からけっこう近かったんで決めました。あとはなんか，仕事が楽そうかなと思って。人が来ないときはすごい暇なバイトです。棚に商品を並べるのが終わっちゃって，レジ打ちもないときは，ぽーっとしてます（笑）なんかいろんな人がいるんだなぁって。働いてる人のことなんですけど。バイトとか社員の人とか。ああ，こんな人もいるんだ，みたいな。何だろう，こんな人が社員なのか，みたいな（笑）。この人がなんで上の人なんだ？っていう人とか，考え方が違うな，その年でそうなんだっていう人とか。なんていうか私より年が上じゃないですか。なのに，なんでこんな風にしか考えられないんだろうとか。なんか何でもすぐ，同性の人に対して敵対心をもったりするんですよ。そして，自分のことをすぐ棚にあげるっていうか」

「なんか，途中から経営が変わって，人がいっぱい変わったんですよ，その前までは，さっき言っていた社員の人がいて，なんか辞めさせてくれない雰囲気で。だからなんか辞めたくても辞められなかったんですけど，今はなんか普通に楽しいから，辞めなくてもいいかなっていう。嫌な人がいなくなったっていうのが大きいし，人が変わって，なんかその人があまり何もやらないから，私と他のバイトの子がすごい仕事をしてて，でなんか，大変だったのが，今はなんか他の人も，社員の人も大変なことやってくれるから，楽になった。なぜか時給が上がったから，ラッキーみたいな，今の方があんまり働いてないのに，ていう感じで」

「なんか別に私は普通に何も気にせずやってるけど，一応上の人から，なんていうか評価されているから，接客することは自分に向いてるのかな，みたいな気はしてきました。それかただ気に入られているだけか，何なんだろう，みたいな。特になんか気をつけてやっているってわけではないけど，評価されてる，ああ，向いてるじゃん，って」

　（表9-1）を見てみよう。彼女は，コンビニエンス・ストアでのアルバイトを通して，気に入らない年上の社員との出会いがあり，働きにくさを経験することとなった。また，従業員やアルバイトの入れ替わりが激しく，その中で，自分の役割自体が変化していくことも体験している。最終的には上司が自分を高く評価してくれることを感じ，接客業について，まだ疑いを残しながらも「ああ，向いている」と感じていると話す。このような経験の繰り返しによって，青年たちは「ありえる自分」「ありえない自分」の絞り込みを行っていくのである。

　青年期の自分探しは，日常の生活空間や活動の広がりを通して行われるのが一般的であるが，一方で日常の生活とは異なる非日常的な土地や世界での経験を通して役割実験を行うケースもある（岡本，2000）。いわゆる「自分探しの旅」がこのよい例である。旅や旅行の目的を検討した先行研究では，自分の中に新しいものを見いだしたいという欲求，自らのルーツをたどろうとする傾向が，旅行者のモチベーションの中に存在することが指摘されている（Pearce, 1982; 佐々木，2000）。とりわけ日本の青年たちのツーリズムを扱った研究は少ないものの，青年期の一人旅の多くのケースでそこに役割実験の様子を見て取ることができるであろう。一昔前に，自分を見失った若者たちがうつろな目をして北海道の牧場に集まる，などという冗談を聞いたことがあるが，今や旅行・観光産業の急激なグローバル化に伴い，発展途上国へとその目的地を変えたようである。近年ではバックパッカーやヒッチハイク，サイクリングによる縦横断などを，学生時代にしかできないのだから今のうちに，と考え挑む大学生も少なくないようである。

　「自分探しの旅」では，日常から離れた非日常が重要である。集団旅行やパッケージ・ツアーなどが嫌われ，整備された都会，テーマパークやレジャー施設などの演出された空間や場所は訪問先に選択されにくい。自然や文化のありのまま（本物性 authenticity）を体験することが求められる。「自分らしさ」を今ある環境の中から自分を移しかえることによって探ろうというこの試みは，至極理にかなった自分探しの手段ではある。しかし，その背景には，衝撃的な出会いや体験によって人生の方向が瞬間的に決まることを求める心

性を疑うこともできる。自己を主人公とした劇的なストーリーを描こうとする点に，青年期の自己中心性を想起させる。いずれにせよ，自分探しの観点から，旅行をはじめとする青年期のレジャー活動を探っていくことは，これからの興味深い検討課題であろう。

(3) アイデンティティ・ゲームに見る自分探し

ここでは，自分探しを簡単に擬似体験できるゲームとして，アイデンティティ・ゲームを紹介したい。これはレクリエーション・ゲームの一種をアレンジしたもので，青年期の理解を目的に筆者が授業に取り入れているものである。このゲームの目的は，自分は何者なのかわからないという不安感を「少しだけ」体験し，自分を探し出す難しさとわかったときの安堵の気持ちを体験することにある。参加者たち（経験上，50名程度が適当）が各自，ペン，A5サイズの紙，洗濯ばさみ（もしくは大き目のクリップ）を準備したら，ゲームは表9-2の手順で進められる。

質問の仕方は，「はい」か「いいえ」で答えられるもの（closed question）とする。当然のことながら参加者は，自分の背中を見ることが許されない。また，元々レクリエーションのゲームを改良したものであるので，質問するときには必ず握手から，1人につき1回しか質問ができないなどのルールも伝えることにしている。

表9-2 アイデンティティ・ゲーム

①周りの人（特に前に座っている人）に見られないよう，紙に生き物の名前を書く。
②その紙を，前に座っている人の背中に，洗濯ばさみやクリップを用いて付ける。最前列の参加者の書いた紙は，実施者が回収し，最後列の参加者に付けていく。
③他の人に質問をしていくことで，自分の背中に付いている生き物の名前を考える（自分に付いている名前を探り，自分は何なのかを考える）。
④自分が何か確信がもてたら実施者のところへ行き，最終的な質問（例：「私はイルカですか」）をする。正解した参加者は先に着席することを許される。

(4) アイデンティティ・ゲームに現れる青年期

参加者たちは最初，質問を作り出すことに四苦八苦する。「私は海に住んでいますか」「私は冬でも暖かいですか」「私は空を飛びますか」といった漠然とした質問が飛び交うが，ある程度の見当がつくまでは，質問は試行錯誤的で効率が悪い。この段階では，参加者たちは自分が何者であるのか，どんな特徴をもっているのか，想像ができない。質問を重ねることにより，ある程度，哺乳類であるとか，水の中の生き物であるといった方向性が決まる。その後は，特定のカテゴリの中で，個々の生物を明確に区別する特徴を質問に加えていくことで確実に答えに近づいていく質問を作ることができるようになる。この段階では，ある程度限られた数の生物の名前を想像できており，さらに可能性を絞り込もうと努力する。

このような過程で参加者たちを動機づけているものは何なのだろうか。参加者たちは，自分が何者かわからないという不安，また，自分を知りたいという欲求をゲームの中で自覚するようである。最後に自分の背中についた生物の名前を言い当てた後，大きな声を出して喜ぶ者，またほっとして自分の席に戻る者など，ただ単にゲームを終えたという達成感以上のものがそこにあるようである。

アイデンティティ・ゲームは特に以下の点において，実際の青年期の疑似体験を可能にしている。第一に，自分が何者なのか手がかりのない状態から手探りで探ってゆく点が，青年期をよく表している。「もしかしたら鳥の仲間かもしれない」「泳げると思っていたが，どうやらそうでもないらしい」など，自分の可能性を模索しながら，可能性の絞り込みを

図9-1 アイデンティティ・ゲームの様子

行っていく。第二に，自分が何者かわからないときの不安は，青年期の危機を象徴している。自分にはどのような生物のラベルが貼られているのかわからないこと，つまり私に関わる事柄を認識していないことは，非常に気持ちの悪いものである。私らしさとは何かを見失うとき，そこには不安が訪れる。第三に，他人に取り残される感覚を経験できる点である。このゲームでは，自分が何者なのかを当てることができれば着席を許可されるが，次々と座っていく友人たちを見ながら，孤独や不安を強めていく。青年期後期の職業選択の時期においても，次々と周りの人が就職を決めていく中で，より強い孤独や不安を感じる青年たちがいるのである。

アイデンティティ・ゲームの様子を見ていると，質問を工夫し，可能性の低い選択肢を上手に削除していく参加者がいる。言うまでもなく，このような参加者たちは早く自分を見つけ出し，着席する。このような質問の作り方のうまさがそのまま青年期の課題に対峙する際のうまさに通じるわけではないものの，同様に，試行と可能性の吟味の繰り返しの中で，自分自身の可能性を上手に絞り込んでいく青年とそうではない青年がいるのも事実である。

3. 自分を見つけるということ

(1) 自分は見つかるのか？

エリクソンの理論の特徴は対峙（versus）であるが，これはスイッチが切り替わるようにある瞬間から突然にアイデンティティが達成されたり，逆に拡散することが決定的になる，という意味ではない。勝敗がつくことよりもそのプロセスであるせめぎ合いのような力動的な部分を表現したものである（図9-2）。青年期は青年期なりの安定の形があるということであり，そこで一生涯を通しての固定的な自分が見つけられるというわけではない。現にこのせめぎ合いは青年期だけでなく，身体の変化への気づきから模索，自己や関係性の再構成という作業が乳幼児期や中年期にも繰り返し現れることが指摘されている（岡本, 1985; 岡本・松下, 2002）。したがって，青年期で「自分を見つける」ということは，アイデンティティの確立と拡散の間のせめぎ合いで，確立の部分が優勢になり，そこである程度，安定することを示すわけである（鑪, 2002）。つまり「これが自分である」という感覚が「自分がわからない」を上回って獲得されている状態（宮下・杉村, 2008）である。

では，「これが自分である」という感覚が優勢になった状態とはどのような状態であろうか。マーシャ（Marcia, 1976）は，アイデンティティ・ステイタスの分類において，その基準にアイデンティティの危機を経験したかどうかとともに，コミットメント（commitment）の観点を含めている。コミットメントとは意思決定の後に続いて起こる，職業や思想など人生の重要な領域に対する積極的な関与である（鑪, 1984）。たとえば，職業に関するコミットメントとは，特定の職業に価値づけを行い，就業できるように努力をしていたり，また就業後に自らの職を高く評価したり，職場における自分の必要性を実感することである。また，マーシャは職業だけでなく，政治や宗教などの特定の思想に対する傾倒もまた，コミットメントの重要な側面である

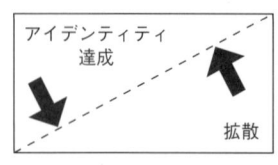

図9-2 アイデンティティの達成と拡散の均衡状態
（鑪, 2002）

表 9-3 コミットメントのインパクト

相談に訪れた女子学生Bは，就職の時期を間近に控え，このままかねてより志望していた教諭になろうか，それとも別の道を歩むべきなのか，どうしていいのかわからないと話し始めた。早くから教諭になることを決めて大学に入学した彼女は，「他の可能性をこれまで考えてこなかったし，先生になることと関係ない知識は自分にはまったくない気がする。でも，今よりもっと自分にあった職業がある気がしてならない。自分はどうしたらいいかわからない」と泣きながら訴えた。 しかしその後，彼女が，周囲が就職を決めていく中で，周囲に巻き込まれる形で教諭になる道を選んだ。就職後，今は仕事が充実していると生き生きと話し，「子どもたちとのかかわりの中で，私はここにいてよいのだと，必要とされているのだと感じる。私の道はこれしかないと思う」と語った。

と考えている。他の選択肢に対して注意が低下し，かつ自分の選択に対して大きな疑いをもっていない状態であるともいえる。

職業に対するコミットメントが高まった女性のケースを表 9-3 に示す。このケースで印象的なのは，まるで泣きやんだ直後にそれを忘れて笑い始める幼児のようであった点である。コミットメントとは，過去の危機を通過点として内包してしまうようなインパクトを持ったものである。マーシャは"全般的にやりとげることができるように感じられる"（鑢，1984）ことをアイデンティティ達成型の印象として挙げているが，コミットメントの状態とは，そのような目的志向的でバイタリティのある状態である。

(2) 生きているという実感（生きがい感）

青年たちは，それまでの親から与えられた自分をそのまま生きることをやめ，自分らしさや無理のない自分とはなにかを探し始める。最終的には自分自身が存在していること，生きていることには意味があると実感したいと

> **生きがい感**
> 生きることの「甲斐」であり，生きることについての予期があり，期待が満たされている状態を指す（反田，2000）。対象との間の動的で深い関わりの中で欲求が満たされるときに，幸福感や充実感という形で生きがいが感じられる。

考えている。実際のところ，この感覚は，むしろ自分の生に意味がないという思考を消し去り，不足しているものを補いたいといった欠乏欲求に近いものである場合が多い。宙に浮いた自分の存在に強い自己嫌悪を感じる。いつかはどこか自分に適した地面を探し出し，重力に対してしっかりと自分の足で立って歩きたい。そのような生きがい感の強い渇望が青年期には見られる。しかし自分がどのような地面に立ち，歩き始めるべきなのか，青年たちは迷うのである。では，立つべき地面を見つけ，歩みだした青年たちは，何を感じるのだろうか。

落合（1985）は青年期に感じる主な感情21 種類に着目し，クラスター分析を実施した結果，2 つの大きなクラスター（集合）を

> **充実感**
> アイデンティティの確立に伴う感覚として注目されてきた感情。毎日の時間をはりがあるものとして捉え，そこに生きがいを感じている状態を指す。

見いだしている。そのうちの1つが，充実感・感動・喜び・開放感・期待感などの肯定的で積極的な感情群である。その中でも大野（1995）は，アイデンティティの実感として充実感に注目している。ここでいう充実感とは，毎日に生きがいを感じ，はりのある楽しく意味のあるものとして感じることができることを指している。充実感は，アイデンティティの確立と関わりの深い自立・自信－甘え・自信のなさ，連携－孤立，信頼・時間的展望－不信・時間的展望の拡散と関わりが深いことが示されている（大野，1984）。

興味深いのは，自分を探した結果に得られる感覚が，何かに向かって走っているという実感であるという点である。先述のアイデンティティ・ゲームでは，参加者たちが，自分が何者かがわかったときに感じるのは，その大半が安堵の気持ちである。しかし，実際に自分を見つけるということは，一区切りついて，解決してほっと一息つくのではなく，まさにそこがスタートとなり「動き出した」「向かっている」という感覚を得ることになるの

である。

　私たちは，似たような感覚を日常生活で感じることはできないだろうか。実は，自分が何かに向かっている，動いているということを日常生活の中で意識することは難しい。客観的に自分自身を観察するのではなく，観察する自分と観察される自分が一体となる必要があるためで，つまり，自己（客我）ではなく自我（主我）を意識しなければ得られない感覚であるためである。

　テレビゲーム，インターネット，読書，製作などに夢中になり，気づいてみると朝方になっていた経験はないだろうか。これはフロー（Csikszentmihalyi & Rathunde, 1992）と呼ばれ，内発的動機づけの高まりとともに時間を忘れた状態であるとされる。夢中になれるものが目の前にあり，それにすべての注意や労力を注いでいる状態とは心地のよいものである。ふと我に返った後には，濃厚な時間を過ごしたという実感も残る。青年期の，充実している，生きている，という実感は，このような夢中になるものやエネルギーを注ぐことのできるものの中で，特に生涯をかけて挑戦していくことのできるものを見つけたときに得られる感覚である。

（3）生きがいを感じることができない状態とは？

　先述の，青年の感情に注目した落合（1985）の研究で見いだされたもう一つのクラスターが，孤独感・いらだたしさ・憂うつ感・空虚感・無気力感・あきらめ，あせり，劣等感，疎外感・恐怖感・疲労感・倦怠感・嫉妬・不安感・自己嫌悪感などの否定的な感情である。

1）アイデンティティの2次元と否定的感情

　そもそも青年期の課題であるアイデンティティの感覚は，2つの次元によって支えられているとされる。第一に時間軸に関わる次元である。これは連続性（continuity），一貫性（consistency）などと呼ばれる。過去，現在，未来の自分が紛れもなく私であり，連続しているといった感覚が得られるかという問題である。第二は人間関係に関する空間軸である。斉一性（sameness）や分化（differentiation）と呼ばれる。私を取り囲む社会や人間関係の間での独立した私を認識することを指す。一般的には，「私は私であって他人とは異なる」という弁別の形が強調されるが，「私はあの人の親友である」といった関係性を含めた次元として考えるのが適切であろう。

> **連続性と斉一性**
> アイデンティティの確立には，過去から現在，未来へと自己がつながっているという感覚（連続性）と自分を取り囲む社会や人間関係の中で唯一の私であるという感覚（斉一性）を得ることが重要であるとされている。

　鑪（1990）はこの時間軸と空間軸に関連して，「過去の自分を受け入れるか否か」と「他人との関係を肯定するか否定するか」という観点からアイデンティティの状態をとらえている（図9-3）。もしも過去の自己を受け入れ，肯定的にとらえることができていたとしても，他者との関係において停滞が見られる場合には，過度の自己主張に陥ったり，焦燥感を感じたりする。自分のまわりに人がいるときにこそ自分の居場所がないことを感じたり，自らの行っていることが独りよがりで無意味なことのような気がすることもある。

　また逆に他者とのかかわりの中で自分の居場所や役割を見つけることができたとしていても，自らの過去を受け入れることができなければ，「根こぎ感」

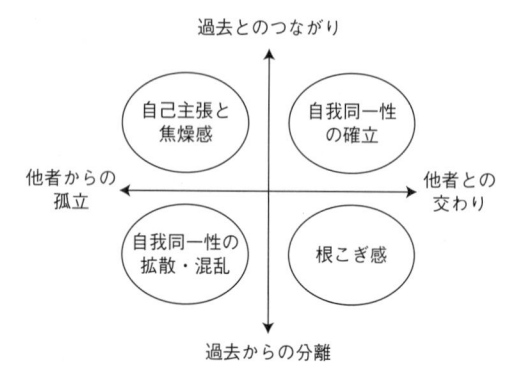

図9-3　アイデンティティの2次元と4つの状態 （鑪, 1990より作成）

を感じることになる。友人たちと一緒に遊んでいるときには楽しくて仕方がないのだが，途中でその楽しさがやがて終わってしまうことに気づき，がっかりしてしまう。

2）他者への攻撃と軽視

　落合（1985）の示した青年の否定的感情の中には，嫉妬，劣等感など，他者に対する感情が含まれていることがわかる。近年，自己の抱える問題が他者への敵意や攻撃性として現れることが指摘されているのでここでふれておきたい。藤・湯川（2005）では，ちょっとしたことでむかついたり，頻繁にキレる若者が増加しているとの指摘を受け，自己に対する満足と攻撃性との検討を行っている。その結果，自己に対する「満たされていない」という感覚は，他者に敵意を感じたり，逆に他者から敵意をもたれていると感じることと関連があることを示している。また，直接的に他者を攻撃する形をとらずとも，他者を軽視することにより，自己の不安定性を回避しようとする若者の存在も指摘されている。速水（2006）は「自己の直接的なポジティブ経験に関係なく，他者の能力を批判的に評価，軽視する傾向に付随して習慣的に生じる有能さの感覚」として仮想的有能感という概念を提唱している。他者を軽視する傾向は基本的に自己への評価（自尊感情）と独立であり，今の自分に自信がなく，満足していないのにもかかわらず，他人を批判したり，その能力を低く見積もる青年たちがいることが指摘されている。青年期特有ではないものの，精神医

> **仮想的有能感**
> 　自己の直接的なポジティブ経験に関係なく，他者の能力を批判的に評価，軽視する傾向に付随して習慣的に生じる有能さの感覚と定義されるもの。

学や臨床心理学の立場からも，同様の指摘がある。最近，うつ病患者の中に，自分がこのような状態になったのは周囲の人間や環境のせいであると，積極的に主張する患者がいることが指摘されている。これはディスチミア親和型うつ病（樽味，2005）などとも呼ばれ，新型のうつ病として注目を受けている。

　これらの指摘から，「自分探し」や「自分を見つけること」に付随する否定的感情に直面したときに，本質である「自分探し」や「自分を見つけること」に従事するのではなく，否定的感情そのものに対処しようと躍起になっている青年像が想起される。基本的に他者や外界を敵視したり攻撃することでその感情から逃れられるわけでもなく，このような対処法は対人関係の悪化も招く。背後に否定的感情への耐性のなさがあると考えられるが，現代青年にとって「自分探し」や「自分を見つけること」の一つの落とし穴として指摘できるであろう。

4. おわりに──現代青年へのメッセージ

　この章では，青年が自分を知りたいと思い，自分のありうる姿をさまざまに考え，試した結果，特定の活動にコミットメントしていく姿を描いてみた。またその結果として肯定的な感情や否定的な感情が伴うことを述べた。先述のように，青年期に自分を見つけるということは，アイデンティティの確立と拡散のせめぎ合いのバランスの問題であるために，常に肯定的な感情が経験されていたり，永遠に否定的感情が続くというわけではない。

　では，最終的に，「私らしい」という感覚を得るためにはどのようなことが重要なのであろうか。ここでは筆者の経験も交えながら述べていきたい。

　今現在選択をしようとしている青年は，職業選択をはじめとして将来の道を選ぶことが求められており，これで将来の私が決まるかのような印象をもっている人が多いことだろう。しかし，実はこのような「私らしさ」の感覚が得られるかどうかの決め手は，少なくとも青年自身が思っているよりも，選択の前やその瞬間にはない。選択した後のその道に対する態度・行動，具体的には，どれだけその道を自分の中で納得し正当化できるか，ど

こまでその道に精神的・身体的に従事できるか，に関わる部分が大きいのである。コミットメントの意味は，選んだ後にどの程度特定の対象を信じ，エネルギーを投入できるかということなのである。

　決して自分の非を認めない子どもたちや，自分だけが損をしているのではないかと権利を主張することにやっきになる親たちの姿を見ていると，近年，ある瞬間で人生の勝ち負けが決まってしまうという考え方が蔓延している気がしてならない。この点に関しては，人生を簡略にしてストーリー化するメディアの影響も少なからずあると考えられる。人生にはそれほど短時間で大きな方向転換があるわけではない。ある時点での選択の良し悪しによって即座に人生の勝ち負けが決まるわけでもない。歴史とは過去の記憶が現在に意味づけられているに過ぎず，解釈するその瞬間の状態によって，過去の出来事の意味は大きく変わるのである。

　著者は学生時代，鮮やかな黄色で，タマゴ型に丸まったおしゃれな冷蔵庫に出会った。大して料理などしない一人暮らしの学生が使うには，ずいぶんと高額なものだったが，デザインが気に入って思い切って購入した。思い切った購入をした後は，どうしても同じ売り場へ行ってしまうものである。おかげでその後，同じような冷蔵庫でより安価なものを見つけたり，もっと見た目のよいものを目にすることとなった。購入を後悔したり，これでよかったと思い直したり，を繰り返したが，幸い，購入した冷蔵庫は最後の学生時代をともに過ごしたことで愛着もわいていった。結婚の際に，できれば使い続けたいとパートナーに粘り強く交渉したが，二人で生活するには小さすぎるという実にまっとうな理由から，泣く泣く別れを告げることとなった。しかし，今でもいい物を購入できたと感じている。意思決定の後には，その決定が正しかったのかどうか，問われる機会が幾度か訪れるものである。大事なのは選択が正しかったかどうかではなく，選択した本人が「私のあの選択は正しかった」と言えることではないだろうか。これもまた，過去の自分を尊重し受け入れることであり，アイデンティティの感覚によって支えられる部分でもあろう。

　私らしさの感覚は，決して自分の意思決定だけで得られるものではない。計画的偶発性理論（Mitchell et al., 1999; 高橋, 2003）を提唱したクランボルツ（Krumboltz, J. D.）は，人生のうち，本人の計画通りに進む部分はむしろ少なく，偶然の出来事によって方向づけられることがほとんどであると指摘している。彼自身も，たまたま友人の姉から借りたラケットでテニスを始め，テニス三昧の大学生時代を過ごしていたが，退学の危機でテニスのコーチであった心理学の教授に進路を相談し，心理学の道を歩むこととなった。ただし，偶然とはいえ，そこには次の出来事を好転させるような能動的な関わりがあり，与えられた偶然に対してポジティブに受けとめようとする姿勢があった，と彼は言う（Krumboltz & Levin, 2004）。つまり，選択しなかったものを悔やむよりも，選択したことを肯定し，次々と訪れる機会に前向きにコミットしていく姿勢が大切ではないだろうか。信じて進む道の上でのみ自分らしさは感じられ，そこに自分らしい足跡が残るのである。

Column 12　現代の青年の悩み—現代の青年は悩んでいるの？

　青年期が悩み多き時期であることは，心理学分野における知見のみならず，多くの文学作品においても示されている。青年期とは，身体の変化や認知能力の発達によって喚起される，自己概念の変化と地固めの時期であり（Coleman & Hendry, 1999），このような理由から，青年は悩みを抱えやすい時期であるといえる。したがって，"悩みやすさ"の点では，どの時代の青年も共通しているだろう。しかし，人間は，時代によって生き方を変えていく存在であり，現代の青年も，現代という時代の影響を受けている存在である。とりわけ，インターネット普及の影響は大きく，13～19歳の利用率は90％を超えており（総務省情報通信政策局, 2006），インターネットというツールを新たに獲得したことで，青年の生活はこれまでよりも多くの情報に囲まれたものとなった。

　インターネットがこれほど普及していなかった時代，青年は，「悩みのことは誰にも言えないし，誰もわかってくれない」「自分だけがこんなに苦しんでいる」と嘆きながら，悩みに向き合わざるをえなかった。青年の悩みは孤独感に満ちていたのである。しかし，それと同時に，「わかってほしいが，そう簡単にわかってほしくはない」という感情もあった。「自分だけが悩んでいる」と思うことで自己愛を満たしながら，他人とは異なる自己を確認していたのであろう。

　それに対し，現代の青年は，ブログの閲覧，掲示板やチャットの利用によって，悩みを共感し合える仲間や励まし合える仲間を見つけ，孤独感を解消しやすくなった。かつての青年が，「自分だけが悩んでいる」と思うことで満たしていた自己愛は，普段顔を合わせている友人が知らない"自分"をインターネット上の関係の中に創造し，そこでの仲間とともに，「自分"たち"だけが悩んでいる」と感じることで，満たされているのかもしれない。もちろん，これらの特徴が現代の青年すべてにあてはまるとは限らない。しかし，土井（2008）の指摘の通り，インターネット上の関係は，互いの対立点をぼやかしやすく，自己と他者の合わせ鏡のような関係が築かれやすい。対立の回避を最優先にする「優しい関係」（土井, 2008）を志向する現代の青年にとって，そのような関係は非常に魅力的に映り，今後，この特徴がさらに多くの青年に広がる可能性も大きいのではないだろうか。

　青年に仲間は増え，青年の"悩み方"は変わった。ただし，インターネット上の仲間は，悩みを媒介としてつながっていることが多い。では，普段顔を合わせている仲間はどうだろう。少し様子が違う日はないだろうか。いつもと違う行動をとってはいないだろうか。現代の青年は，新しいツールの獲得により，自分や他者の中にある悩みを，対面による対人関係からインターネット上の関係の中へ引き離すことができるようになった。だが，その一方で，日常生活の中に現れる他人の悩みのサインに気づく日が，先延ばしにされてしまったのかもしれない。

ワーク 9　My Life Story

　人生にはテーマがある。こころには核がある。
　理屈の上では，この自由な社会においていかに生きるかという選択は，個人個人に託された問題である。選択肢も無限大にあるはずである。しかし，世の中に無数の言語体系があるものの，ほとんどの人が，一つの言語体系に生きるようになるのと同様，実は人も，小さな人生の舞台上で，二つ三つの社会的役割を中心とした，いくつかの人生の物語（life story）を日々生きて，演じているともいえる。
　いつしか，自分が生きている人生の物語は，一つの〈人格〉として認識される生き方の様式（life style）や人生のテーマを生み，それを支える核のような，大切なものもできあがるといえる。それを理解することは，自分を理解することにつながるかもしれない。
　さて，ためしにこんな質問があったら，あなたはどう答えるだろうか。

(1)「映画のように，1行か2行で，今の自分の人生に，テーマをつけてみよう」
〔自分の人生のテーマ〕

_____
_____

　書物や映画のタイトルなども，長い話や内容を，わずかな言葉で見事なまでに簡潔に表現するテーマをもつ。俳句や短歌という文化が日本にはあるが，これと同じく，短いから簡単かというとそうでもない。うまく表現できるかどうかは，言葉で表現する力にも関係するが，ただ，人生のテーマがはっきりしていなければ，表現も曖昧なものとなるのは当然ではないだろうか。また，自分以外の人に言葉で伝えられるほど，しっかりとした形になっていなければ，簡潔には表現できない。
　テーマの表現，形も重要であるが，その中身はもっと重要である。テーマが，「自己否定」や「悲観主義」のような暗い色合いのものなら，生活全体はそのようなムードやトーンに彩られているといえるからだ（もちろん，複雑で矛盾するものを同時に抱えているのも人間だし，一色で表現できるようなものでもないだろうが）。

(2) では次に，先ほど（1）で描いた自分の人生のテーマにそって，実際にあなたが日常的に演じている「私」について，客観的にその役割を描き出してみよう。さらに，そのテーマに収まっていない「私」も，2つほど描き出すようにしよう（Aは，テーマに沿った私）。

・「私」A	（例）　A：真面目な（できの悪い）学生
・「私」B	B：（従順な）息子
・「私」C	C：（こころの中では）反抗したい私

　テーマとは対立する"私"が同時に存在する人もいるだろうし，似たような"私"が複数いる人もいたのではないだろうか。〈私A〉と〈私B〉・〈私C〉…（以下無数の私）は，時にもつれあい，混ざ

り合い，ばらばらになりながら，それでも実生活上では，一つの"自分の物語"を生み出していくといえる（ちなみに，例に挙げた学生の自己像からは，自己に対して否定的な印象がこれだけでも伝わってくる。彼がそれを，明るい未来へつながるものに書き換えられたなら，人生の物語は明るいテーマをもち始めるのだろう。たとえばそれは，「自分が選んで自分で踏み出す人生」のようになるかもしれない）。

さて，本書の第1章や第9章で解説されているアイデンティティについて，それが一人ひとりの実生活に現れる際には，人生の物語としてとらえられると考える人たちがいる。その代表格であるマクアダムズ（McAdams, 1993）によれば，人生の物語には中核となるエピソードがあり，しかもそれは，〈重要な他者〉との間で演じられるものであるという。

(3) ではここで，あなたにとって重要な意味をもつ他者を思い浮かべて，その人たちとの関係において，自分が演じている役割を描き出してみよう（〈他者〉とは実際に身近にいる人でなくてよい）。

・「役割」A	（例）　父に従順な息子
・「役割」B	母に反抗的な息子
・「役割」C	話のわかる友人

(4) (3)で描いた自分の役割をもとにして，今度は，「重要な他者とともに演じている，人生の物語」を1行か2行で描いてみよう。

〔重要な他者とともに演じている自分の人生のテーマ〕

(5) (1)で挙げた自分の人生のテーマと(4)とを比べてみよう。そこに違いはあるだろうか？

自己というものを，器のようなものだと考えてみよう。その〈自己の器〉の中には，さまざまな顔をした，たくさんの"私"が住んでいるといえる。そして，好きか嫌いかは別として，そこには"他者"もまた，たくさん住んでいる。心の中に住む，そんなたくさんの自分と他者との間で，主体者としての自己である〈私・I〉は，自分らしい人生の物語を日々，生み出す努力をしているといえるだろう。このような関わりの体系の中で，"自分の人生の物語"は，果てしなく紡ぎだされるのだ。

無限大の自己の可能性，無限大の他者との関わりの可能性がある中で，人は今の自分にとって意味のある自分の姿を選び取り，構成し続ける。めまぐるしく変化し続けながらも，独自である一人の自分としての姿を保ちつつ，自分を自分らしく感じさせる「My Life Story」について，これからも理解を深めてもらえればと思う。

第10章 青年の死生観―「死ぬ」とは？

1. はじめに

(1) 死生観とは何か？

　死生観という言葉は日常的に使用され，たいていは死と生に対する考え方，あるいは死を通した生に対する見方という意味合いで用いられる。ただしそこで死と生の間にどのような関係を想定するかが，死生観を定義する上で重要となる。

　この関係について，カステンバウム（Kastenbaum, 1991）は「もしこの世に死がなかったら」という仮定世界を呈示し，回答を求めるという，興味深い思考実験を行っている。その教示文を表10-1に示した。結果では，(a) に対する回答，すなわち死のない世界への社会的反応では，回答者のうち社会的に好ましい結果をもたらすと回答したのは，わずか5％であった。また (b)，すなわち死のない世界への個人的反応でも，回答者には多くの疑いや恐怖が見られたという。カステンバウムはこれらの結果を受けて，私たちは死のない世界を楽しんでいる自分自身や社会を想像することなど到底できず，始めが終わりを必要とするように，私たちは個人として死を必要としていると述べている。

　したがって死生観というものが意味するものの背後には，死と生が不可分なものであり，死から生を眺めることで生の新たな側面を映し出すことができるという想定が，さらには「人生は，死の概念が誠実に把握されなければ，真に理解されることはないし，完全な生き方ができない」（Feifel, 1959）という思想が暗黙裡に存在すると思われる。このことは死生学（Thanatology）という学問領域の名称にもうかがえる。

表10-1 死のない世界（Kastenbaum, 1991）

<教示文>
1つの例外を除いて，今私たちが生きている世界とまったく同じ世界を想像してください。その1つの例外とは，この世界では死はもはや避けられないことではない，ということです。病気と老化は克服されました。大気や水の汚染も，新しい技術によって大幅になくなりました。さて，この世界にはいったい何が起こるでしょうか？　人々は，この死のない状況に対してどのように反応するでしょうか？　社会的な反応と個人的な反応の両方のレベルで考えてみてください。また，人々の生活の質（QOL）はどのように変わるでしょうか？　これからしばらくの間，このことの意味と結果を考えてみてほしいのです。さて，その後で……

(a) 世の中に『死がない』というシナリオの効果を十分に考えた上で，社会に起こりそうだと思う変化を書いてください。
(b) 次に，死がないというシナリオが，あなた自身の思考，感情，希望，欲求，信念そして活動などにどのような影響を及ぼすかを考えてください。その上で，その影響のうち主なものをいくつか書いてください。

Kastenbaum（1992）をもとに作表。

(2) 死の心理学的研究

死の心理学的研究では，おおむね死への態度，死にゆく過程，死別におけるグリーフ，そしてターミナル・ケアや死への準備教育などのテーマが扱われてきている（川島, 2007）。本章ではこのうち死生観という言葉と最も類似していると思われる，死への態度（death attitudes）に関する研究を中心に論を展開していくこととし，死にゆく過程や死別におけるグリーフについては論を改めたい。

ただし死への態度研究では死生観の「死」の側面に専ら焦点が当てられており，一方の「死」との関わりの中でどのように「生」を眺めるのかという視点は十分ではない。そこで本章では，特に青年の死生観と不可分な関係にあり，また死の一様式というよりも，生存の終止が自己支配されるという意味で生存の一様式である（Shneidman & Farberow, 1959），自殺の問題についても取り上げることとする。

死生学（Thanatology）
語句そのものは死についての学問を意味することから死学と訳すこともできるが，わが国の死生学研究の第一人者であるデーケン（Deeken, 1986）は，死について学ぶことはそのまま死までの生き方を考えることであるとして「死生学」の訳語をあてている。

死への態度研究
研究の初期から一貫して扱われてきたのが，死の否定的側面である。また死の不安や恐怖についての尺度開発はこの領域の発展に大きく寄与しており，代表的な死の尺度として Death Anxiety Scale（DAS; Templer, 1970）が挙げられる。ただし次第に死の怖れを多次元的にとらえることが求められるようになり，また死の肯定的側面にも目が向けられるようになる。近年では死の肯定的側面と否定的側面，そして何れの価値も含まない中立的な側面を包む概念として「死への態度 death attitudes」が呈示されており（たとえば, Gesser et al., 1987-1988; Wong et al., 1994），死の心理学的研究の中心的テーマの一つとなっている。

死への準備教育（Death Education）
直訳すれば死の教育となるが，デーケン（Deeken, 1986）は，人間は死ぬ瞬間までは生命ある存在であり，自分に与えられた死までの時間をどう生きるかと考えるための教育という意味で，死への準備教育という訳語をあてている。

(3) 死への態度

カステンバウム（Kastenbaum, 2004）は，死への態度は，死の不安（death anxiety），否認（denial），そして受容（acceptance）の3つの中心的概念によって理解できると述べている。これらのうち死の心理学的研究が研究の初期から一貫して扱ってきたのは，死の不安である。特に Death Anxiety Scale（DAS; Templer, 1970）に代表される，死の不安の尺度開発は死の心理学的研究の発展に多大な寄与をしてきた。ところで死の不安と類似した概念として死の恐怖（fear of death）がある。これらの定義および区別についてはこれまで多くの議論がなされてきたものの（Kastenbaum & Costa, 1977; Neimeyer & Van Brunt, 1995），いまだ統一的な見解は得られていない。また死の恐怖においても，死後の世界や人生を未完のまま終えることに対する恐怖，つまり死そのものに対する恐怖と，死に際の痛みや苦しんで死ぬことへの恐怖，つまり死にゆく過程への恐怖の区別が指摘されるなど（Gesser et al., 1987-88），死の不安や恐怖が多次元的なものであることが指摘されるようになってきているのも事実である。ただし実際の研究においてこれらが明確に区別されて用いられることも稀であり（Neimeyer & Van Brunt, 1995），また一般には，特定の対象に対する怖れを恐怖，はっきりした対象のない漠然とした怖れを不安と区分することが多い。そこで，ここでは特に区別しない場合には死の怖れとし，不安と恐怖については一般的な定義に沿うこととする。

死の怖れの多次元性を捉える尺度
こうした動向を受けて，これまで Hoelter Multidimensional Fear of Death Scale（MDFODS; Hoelter, 1979）や Revised Death Anxiety Scale（RDAS; Thorson & Powell, 1994）などの，死の怖れの多次元性をとらえる尺度が開発されてきている。

一方，死の否認は，死そのものを認めようとしない態度であり，死を回避しようとする傾向の中核にはこの否認が存在する（Wong, 2000）。実際，自分自身がいずれ死ぬ運命にあるということを私たちは頭ではある程度は理解できていたとしても，大半の人間は，実際に死が明日突然訪れるとは思わず，遠い未来の問題として真剣に考えようとはしないだ

ろう。しかし老化や死の兆候が顕著になるにつれ，私たち人間は遅かれ早かれ死に対して向き合わざるをえなくなる。死の怖れに対処するために，何らかの形で死を受け入れなければならないだろう。

死の受容に関して，キューブラー-ロス（Kübler-Ross, 1969）によって提唱された，否認から受容に至る死にゆく過程の段階説が及ぼした影響は小さくない。しかしそれに続く膨大な数の一般書物や臨床報告が独自の見解を呈している一方で，明確な定義がなされているとはいいがたい。その中で実存的見地から実証的研究を展開している，ウォンら（Wong et al., 1994）による定義は有用である。つまり死の受容とは，「自らの終焉に対する認知的な気づきと，その知覚への肯定的あるいは中立的な感情の反応を含んだ，最終的な退場に心理学的に準備すること」（Wong et al., 1994）である。

> **死の受容**
> ゲッサーら（Gesser et al., 1987-88; Wong et al., 1994）は死の受容の種類として，死後の世界に対する積極的な意味を見いだす，接近的受容（Approach acceptance），苦しみに満ちた現実世界からの逃避として死に価値を見いだす態度である逃避的受容（Escape acceptance），そして死を生の一部あるいは自然なものとして受容しようとする中立的受容（Neutral acceptance）の3つを挙げている。

（4）自　殺

自殺（suicide）という言葉はごく日常的に使用され，また自殺という言葉を文字通りに解釈すると自分を殺すこととなる。しかし実際には明確な定義を示すことは難しい。たとえば大原（1965）は自殺を，自らを殺す行為であって，しかも，死にたいという意図が認められ，その結果を予測しえた死として定義しており，そこに希死念慮あるいは自殺念慮から自殺行動までを含めている。また自殺学（Suicidology）の第一人者であるシュナイドマンは，「現在の西欧社会では，自殺とは自らがもたらした生命を止める意識的行為であり，ある問題に対して自殺が最善の選択であると認識する必要性に迫られた人の多要因的な病態と考えるともっともよく理解できる」（Shneidman, 1993）と述べている。ここでは大原による定義で見られた念慮と行動に加えて，他の解決策を見いだせず「自殺が最善の選択である」と認識してしまう心理的視野狭窄（高橋, 2006）という自殺に共通する心理的特徴と，自殺は複数の要因が絡み合って生じることが指摘されている。

> **自殺学（Suicidology）**
> 布施（2004）によると，自殺学とはラテン語の「suicid」とギリシャ語の logia を接合させた複合語であり，アメリカにおける自殺学研究の第一人者であるエドウィン・S・シュナイドマン（Shneidman, E. S.）によって世界中に普及された。

なお希死念慮は死を願いつつも自殺までは考えていない場合を指し，自殺念慮は自殺という能動的な行為で人生を終わらせようという考えのことである（張, 2006）。ただし希死念慮にも，自殺念慮にも程度の差はあるが，特に自殺の手段や場所について具体的に考えているなど，自殺念慮が強度かつ具体的な内容を伴うほど自殺の危険性は高いと考えられる。また希死念慮から自殺念慮，そして自殺行動というプロセスをたどるという，自殺に至る過程も指摘されていることから（張, 2006），これらは連続的なものとして考えることもできる。そして自殺行動の結果，死に至ったものを自殺既遂（または自殺），死に至らなかったものを自殺未遂と呼ぶことができる（稲村, 1977）。

2. 青年は死をどのように見つめるのか？

（1）青年にとって死は身近な問題か？

そもそも青年にとって死はどれほど身近なものなのであろうか。筆者が大学生155名を対象に行った調査では，死について考えることがまったくないと回答したものは，1割

に満たなかった。また先行研究では青年は頻繁に死について考えることが報告されている。たとえば鈴木ら（2006）は，大学生444名に質問紙調査を実施し，4割以上が自分の死についてよく考えると回答したと報告している。さらに田中ら（2001）は，青年期および壮年期の男女計870名に対する調査を行い，死を考えることは青年期に特徴的であると述べている。

このように青年は死をよく考えるといえるが，そこで思索される死は現実的なものとは考えにくい。たとえば橋本ら（1993）は，10歳代の若年層から60歳代以降の高齢者の，死に対する日常生活での態度を検討し，家族を扶養していく義務のある30歳代，40歳代，50歳代の中年層と異なり，10歳代，20歳代の若年層では死はまだ差し迫った問題ではなく，抽象的にしかとらえられず，困惑している姿が認められると報告している。また大学生と高齢者の死に対する意識構造に関して調査を行った，堀（1996）も，高齢者は死への意識と経験において具体的な死のイメージを抱いているのに対し，大学生はペットや友人の死を通じた死の経験や，事故や病気などの比較的イメージしやすい死への意識が見られると報告している。

これらの結果から，青年は死について比較的頻繁に考えているが，それは現実味の薄いものだと思われる。ただしこのことは現代社会に生きる青年を取り巻く社会文化的文脈とも密接につながっていると思われる。たとえば，鈴木ら（2006）は，青年は死について頻繁に考えながらも，家族や友人と死について話す機会があまりないと述べている。青年の死に関する思索が他者との対話を行わない個に閉じたものであるのは，むしろ周囲の大人がそうした話題を話したがらず，語り合う機会を奪ってしまっていることが大きく関連しているのかもしれない。

(2) 青年はどの程度，死を怖れるのか？

青年は死をどの程度，怖れるのであろうか。前述のように青年にとって死がリアリティのあるものでないとすれば，死に対する具体的な恐怖というよりも，むしろ不安に青年期の死の怖れの特徴がうかがえるのではないかと思われる。実際，青年期は死の不安が顕著であるとの指摘がなされており，たとえば金児（1994）は，大学生とその両親の死の不安を測定した結果から，中年層よりも青年層の方が死に対する不安が高いと報告している。また岡村（1983）は，高校生，大学・大学院生，そして成人に対して調査を実施し，死や死後について考え悩む，死の思索性に関して青年と成人とを比較した結果，死にまつわる思考性の不安は青年を特徴づけるとしている。これらの結果と現実味の薄い死の思索という青年期の特徴をあわせて考慮すれば，金児（1994）が示唆しているように，これまで死にふれた経験が少なく，それゆえ死への対処の仕方を知らないことが死の否定的側面の想像を増幅させ，強い死の不安を抱かせるという，青年の死の不安を構成する文脈が推察できる。

一方で，死の恐怖は他世代よりも青年期において低いことが報告されている。たとえば隈部（2006）は青年と中年および高齢者の死への態度を比較した結果，青年が低い死の恐怖を示していたと報告している。また金児（1994）は，死への諸態度についての調査結果から，子どもよりも親の方が死を苦痛で孤独なものと考えていると報告している。さらに橋本ら（1993）も，中年は青年や高齢者よりも，死に対する忌避感，恐怖感が高いと報告している。これらの結果は，死に対するリアリティが希薄な青年は具体的な死を想像しがたく，それゆえ死の恐怖が低いと考えれば，妥当なものであろう。

ところで青年期では他世代と比較して，死を受容する態度および否認は顕著ではない。たとえば隈部（2006）は，死の回避，死の受容のいずれにおいても，青年が中高年と比較

して，低い数値であったと報告している。また金児（1994）も，親は子どもよりも死を人生の試練と考えている一方で，子世代よりも死の問題からの逃避が見られたと報告している。こうした結果も，自分の死に対するリアリティが乏しい青年期の死生観の特徴を表していると思われる。

(3) 青年の死への態度に何が影響するのか？

欧米の研究ではおおむね女性の方が死の不安が高いことが報告されているが（Neimeyer & Van Brunt, 1995），その傾向はわが国の青年にも見られる（たとえば，金児, 1994; 得丸ら, 2006; 田中ら, 2001）。ただし，女性が男性に比べて高い死の不安を報告することと，女性が恐怖や不安を表出することを奨励してきた社会文化的な文脈は無関係ではない。したがって得丸ら（2006）が指摘するように，男性がそうした影響から無意識的に不安の表出を抑圧している場合には，かえって精神的ストレスが高くなる可能性にも十分留意することが必要であろう。

また宗教との関係性について，丹下（2004）は大学生に対し死への態度および宗教観に関する質問紙調査を実施した結果，有信仰者は無信仰者よりも，死が人生に対してもつ意味や死後の存在への信念を多く抱くと報告している。また宗教観を構成する要素を注意深く観察した場合には，死と宗教のより複雑な関係性が確認されている。たとえば金児（1994）や金児・渡部（2003）は，日本人の民俗的な宗教性として，神仏による加護への報恩感謝を中心としたオカゲ意識と，死者や人知を超えた存在への畏怖を中心としたタタリ意識という2つの側面を指摘し，特に前者の加護的な宗教観は死を肯定的に受けとめさせ，死の不安を減じるのに対し，後者の応報的な宗教観は死の不安を助長させると指摘している。

(4) 青年期の自殺はどのぐらいあるのか？

わが国の自殺者数は1998年の急増以来，年間3万人以上を記録し続けている。世界保健機関（WHO）の報告によれば，日本の自殺率は男性が第11位，女性が第6位と，旧ソ連や東欧諸国が上位のほとんどを占める中，その自殺率の高さが際立っている（WHO, 2007）。青年期の自殺は死亡原因の上位を占めており，平成18年度の人口動態統計（厚生労働省大臣官房統計情報部, 2008）によれば，男子では15歳から19歳までの死亡原因の2位，20歳から24歳までの1位であり，女子では15歳から24歳までの1位が自殺である（表10-2）。また警察庁による報告（警察庁生活安全局地域課, 2007）では，2006年に生じた32,155件の自殺のうち学生・生徒が886件と，統計を取り始めた1978年以降，最多を記録している。なお内訳は小学生（14件），中学生（81件），高校生（220件），大学生（404件）などであり，特に高校生と大学生の件数が多い。ここから，青年期における自殺は極めて重大な問題であるといえる。

表10-2 平成18年度の青年の死因上位3項目
（厚生労働省大臣官房統計情報部, 2008）

		男子		女子	
(15～19歳)					
	1位	不慮の事故	14.4%	自殺	5.7%
	2位	自殺	9.9	不慮の事故	4.4
	3位	悪性新生物	3.4	悪性新生物	2.5
(20～24歳)					
	1位	自殺	25.5%	自殺	13.3%
	2位	不慮の事故	16.5	不慮の事故	4.0
	3位	悪性新生物	3.8	悪性新生物	3.4

注 数値は各年代の死亡総数に占める割合。

(5) 青年期の自殺の原因はどのようなものか？

警察庁は平成18年度に起こった自殺のうち，遺書の残されていた10,466件について動

表 10-3 大学生の自殺の危険因子 (影山, 2003)

1. 男女比では男子学生が圧倒的に多い。
2. 学部4年，修士2年，博士課程の年度の高い学年が多く，新入生も無視できない。
3. 留年や休学などの問題を抱えている学生では自殺の危険性が比較的高い。
4. 地方から上京し，下宿などの単身生活者は孤立しがちで，要注意である。
5. 精神障害以外に教官とのトラブル，院試失敗などの葛藤，挫折体験が危険因子となる。

機を分類している。学生・生徒のうち遺書の残されていた305件のうち，「健康問題」と「学校問題」がともに89件と最多であった。学校問題を原因・動機とした人数は，遺書をもとに原因・動機を分類し始めた1998年以降で最も多く，学業不振やいじめなどの問題の深刻化がうかがえる。ただしそもそも自殺は生物学的要因，心理学的要因，社会的・環境的要因が絡み合って生じるものであり（大原, 1965; 布施, 2004），一つの動機と単純に結び付けて考えることには限界があるのも事実である。

影山（2003）は，全国国立大学生の自殺の実態を調査し，大学生の自殺既遂の危険因子として表10-3の5つを挙げている。これらを見ると，孤独感が高まる一人暮らしや，葛藤や挫折感を感じやすい学年の節目や留年などが，青年，特に大学生の自殺に大きく関連していることがうかがえる。

> **自殺の動機**
> 警察庁も平成19年度から，これまで1つに絞っていた動機を3つまで選択を可能にするなどの大幅な見直しを行っている。

(6) 青年にとって自殺はどの程度身近なものか？

1) 希死念慮の実態

先行研究の結果からは，割合は調査によってばらつきが大きいものの，比較的多くの青年が死にたいと思った経験があると報告されている。特に大学生では3割から6割程度がこれまで自殺を考えたことがある，あるいは死にたいと考えたことがあると回答している（角丸ら, 2005; 大原, 1965; 大嶋, 2006; 渋谷・渋谷, 1991）。筆者の調査でも，約半数が死にたいと思うことがあると答えている。また中学生，高校生に関しては，やや古い資料になるが，1974年から75年にかけて中学生，高校生，短大生の計2171名に調査を実施した増田（2001）によると，「死にたいとは考えたことがない」と回答したものは，男子中学生37.3%，男子高校生25.6%であり，女子中学生16.6%，女子高校生11.8%，女子短大生7.5%であったという。大原（1965）は，過去に希死念慮の既往をもたないと回答したものは，中学生58.2%，高校生51.6%，大学生43.3%であったと報告している。これらの調査では質問した希死念慮の程度に開きがあるため単純な比較は難しいが，おおむね青年期でも年齢があがるほど希死念慮が高いと考えられる。

一方，自殺を真剣に考えたことがあるかの問いになると，その割合は低くなる。たとえば與古田ら（1999）は，琉球大学学生1366名に対する調査を実施し，自殺を真剣に考えたことがあるものは全体の6.3%であったと報告している。また増田（2001）も，「ほんとうに死にたいと悩んだことがある」と回答したものが，中学生，高校生，短大生で5～11%であったことを報告している。さらに自傷経験となると8.3%（角丸ら, 2005），自殺企図の経験となると，一般成人，大学生，高校生のいずれにおいても5%前後（佐藤・田中, 1989）とさらにその割合は低くなるといえる。したがって，青年は頻繁に死にたいと思うが，これは直ちにより強い自殺念慮，そして自傷や自殺企図に至るものではないと思われる。

2) 希死念慮の変化

年齢が高いほど，また男子よりも女子の方が希死念慮が強いことが報告されている（増

田, 2001; 大原, 1965)。しかしより深刻な自殺念慮となると高校生よりも中学生に多いという(増田, 2001)。また佐藤と田中(1989)も一般成人,大学生,高校生の計547名に対し質問紙調査を実施し,自殺念慮を抱いたことのある人の比率は低年齢群ほど多くなっていたと報告していることから,自殺念慮は年齢が低いほど強い傾向がうかがえる。

　これらの結果から希死念慮は年齢とともに強まる一方で,自殺念慮は弱まる傾向にあると思われるが,いずれも念慮を抱いた経験を尋ねていることからすれば,本来は年齢の上昇とともに両者ともに割合が高くなるはずである。したがって自殺念慮の割合が低下する背景には,世代間の差異とともに,主観的体験の違いが関連しているように思われる。つまり中学生では真剣に自殺について考えていたとしても,人生経験が豊富な成人期になれば,過去のそうした体験も,それほど深刻なものとしては想起されないという可能性である。

(7) 死にたいと思う理由は何か？ 自殺を思いとどまる理由は何か？
1) 死にたくなる理由

　青年の自殺の背景には,親からの自立をめぐる葛藤や自分をいかにして社会につなげていくかという生き方をめぐる葛藤,そしてそれによって生じる孤独と不安という青年期の特徴が大きく影響しているという(榎本, 2003)。特に生きる意味や人生の価値を見いだせないことは,青年の希死念慮や自殺念慮と密接に関連する。たとえば,大嶋(2006)は,自殺を考えた原因や理由として生きる意味や価値がわからないなどの,自己存在の意味に関連した項目が顕著だったと述べている。佐藤と田中(1989)も自殺を考えた高校生,大学生の約半数が実存的懐疑や自己嫌悪から自殺を考えたと回答したことを報告している。

　ところでどの自殺者も「死にたい」と「助けられたい」との相反する願いを同時にもっているが,青年では特に後者の「助けられたい」という心理が強いという(大原・大原, 1990)。つまり青年期では,劣等感と自尊心,絶望と希望,依存と攻撃などの両極が両価的に激しく葛藤することを特徴とすることと対応し,自殺も一般に著しく両価的であるという(稲村, 1977)。また,「求める自殺」といわれる特徴を帯びるため(稲村, 1977),「助けられたい」という思いを投げかけられる周囲の他者との関係性は重要である。角丸ら(2005)も,死のうと考えたことがあるものは,自己閉鎖や対人緊張が顕著に見られると述べている。また親に理解してもらえなかったことを,死にたいと思った理由として報告するものが多いことから(増田, 2001),特に親との関係性は,青年の希死念慮,自殺念慮を考える上で重要かもしれない。

2) 死を思いとどまる理由

　佐藤と田中(1989)は自殺を思いとどまった理由として,死ぬ勇気がなかったことや,人生に可能性が残っていることが挙げられたと報告している。ここから青年は「自己に目が向きやすく,自己の能力の限界やみにくさを知って劣等感や自己嫌悪に陥り,自己の存在価値が分からなくなり,ひいては生きている意味がわからなくなる。そういうとき自殺を考えるが,いざ死ぬことを考えると恐ろしく,勇気がない。そこで少し時間をおいて考えると,一時の気の高ぶりであり,自分の考え方の狭さや甘さに気づいていく。死ぬのは逃避であるしいつでもできる。苦しくても生きて可能性を試してみたいという気になってくる」(佐藤・田中, 1989)と考えられる。

　また自殺を思いとどまった理由として,家族や友人の存在を理由に挙げるものも少なくないことから(大嶋, 2006),青年の「助けられたい」という思いを周囲の他者が受けとめてくれるような豊かな人間関係がある場合には,自殺を思いとどまらせる機能を担うことが期待される。

(8) 青年は死ぬことと，生きることをどのように結びつけるのか？

　青年期における死生観が，死と生に対する態度からいくつかに区別できるように思える。つまり第一に，死に対するリアリティが薄く，生きることにのみ目を向けている態度である。これは死を自らの問題として考えないため，生に対して肯定的な態度をもっていたとしてもファイフェル（Feifel, 1959）のいう完全な生き方ではない。また鈴木ら（2006）が報告する青年の死への態度，つまり死について頻繁に考えるものの，死を通じて生について考えようとはしないことも，この態度に関連するものであろう。前述のように青年の多くが死に対するリアリティを感じていないとすれば，青年の多くがこの死生観をもっているのではないだろうか。

　第二に生と死を肯定する態度である。たとえば大石ら（2007）は，死後の生や生まれ変わりなどを信じる群は，信じない群よりも，生きがい感を測定するPIL得点が有意に高いことを報告している。ここでの態度は，生を肯定し死を否定する態度とは異なり，死について深く考えることで死を人生において意味あるものとしてとらえようとしている（石坂, 2006）。そして生と死の両方を重く受けとめ，かつ死を生との関わりという視点からとらえることは，自我発達の向上や自己受容を促すことにもつながる（丹下, 1999）。ところで，石坂（2006）は死についての思索頻度が中程度の場合，死について深く考えるほど自己成長の得点が高いという結果を受け，死をまったく考えていなかったり，逆に希死念慮のように頻繁に考えたりするのではなく，ほどよい頻度で深く考える姿勢が自己成長を求めて努力し生きていこうとする姿勢につながると指摘している。このことは青年期における死の思索が生の肯定に結びつくこともあれば，逆に希死念慮や自殺念慮を惹起することもあるという危うさを示唆しているように思われる。

> **PIL（Purpose in life test）**
> 　ヴィクトール・E・フランクル（Frankl, V. E.）が提唱した，人間は意味を求める存在であるというロゴセラピー（Logo Therapy）の考えに基づき，クラムボウとマホリック（Crumbaugh & Maholick, 1964）が作成したテスト。人生の意味や目的意識を測定するもので，A（20項目からなる質問紙），B（文章完成法による問い），C（自由記述）の3部からなる。本文中のPIL得点はこのうちAの得点を指している。

　第三は，現実生活の苦しさや厭世感から死を望む態度である。現実世界における苦痛や閉塞感が著しいとき，死が苦しみからの解放として受けとめられやすくなる。特に青年における顕著な問題である，自尊心の低下や他者との人間関係の不調を抱えるものは，死をこの世の苦しみからの解放として考える傾向にあるという（鈴木ら, 2006）。また過度のストレスも，苦しみからの解放として死を考えることと関連する（森田, 2007）。さらにこの態度は自殺の危険とも結びつく。実際，自殺未遂者に対する調査結果（佐藤, 1990）では，未遂群では死と自殺を同一視し，死を美化する傾向がうかがえ，実存的欲求不満が強く，未遂以外の群では3割程度を占める死が恐ろしいという反応がまったくない。また與古田ら（1999）は，過去真剣に自殺を考えたことがある人の方が，自殺を考えたが真剣には考えていなかった人および一度も考えたことがない人と比べて，早期に死を意識し，死に対して「美しい」「やすらか」などの肯定的イメージをもち，死を「苦しみからの解放」と考える傾向が見られたと報告している。ここからこうした態度は，自殺に至る危険性を含んだものであることに注意すべきであろう。

　ただし死の意図がない場合でも自殺に至る危険性はある。自殺と死との間には多くの関係があり，しかも見かけよりずっと複雑である（Shneidman & Farberow, 1959）。たとえば自殺の危険因子といわれる事故傾性（accident proneness）が見られる危険な運転や性的な逸脱行動などは，生と死のいずれも意味あるものとしてとらえることができない者が，空虚感から逃れ，生きている実感を得ようとして行う行動と見ることもできる。そうすると，死と生のいずれも肯定できない態度もあるのかもしれない。また青年の死と生に対す

る見方が，この時期に顕著な，身体，認知，社会，情緒などの多様な側面における対立的な緊張と不安定さによって特徴づけられるとすれば（Noppe & Noppe, 1991, 2004），上述の死と生に対するこれらの見方も安定したものとは考えがたく，むしろ態度間を常に揺れ動く不安定さこそ，青年の死生観の特徴と考えるべきかもしれない。

3. おわりに——現代青年へのメッセージ

(1) 現代青年の死生観の特徴

青年期の死生観の特徴は以下のようにまとめられる。

第一に，青年は死について比較的頻繁に考えているようであるが，それは他者との対話を行わない個に閉じたものであり，またリアリティに乏しい傾向にある。第二に，青年は死に対して否定的な感情を抱きやすく，また強い不安を示す傾向にある。ただし死に対する現実感が薄いため，死の恐怖や受容，回避などの態度は他世代よりも程度が低い。第三に，女性の方が男性よりも死の不安が高い。また宗教との関係性について，加護的な宗教観は死の肯定的受容と死の不安の低下を促すのに対し，応報的な宗教観は死の不安を高める。第四に，自殺は青年の死亡原因の上位にあることから，極めて重要な問題である。第五に，青年の自殺の原因として学校問題と健康問題が顕著であり，孤独や葛藤，挫折感も自殺に大きく影響すると思われる。第六に，青年の多くが希死念慮を抱いているが，自殺を真剣に考えるものはそれほど多くはないようである。第七に，青年は自分の存在価値や生きる意味に対する疑義や孤独感から希死念慮を抱くが，勇気がなく思いとどまることがうかがえる。また近しい他者との関係性は自殺の抑制因子にも危険因子にもなると考えられる。第八に，青年にとって死を考えることは，自分の人生を考える上で重要であるが，多くの青年が死に対する現実感をもっていないようである。また自殺を真剣に考えるものは，死を苦しみから解放させてくれるものや美しいものとして逃避的に死に接近する傾向にあるため，青年期においては，死と生を切り離して考える，あるいは逆に過剰に考えるのではなく，ほどよい距離感を保ちながら，死を通した生に対する見方を養っていくことが大切である。

(2) 死を見つめてよりよく生きるには

人生の本質的なはかなさに思い至ることは，人生の意味を満たす可能性，つまり何かを創造し，意味のある苦悩をすることにつながる（Frankl, 1978）。一方で，自殺とは，生きる意味を見いだせない状態，つまり人生が無意味だということへの絶望感にとらわれていることともいえる。本章を通じて見てきたように，自己存在の意義や価値が見いだせず，希死念慮を抱く青年は少なくない。確かに多くの青年にとって，その気持ちは時間が経過すれば薄らいでいくものでもある。しかし死を通じた生に対する見方を養うには，青年はあまりにも孤独である。それは青年が，生と死の問題を，指針やモデルとして役立ってくれるかもしれない成熟した大人と話し合う機会をほとんどもたない（Kastenbaum, 1992）からではないだろうか。そしてそのことが苦難において生きる意味を見いだすすべについて学ぶことができず，自殺を考えること，あるいは死に対する現実的感覚を得られないことに大きく影響しているよう思えてならない。

その意味において，死と向き合うもの，たとえば高齢者との関わりが青年の死生観に及ぼす影響は小さくないだろう。エリクソン（Erikson, 1950）は，年長者たちが死を怖れないほど強い統合をもっていれば，健康な子どもは人生を怖れるものではないと述べている。それは高齢者が死と向き合うことで，死の恐怖にとらわれ絶望に陥ることなく，人生にお

いて必然であるものとして受け入れる姿が，まさに次代への一つの人生の「終幕」の生きた実例を示す（Erikson, 1964）からに他ならない。無論，すべての高齢者が死を諦観しているわけではない。それでも，生と死に向き合う高齢者の姿から青年が学びうるものは，決して少なくないだろう。

Column 13　若者は「死」をどう意識するか？
―「死」と「若者」をむすぶ「宗教」

「死」について，若者は日常生活の中でどの程度意識的にとらえているだろうか。おそらく若者にとって，死は感覚的には遠く離れた先のものであるだろう。年齢階級別の死亡率を見れば，青年期人口における死亡率は壮年期や老年期に比べると顕著に低い（厚生労働省, 2006）。また，本人の人生や生活に甚大な影響を与えうるような近親者との死別経験はまだ少ない。したがって，心身ともに健康である若者にとって，死を遠いものとして位置づけるのは自然のことと思われる。

しかし一方で，厚生労働省の同統計を見ると，死亡率は乳幼児期の高い値から徐々に減少し，青年中期（15〜19歳）に再び大幅に上昇する。また死因別死亡率においては，「不慮の事故」「交通事故」「自殺」の率が青年中期に急激な上昇を見せている。つまり，青年期に至って死は急激に身近なものとなる可能性をもつといえる。なお，これとよく似た内容が安溪（1991）によっても報告されていることから，この現象には時代的安定性があると考えられる。そして安溪（1991）は「命の明るさのまっただ中にいるはずの若者は，死と逆説的に強く結びついているようである」とも述べており，青年期は死に関してアンビバレントな状態にあるといえる。もちろん，ネガティブな方向性での思考のみならず，死そのものについての沈思・熟考も青年期において顕現し，心理発達的に重要性の高いものである（丹下, 1999）。

死は遠いようで近く，死について思考することは一見ネガティブに見えて，実はポジティブな意味ももつ。そのような若者たちの死に対する態度のアンビバレントさについて，宗教性の高低を一つの要因として実証的に調査した研究がある。丹下（2004）によると，宗教信仰を有する者はそうでない者と比べ，死に対して人生における有意味性を付与し，死後の世界に対する信念をもつ傾向があると報告している。すなわち，宗教性は死に対する肯定的な解釈に関係しているということである。また金児（1994）は，宗教行動の動機が内発的なものであれば死への不安は低い方へ，外発的なものであれば死への不安は高い方へ向かうという傾向を見いだしている。さらに河野（2000）は，宗教に対する好意的態度は，肯定的な死観を形成するための機能をもつことを示唆している。日本においてこの分野の実証研究はまだ少ないが，いずれの研究からも，青年自身の宗教に関する意識や態度によって，死に対する考えがポジティブにもネガティブにもなる可能性があるといえよう。

心身の健康教育やデス・エデュケーションの必要性が，義務教育のみならず青年期の教育においても生じるようになった昨今，死（という概念）に対しアンビバレントな青年たちと向かい合う際，宗教性という心理的要因も考慮対象とすべきときがあり，アプローチ道具となることもあるのではないだろうか。

ワーク ⑩ 心理検査に関するワーク―バウムテスト

　バウムテストとは，スイスの職業相談家であるユッカー（Jucker, E.）により1920年代に考案され，スイスの心理学者コッホ（Koch, K., 英語名はCharles Koch）により臨床場面に応用されるようになった心理検査である。

　バウムテストは日本で広く利用されている心理検査であるが，その理由は，①侵襲性が低い（被験者の抵抗が生じにくい），②施行が容易（紙と鉛筆さえあれば誰でも施行可能・短時間で終了する），③臨床心理士以外の職種の人が見ても，被験者のパーソナリティについてある程度の感じがつかみやすい といった長所をもつ（名島ら, 2001）ためである。ただし，厳密な解釈が難しいという短所ももちあわせていることには，注意する必要があるだろう。

　バウムテストの「バウム（Baum）」はドイツ語で「木」の意味である。描いた木を通して，その人となりの表現を理解しようとする検査であるが，一般的には「被験者が自分自身の姿として，無意識に感じている」「被験者の基本的自己像」を表すとされている（高橋・高橋, 1986）。

　さて，ここでは以下に示す方法に沿って，バウムテストを体験してみよう。なお，用具や教示には幾通りかの方法があるが，ここでは比較的わかりやすく，体験しやすい方法を記載した。

（1）A4版の白い画用紙1枚，鉛筆1本（濃さは4Bが望ましい），消しゴム，ストップウォッチもしくは秒針のある時計を用意する。落ち着いて検査に取り組める環境であることを確認する。
（2）紙を縦にし，机の上に置く。
（3）以下の項目をよく理解してから，検査を開始する。
　①絵の上手下手，技法や能力を調べるものではないこと。
　②気楽な気持ちで描くこと。しかし，いいかげんには描かず，できるだけ丁寧に描くこと。
　③写生ではなく，自分の思ったように，自由に描くこと。
　④時間の制限は無いこと。
（4）さあ，それでは木を1本描いてください。
（5）描き始めてから描き終わるまで，かかった時間を測定し，用紙の裏に記録する。
（6）木を描き終わったら，その木についての説明を用紙の裏に記載する。たとえば……この木はどんな木でしょうか。どんな状態でしょうか。この木について，あなたが思ったり感じたりすることはありますか。この木はこれからどうなっていくのでしょうか。
（7）最後に，あなたの名前，年齢，バウムテストを行った年月日などを用紙の裏に記載しておく。

　あなたの描いた木は，どのような木だっただろうか。

私の知らない"私"と出会う

　前述したように，バウムテストの解釈方法は多義にわたっている。ここでは，高橋・高橋（1986）を参考にしながら，着目する要素をいくつか示し，そこから得られる大まかな解釈の枠組を示す。描いた木を観察しながら，各項目の特徴を記載してみよう。

全体の雰囲気：

木の大きさ：

筆圧：

ライン・タッチ：

幹（傷の有無）：

根：

葉：

その他特徴：

用紙裏に記載した文章：

完成させた上の表をもとに，解釈をしてみよう。

「全体の雰囲気」は，自己に対する直感的な印象・自己像の端的なイメージを示すとされる。

「木の大きさ」は，環境との関係を示す。プライドや自己拡大欲求の高さ・活動性・感情を表現しているととらえられる。「筆圧」は心のエネルギーの水準を，「ライン・タッチ」は情緒の安定性を示すとされる。

「幹」は樹木の中心である。こころの強さや感情調節のスムーズさを示すとされる。解釈の1つの方法として，下方は幼い頃の体験または無意識を示し，上方は現在または意識を示すとするとらえ方もある。「根」は現実との接し方・過去・家族との関係・無意識の欲求の大きさや種類を示すとされる。「葉」は目標・理想・興味，それらに伴う自尊心や自己評価，空想生活の大きさ，家族友人など人間関係への意識的態度を示すとされる。葉と幹のつなぎ目は，感情と理性の接合のスムーズさを示すとされる。

その他，必要とした時間・消しゴムの使い方などからは，丁寧さ・繊細さ・迅速性などが推測されうるであろう。

これらを総合すると，どんな人物像がうかびあがってくるだろうか。以下にまとめてみよう。

以上にまとめられた「人物像」を改めて読んでみて，あなたはどのような感想をもつだろうか。あなたが気づいていないあなたらしさは，どんなところにあっただろうか。

あなたが普段自分が意識していない自己イメージと出会い，新しい自己を発見し，自己理解のヒントを得ることができれば幸いである。

第11章 青年期と精神疾患

　人間はその存在を生物的基盤に置く。したがって第2章で述べられた通り，青年期は身体の成熟に伴いホルモン分泌が活性化することによって引き起こされる第二次性徴の発現から始まる。これはあたかも地中奥深くに蓄えられていたマグマが地表に噴出してくるがごとく，急激な身体生理的変化が引き起こされることでもある。このような身体生理レベルでの急激な変化が，心理的側面にさまざまな影響を及ぼしたり，精神疾患発症の契機となることも少なくはない。

　この章では青年期に比較的多く見られる精神疾患について概観してみたい。

1. 統合失調症 (Schizophrenia)

(1) 発症率・歴史

　統合失調症の生涯罹患率は，わが国でも諸外国でも約1%である。また発症の男女差は認められないが，発症のピークはおおよそのところ，男性が15歳〜25歳，女性が25歳〜35歳と若干男性の方が早い。

　歴史的に見ると統合失調症が治療される病気とされたのは，1950年代以降のことである。ここに至るまでの歴史は患者にとって，辛く厳しい時代が長かった。それはいわゆる「正気」の人間は「狂気」を非常に恐れることに起因する。これはどの時代にも共通する心性であろう。歴史的には中世ヨーロッパでは，統合失調症の有効な治療法がなかったこともあり，この病気は「非常に恐ろしい病」「不治の病」として恐れられた。そして精神病患者は，「悪魔つき」とされ宗教裁判にかけられたり，魔女狩りに巻き込まれ火あぶりにされたことが記録に残されている。

　その後1852年にフランスの精神科医モレル (Morel, A.) が統合失調症を初めて公式に「早発性痴呆」として記述した。また1871年にはドイツのヘッカー (Hecker, E.) が「破瓜病」と，1874年にはドイツのカールバウム (Kahlbaum, K. L.) が「緊張病」とそれぞれ記した。破瓜病の破瓜とは，思春期を意味する言葉であり，思春期に発病することが多いことからこの名称がつけられた。さらに1899年には近代精神医学の父といわれるドイツのクレペリン (Kraepelin, E.) が『早発性痴呆』を著し，ここで従来から言われてきた破瓜病，緊張病に妄想性痴呆を加え，これらを支離滅裂な妄想の拡大によって最終的には人格の崩壊をもひきおこす進行性精神疾患である「早発性痴呆 (dementia praecox)」として一つの疾患単位にまとめた。このようにクレペリンは従来の統合失調症の概念を，青年期に発病し，慢性進行性の経過をたどる疾患として一つにまとめあげた点では評価を得た。しかし経過をたどらなければ確定診断ができないという診断面における不備が指摘された。

　20世紀に入りスイスの精神医学者ブロイラー (Bleuler, E.) は，経過によらなくても現在の精神症状から診断ができることを示した。また統合失調症は，必ずしも若年時に発症

するとは限らず，また，必ずしも痴呆に至るとは限らないことも明らかにした。そしてこの病気の本性は観念連合の弛緩にあるとして「早発性痴呆」を統合失調症 Schizophrenie と改名し，疾患概念をかえたのは 1911 年のことである。なおドイツ語の Schizophrenie は，ギリシャ語の「schizo（分析・分裂）」＋「phren（魂・精神）」＋「ie（病）」からなる。わが国では 2002 年に Schizophrenia に統合失調症の訳語を用いるようになった。それは「分裂したこころの病」というこの言葉が社会的偏見を生み出し，それが患者自身のみならず家族をも苦しめたという歴史的経緯を踏まえてのことであった。加えて「統合」とは，「まとまり」を意味する。この疾患でのまとまりとは，思考であり，感情であり，そして意志のまとまりを指す。そして「失調」には「精神のバランスを崩す」という意味があり，そこには回復の可能性が含まれている。このようにこの疾患の機能的側面に焦点を当ててとらえ直したことも統合失調症に名称を変更した一因となっている。

(2) 主な症状

気分障害（2 節参照）と異なり，一定の身体症状は見られない。しかし発症直前には，強い頭痛，全身のだるさ，不眠などを訴えることがある。特に不眠に関しては，統合失調症の初期症状としては顕著なものである（中井, 1998; 中安・村上, 2004）。

あらゆる精神病は統合が失調した，すなわちバランスを崩した状態といえる。中でも，統合失調症の患者は，複雑かつ多彩，さらに他者には理解しがたい表現でその精神症状を訴える。

ここでは，臨床診断の際の指標のためにドイツの精神科医シュナイダー（Schneider, K.）によってまとめられた統合失調症の症状に基づいて見ていくことにする（表 11-1）。なおシュナイダーは，診断に際しては，これらの症状はあくまでも診断のための目安であり，症状だけで判断するのではなく全体的関連性で判断することの重要性を指摘している。

1 級症状の具体的内容は次の通りである。
①思考化声
自分の声があたかもブーメランのように戻ってきて聞こえたり，自分が考えたことがそのまますぐに外部からの声として聞こえるという症状である。また本を読んでいると 2 フレーズ先の文章が自分の声として聞こえてくると言う患者もいる。思考化声は，自分の思考や行為が声となるといったように思考の自己所属感は損ねられていない。
②対話形式の幻聴
幻聴とは，幻覚の一つである。統合失調症では，幻聴は多く見られるが，必ずしも鑑別診断の十分条件ではない。

表 11-1 シュナイダーによる統合失調症症状分類

1 級症状
①思考化声
②対話形式の幻聴
③自分の行為を批判する幻聴
④身体への影響体験
⑤思考奪取および思考の被影響体験
⑥思考伝播
⑦妄想的知覚
⑧感情欲動意志の分野における外からの作為体験
2 級症状
1 級症状以外の形式の幻覚・妄想着想・抑うつと爽快気分・困惑・感情貧困化

対話形式の幻聴とは，自分の考えに対して「それはダメだ，ダメだ」などコメントする声が聞こえ，それに対して反論するとまた言い返してくるなど他人の声が聞こえてくる訴えである。患者の行動としては，ぶつぶつとつぶやくような独語や一人でニヤニヤと笑う空笑として見られる。

③自分の行為を批判する幻聴

あたかも隠しカメラや窓の外から覗かれていて，実況放送のように「今，お茶を飲もうとしている……湯飲みを持った……口に運んだ……バカ，間抜け……」といったように，自分の行動を一つ一つコメントしたり，非難したりする幻聴である。患者は聞こえてくる幻聴に反論すると，すぐに言い返されるため言い合いになることもある。

④身体への影響体験

身体の感覚を異常な感覚として感じたり，さらに他人から何かされると感じることである。多くは他者には了解不能な語りとなる場合が多い。たとえば「脳内に電波が送られてきて頭の中がシャッフルされている」「答えが正しいときは右手に電流が流される」などである。

⑤思考奪取および思考の被影響体験

思考奪取とは，自分の考えていることが誰かに抜き取られる，というように自分の考えている内容が奪い取られるといった訴えである。また「考えてもいないことが無理矢理に頭の中に入り込んでくる」といった思考挿入，「考えが突然に止まってしまい，先にすすまなくなる」などの思考途絶なども思考の被影響体験の一様式である。

⑥思考伝播

「自分が考えていることが，電波に乗って他人に伝えられてしまう」「街中で出会う人はみんな自分の考えを知っている」など自分の考えが他人に筒抜けになるように感じることである。

⑦妄想知覚

目の前で起こっている出来事は自分にとって偶然なものではなく，あらゆることが自分に対して何かをほのめかしていると異常な意味づけをすることである。「8894という電話番号からかかってくる電話は'早く死ね'というメッセージだ」「木の葉の揺れは，迫ってくる危険を知らせるサインだ」といったように，理由はわからないが意味だけははっきりと感じられるような知覚体験である。

⑧感情欲動意志の分野における外からの作為体験

いわゆる「させられ体験」のことである。自分の意志や感情，行動が誰か他者によって操られるように感じる体験である。「自分の頭が他者にハイジャックされた」「意志の自由が奪われた」などと訴える。

上述のような統合失調症患者の訴える幻覚・妄想を私たちが理解するのは非常に困難である。私たちが，患者の幻覚・妄想を理解するためには，医療従事者向けの教育用に製薬会社が開発した統合失調症の症状を疑似体験できる装置「バーチャル・ハルシネーション」や統合失調症を患いつつゲーム理論でノーベル経済学賞を受賞したジョン・ナッシュの生涯を取り上げた映画「ビューティフル・マインド」の中でCGを使いながら描かれる幻覚・妄想などを通して患者の世界を了解する努力をする以外に今のところ方法はない。

さて先に挙げた1級症状に見られる幻聴以外にもさまざまな訴えを患者はする。たとえば「道ですれ違う人は，探るように自分を見ている」（注察妄想），「体内にチップが埋め込まれCIAに24時間監視されている」（被害妄想）などである。幻覚に共通する特徴として挙げられるのは，①外界の出来事がすべて自分とどこかで関連しているという関係妄想

的意識, ②自分の心は見透かされていて, 非難や批判, 皮肉, 叱責を受けるといった被害的意識の2つである。

また2級症状のうち着想妄想とは,「自分は大正天皇の落とし子だ」(血統妄想)といった根拠も何もない着想が突然生じ, それに支配され続けることである。抑うつと爽快気分とは, 断片的で突然生起する感情の変化のことである。困惑とは, 途方にくれ茫然自失となる状態である。最後に感情貧困化とは,「人生は砂漠のようなものだ」「心が凍ってしまう」など感情体験の平板化を訴えることである。

統合失調症はこれまで見てきたように多彩な症状を呈する。それはいずれも中枢神経系の機能に起因して生じるものである。この観点から症状を分類すると, 中枢神経系の機能亢進によってもたらされる「陽性症状」と機能低下によってもたらされる「陰性症状」の2つに分類できる。陽性症状には, 幻聴・独語・妄想などが, 陰性症状には, 活動や意欲低下・無為自閉傾向などの症状が見られる。このうち, 陽性症状は, 発症初期に多く見られ, 慢性期になると陰性症状が前面にでることが多い。しかし, 中学生や高校生の不登校の要因が陰性症状である場合も稀にあり, 家族が登校を促すような関わりを続けていると次第に妄想や独語, 空笑など非現実的言動を示すといった経過が見られることもある。

(3) 統合失調症の3タイプ

統合失調症患者の顔は患者の数だけあるといわれるように個別性が強くさまざまな症状を示す。また治療開始のタイミングなどによって1週間で症状が消失するものもあれば, 生涯を病院で過ごす人もいないわけではない。このように統合失調症スペクトラムは幅広い。しかし従来より症状と経過によって統合失調症は大きく3つのタイプに分類されてきた。これは最新の米国精神医学会によるDSM-IV-TR (「精神疾患の分類と診断の手引第4版修正版」) やWHOによるICD-10 (「疾病及び関連保健問題の国際統計分類第10版」) など操作的診断基準においても踏襲されている。

①緊張型 (catatonia)

カールバウムによって1871年に独立した疾患として記載されたものである。10代後半から30代までに発症することが多い。症状としては, 無目的に動き回るなど激しい精神運動性興奮状態を示したり, 周囲からの刺激に対してまったく反応を示さない精神運動性混迷状態を示したりする。発症は急であるが, 興奮と混迷を交互に示しながら大部分は数週間で回復する。

治療への反応は良好で一度きりの発症で済む場合もあるが, 適切な治療を行わないと数年の間隔で再燃を繰り返すことが多い。

②破瓜型 (hebephrenic)

ヘッカーが1871年に破瓜病と命名した疾患であり, DSM-IV-TRでは解体型に分類される。多くは破瓜期すなわち思春期である10代前半以降に発病する。集中力の低下, 興味関心の減退, 無表情, 対人関係への消極性など陰性症状が前面に現れる。そして次第に幻覚や妄想を伴い, 独語や空笑, しかめ顔, 非現実的言動が見られるなど疎通性に乏しくなる。一方で, 突然激しい感情のほとばしりを表すこともある。早期発見と治療開始が望まれるが, 慢性進行性に悪化する。病前と比べ人格変化や能力低下が著しい場合も少なくない。

③妄想型 (paranoid)

発症年齢が緊張型や破瓜型よりも若干遅く, 妄想をもつ能力が生じるとされる18歳前後から見られはじめ, 30代以降で発症することが多い。症状の中心は幻聴を伴った妄想であるが, 思考障害などの陽性症状や陰性症状も伴う。人格が保たれている印象があり,

寛解期での予後は緊張型や破瓜型と比較すると良好である。現在では最も多い病型であると考えられている。

(4) 原因と治療

1) 原　因

　発症好発年齢から見ると，統合失調症は人生前半の病であるということができよう。そして何よりも重要なのは早期発見と早期治療の開始である。統合失調症の発症機序と治療に関する研究は医学や薬学，脳科学の進歩とともに大きく発展した。しかし今なお未解明の問題が山積している。

　現在のところ生物学的視点からは，統合失調症の症状から推測してこの疾患と関連する脳内部位は，視床など大脳基底核，海馬や扁桃体など大脳辺縁系などであることが明らかになっている。これらの脳部位は神経ネットワークで結ばれ，神経伝達物質のドーパミンを介して神経信号をリレーしていると考えられている。そして統合失調症の発症機序の一つとして，ドーパミンの過剰放出により大脳辺縁系の過活動が起こり，情動調節に支障をきたし思考過程の分裂や幻覚・妄想が生じるというドーパミン仮説がある。

　また遺伝的要因については，近親者の発病率は多くの統計学的調査の結果を総合すると，発病者の同胞や子どもの発病率はおおむね10〜15％である。一卵性双生児の場合は約50％である。遺伝的にまったく同じ一卵性双生児のうち一方が発病しても必ずしももう一方も発病するわけではないことから何らかの環境要因が影響していると推測できるが，その詳細は今のところ明らかになっていない。

　ストレス要因としては，ズービン（Zubin, J.）らが提出した「脆弱性－ストレスモデル」の研究以降，統合失調症の発症や再発にストレス要因が影響している点について広く議論がなされるようになった（Zubin et al., 1977）。ストレスには，ライフイベントに代表される短期的な急性ストレスと家族関係や家族内コミュニケーションなど長期的に作用する慢性ストレスの2つがある。

　急性ストレスについては，ブラウン（Brown, G. W.）らは，50例の統合失調症患者群と325例の対照群を用いて，被験者と家族の役割の変化，健康上の変化，引越し，他人との接触頻度の変化，目的の達成もしくは失敗などからなる8領域のライフイベントについて構造化面接調査を行い，ライフイベントと統合失調症の発病の関係を報告した（Brown et al., 1968）。その結果，患者群の46％が発症前3週間に高いストレス要因となるライフイベントを経験しており，それは対照群の14％の経験より有意に高い頻度だった。さらに患者群においては，発症前3週間のライフイベントが他の3週間の3倍の頻度で認められた。これらの結果から，ライフイベントが統合失調症の発症を促進し，特に発病前3週間以内のライフイベントが発病に強い影響を与えていることを明らかにした。

　さらに家族のコミュニケーションなど長期的に作用する慢性ストレスについては，1950年代にアメリカのメンタル・リサーチ・インスティチュート（MRI）が，ベイトソン（Bateson, G.）の相互に矛盾（対立）する2つのメッセージを同時に受け取ることによって，強烈な精神的ストレスを感じる葛藤状態が発生するという二重拘束理論（ダブル・バインド理論）に基づき，統合失調症家族の家族内コミュニケーションを研究した。その結果，二重拘束状況によって強い混乱が引き起こされ，苦悩の状態に曝されることが統合失調症の発症につながるとした。

　また1960年代の英国では，退院した統合失調症患者は家族と一緒に生活した方が安定した生活環境を得ることができ，再発しにくいはずだという考えが一般的だった。しかし再発率は，家族と離れて生活する患者の方が家族と同居する患者よりも低いことがブラウ

んらの調査で明らかになった（Brown et al., 1968）。ブラウンらは患者家族の表情や態度，口調などの感情表出（EE：Expressed Emotion）について，①批判的なコメント，②敵意，③情緒的巻き込まれ，④温かみ，⑤肯定的言辞という5つの感情表出項目を用いたキャンバウェル家族面接法（CFI：Camberwell Family Interview）による調査を実施した。そして過度に侵入的な感情が多く表出されると評価された「高感度感情表出」タイプである高EE家族と，そうでない低EE家族を比較すると，退院後9ヵ月間の再発率は高EE家族で51%，低EEでは13%と有意な差が見られた。1994年に伊藤らがブラウンらの研究の追試を日本で行ったところ，高EEの再発率が45.7%，低EEが8.1%で，同じく有意な差が見られた。このことから文化差を超えてEEは再発に結びつく状況のリスクファクターであることが明らかにされた（Oshima et al., 1994; Ito & Oshima, 1995）。

高EEには，次の3つのタイプがある。

①批判的コメント

患者本人に不満や文句をあらわに示すこと；

「まだ働いていないのにみっともない」「いい年しているくせに，ぶらぶらしている」「挨拶くらいちゃんとしなさい」

②敵意

患者本人を敵対視するような感情をぶつける；

「役に立たない本ばっかり買って」「変な格好して恥ずかしいと思わないのかい」

③情緒的巻き込まれ

患者の病状や将来を過剰に悲観的に考えすぎ過保護や過干渉になる；

「この子は私がいないと何もできない」「その服は変だよ。私が買ってきたこの服にしたら」

統合失調症患者は，対人関係に過敏になりやすいため，身近な家族から感情をむき出しにぶつけられることが病気の再発につながることもありうる。また近年の研究では，高EE家族は統合失調症だけではなく双極性障害やPTSD，摂食障害などの精神疾患のみならず，ぜんそくや肥満，糖尿病など身体疾患の回復や再発とも関連が見られることが示唆されている（三野ら，2007）。

さて統合失調症の幼児期から思春期にかけての危機要因について，中井（2001）の患者家族を対象にした研究と精神科臨床をもとにまとめてみたい。

①反抗期のない，手のかからない子

患者には反抗期がなかったと答える患者の母親は少なくない。子どもが親に反抗するということは，親の胸を借りて社会に出て行く稽古をするという意味合いがある。そこには胸を貸してもらって，どんなにぶつかっても親は自分を見放さないだろうという親への基本的信頼感が揺るぎなく存在しているということでもある。

反抗期がないということは，この対人的安全保障感が育っていない，もしくは何らかの影響で脅かされていると見ることができよう。

②最大の恐怖は「見捨てられ不安」

子どもは多くの場合，自分が無力であり一人では生きていけないことを察している。空腹感などを通して身体のレベルでわかっているともいえよう。子どもの最大の恐怖や不安は「置き去りにされる恐怖」，すなわち「見捨てられ不安」である。たとえば引越しのとき，子どもは一般におとなしい。また子どもが甘えたり，駄々をこねたり親に楯突いたりするときは，決して両親は自分を見捨てないだろう，という基本的な信頼感のあるときである。子どもが見捨てられ不安を感じるとき，心理的には恐怖に彩られた世界に対する疑心暗鬼に充ち，しばし妄想様の体験をすることもある。

③身体の変化と成長

　第二次性徴を迎えるとは，子どものときとは異なる異形の身体を受容することであり，たとえば初潮のようにそれ自体がショックとなることもある。また周囲から冷やかしやからかいのまなざしを向けられ，そのことに耐えがたい思いをすることもある。これは成長による身体の変化を受け入れられる心理的成長が伴わない場合も見られるということである。また子どもが第二反抗期を迎えた頃，親は「子どもが見えなくなった」「何を考えているのかわからない」と思うことがしばしばある。これは子どもが成人と同様な自我を形成し始めているサインといえよう。

　身体の成長に続く心理的な成長は，親子といった垂直の関係から大人同士という水平の関係を切り結ぶ始まりである。このときに子どもに安定と安心をもたらすものは，理解されるということよりも信頼されることである。

(5) 治　　療

　人類の歴史の中で長い間，精神障害者は悲惨な運命に晒されてきた。それは，身体疾患とは異なり症状を発する原因が不明でありしたがって治療はおろか適切な対処方法すらわからなかったからである。近代に入り「精神病患者を鎖から解き放った」といわれるのは，フランスの精神科医ピネル（Pinel, P.）である。彼は1790年代にフランスの2つの精神病院において，閉鎖病棟に鎖でつながれていた患者の鎖をとき，家族の面会を可能にするなど患者の人権を重視した解放病棟をつくっていった。そして今日の作業療法につながるともいえる園芸，裁縫などを教え，患者が社会で生活する際の便宜を図った。

　精神科治療の画期的進展が見られたのは，1952年にクロルプロマジンが統合失調症の妄想・幻覚・興奮に極めて効果的に作用することが発見されたことが端緒である。そして1957年に抗うつ薬のイミプラミン，1961年には抗不安薬のクロルジアゼポキシドが相次いで発見された。この3つは現在も多くの向精神薬の原型となっている。さまざまな向精神薬や抗うつ薬，抗不安薬などの発見は，精神科治療が薬物治療中心に変化する転回点となった。さらに薬の薬理作用を手がかりにし，また脳科学や神経科学の研究を応用しながら統合失調症や躁うつ病の身体的背景を明らかにする研究が生物学的精神医学の領域で進められてきている。

　さて統合失調症の治療は，現在はその9割を薬物療法に負っている。すなわち，医師の処方した向精神薬を患者が納得の上で長期間にわたり服用することが治療の中心である。患者が主要な症状として示す妄想や幻聴は，脳内伝達物質の過剰分泌によって引き起こされるため，それを阻止する薬剤を服薬することによって幻覚作用に基づく異常行動は落ち着いてくる。したがって，患者が服薬を継続できるよう，周囲の者は注意を払いながら関わることが重要となる。

　たとえてみれば薬物療法とは，服薬によって思考や判断など自我機能をいわゆる一般的レベルの範疇に収まるようにすることである。さらには傷つきやすい患者を守るための防具のはたらきをする。したがって患者が社会の中で生活するためには，服薬して安定している状態をベースにすることが第一である。その上で社会復帰をスムーズにするための方法として，SST（生活技能訓練）や作業療法など精神科リハビリテーションが極めて大切となる。これらは医療機関の中では，精神保健福祉士（PSW）や作業療法士，臨床心理士などが行うことが多い。

　また先に述べた通り，統合失調症の再発に

SST（生活技能訓練）
　SST（Social SkillsTraining：生活技能訓練）は，認知行動理論に基づきロールプレイなどをとおして対人関係を中心とする社会生活に必要なスキルを習得したり，精神科領域では服薬の自己管理などの自己対処能力を高め，自立的生活を支援する方法として有効な心理教育的治療法。

は家族のコミュニケーションのあり方が密接に関わっている。さらに 1995 年の「精神保健及び精神障害者の福祉に関する法律（略記；精神保健福祉法）」以降，精神障害者は病院でなく社会で生活する方向性が政策的にとられつつある。これらの点から患者家族を対象とした心理教育も治療として重要である。

また私たちも統合失調症について正しい理解をすることで，患者を排除するのではなく共生できる社会環境を作り出すことが求められている。すなわち統合失調症は，薬物療法の発展により回復不能な病気ではなくなりつつある。しかし医師の指示があるまで服薬を継続することと，過度なストレスにさらされないように生活のコントロールをすることは不可欠である。この点から食事療法と運動療法を継続して行うことが必要な糖尿病と同じ慢性疾患の一つであるといえよう。

2. 気分障害（Mood disorders）

人は誰でも，大切にしていた他者を失ったり，大事にしていた持ち物をなくしたりすると，悲しい気持ちになる。また試験に合格したり，就職が決まったりすると嬉しさがこみあげてくる。そして感情が揺さぶられる体験をすると，理性もその余波で動かされる。このように私たちは喜怒哀楽の感情を日々体験しながら生活をしている。この節では感情が揺さぶられ理性のコントロールが効きにくくなったり，効かなくなる疾患である気分障害について見ていくこととする。

(1) 気分障害の分類と発症のメカニズム

DSM-IV-TR や ICD-10 では従来，躁うつ病と呼ばれていた疾患を気分障害（mood disorders）と呼ぶ。気分障害は，精神病性精神障害とは異なる。統合失調症が陽性症状の幻覚・妄想や思考の障害，陰性症状の無為自閉などを中心症状とするのに対して，気分障害はいわば感情の波に翻弄される気分の病気である。

気分の波が見られる疾患には，大きく分けて 3 種類ある。それは「適応障害」「抑うつ性障害」そして「双極性障害」である。このうち適応障害とは環境変化や喪失体験などをストレス要因とする一過性の不安や不適応状態に陥る疾患を指す。そして適応障害よりも重いうつ状態を示す抑うつ性障害（以下，うつ病）と躁とうつの 2 つの極の気分の波が見られることを特徴とする双極性障害（以下，躁うつ病）の 2 つをあわせて「気分障害」と呼ぶ。

気分障害の患者は，決して怠けていたり，だらしない性格なのではない。むしろ患者本人の意志とは無関係に，感情の波に翻弄されてしまうのである。中井（2001）によれば，統合失調症のキーワードは「先案じ」としての「不安」であるのに対して，気分障害は「後悔」である。うつ状態のときは，「取り返しが付かない」（木村敏），「悔やみ」（土居健郎）がわきあがってくる。それに対して躁状態のときは「なんとか取り返し埋め合わせよう，償いをしよう」と頑張ってしまうのである。

(2) 主な症状

ここでは，躁うつ病の躁状態とうつ状態の症状を概観することを通して，うつ病も含めて理解を深めることにする。

1) 躁 状 態

健康者でも定期試験後や仕事が一山越えたときなど気持ちが軽くなり過活動傾向となる。これを軽躁状態という。軽躁状態は，身内の葬儀のときなど予期せぬプレッシャーが急に

かかったときにも生じる。これは自分に向けられたプレッシャーを躁状態になることで否認しようとするからである。これを躁的防衛と呼ぶ。

躁状態の特徴をひと言でいえば抑制解除状態である。この状況のとき，患者は周囲の人にやたらと握手をしたり，にこやかに挨拶をしたりと上機嫌で多弁多動な行動が見られる。また自己価値の高揚感も生起し，社会的に自分が一番であるといった誇大的な妄想を抱く。また借金をしてまで高額のプレゼントをしたり，飲食を振る舞ったりと自分が上に立っていることを具体的な言動を通して示したりすることも見られる。このような躁状態のときは，不眠不休で活動しても疲労を感じることはない。しかし極相が変わったうつ状態のときに躁状態時の消耗のツケを払っている。2極の幅でバランスをとっているのである。

2) うつ状態

さまざまな活動に抑制がかかることが特徴である。動作は緩慢，人と会うのが億劫になり，決断ができなくなる。また抑制は自律神経系や身体状態にも及ぶ。食欲は落ち味覚もなくなり，必ず便秘になる。表情も乏しくなり，身体も怠さを覚える。思考も繰り返され，「もうだめだ」「生きていても仕方ない」といった行き詰まり感や希死念慮は多く見られる。

妄想の出現も特徴である。自己価値や自尊心の低下に起因する「微少妄想」「罪業妄想」や「貧困妄想」という形をとる。しかし躁状態の誇大妄想（「社会的に偉い」）も，うつ状態の微少妄想（「自分は虫よりも価値がない」）も患者の生活世界の範疇内での妄想であり，統合失調症の生活世界とかけ離れた妄想とは質的に異なる。

躁状態とうつ状態に共通して見られるのは睡眠障害である。ただし躁状態では短時間の浅い睡眠，うつ状態では，早朝覚醒など睡眠維持困難といった違いが特徴として見られる。

(3) 思春期青年期のうつ病

思春期のうつ病に比較的早くから注目していた傳田によれば，12歳未満の児童期は0.5%から2.5%，12歳から17歳の思春期以降では，2.0%から8.0%の有病率が認められるという（傳田，2007）。症状としてはイライラ感，不登校（引きこもり），身体のだるさや腹痛頭痛など抑うつ気分を行動で表現することが多い。また予後は発症後1～2年で多くは寛解するが再発例も多いという。つまり治療を適切に行えば治りやすいが再発もしやすいのが児童思春期のうつ病の特徴である。

(4) 病前性格

躁うつ病を罹患しやすい性格として，テレンバッハ（Tellenbach, H.）の「メランコリー親和型」，下田光造の「執着気質」が挙げられる。2つの性格傾向は類似しており，以下の特徴をもつ。すなわち「秩序を好み，良心的で目標を達成するまで努力を怠らない」「目標を達成しても，不全感が残りやすい」「頼まれれば断れず，背負い込んでしまう」「自分のことよりも他人のことが先になりがち」という点である。これらは，他者にとっての自分という視点から自己の存在価値を計るところに特徴がある。これはわが国の社会や組織から見ると，好ましい性格であるといえる。この病前性格は，生来のものというより教育や家庭環境によって形成され10代半ば頃から20代半ばにかけてはっきりとしてくる。

(5) 原因と治療

1) 原　因

生物学的仮説としては，近年MRIなどの画像診断の進歩に伴い，うつ病において，脳の海馬領域での神経損傷があるのではないかという仮説が唱えられている。心理学的仮説では病前性格論が挙げられる。また認知療法の治療仮説としては，人生の経験の中で否定的

思考パターンが固定化したことがうつ病と関連しているといわれている。

2）治　療

向精神薬による薬物療法が有効である。特にうつ病には，近年開発されたSSRI（選択的セロトニン再取り込み抑制薬）が他の抗うつ剤に比べ副作用も少なく処方されることが多くなっている。抗うつ薬による治療開始直後には，年齢に関わりなく自殺の危険が増加する危険性がある。また患者の症状の背後にある認知の歪みを自覚させ，合理的で現実的な認知へ導くことを目的とする認知行動療法（CBT）も有効な方法である。

（6）周囲の対応

うつ病については「うつ病はこころの風邪」という言葉が「うつ病は放っておいても簡単に治る」という誤解につながっていることも時として見受けられる。しかし風邪と違って時間がたてば自然に治るものではない。気分障害は自殺の可能性を高く秘めた精神疾患である。したがって適切な治療を受けることと休息を十分に取ることが第一であるという周囲の認識が不可欠である。特にうつ病は，たとえていうならば患者はブレーキを踏みながらアクセルを踏み込んでいる状態であるため，周囲の「がんばれ」「気の持ちよう」という言葉は結果として患者を精神的に追い込んでしまうことになる。患者の気持ちに理解を示しつつ，患者が安心して治療と休息に専念できるよう受容的態度で接することが望ましい（逸見，2003）。

3. パーソナリティ障害（Personality disorders）

（1）パーソナリティ障害とは

青年期に見られるもしくは青年期に顕在化する人格および行動の障害として，パーソナリティ障害（personality disorders）が挙げられる。

パーソナリティ障害とは，DSM-IV-TRによれば「その人を取り巻く文化から期待されるものから著しく逸脱した内的経験や行動の持続的なパターンが広般性であり，固定的であり，思春期・青年期に発症し，時が経っても変わらず，困窮や障害をもたらすもの」と定義される。つまり個人の感情や対人関係の持ち方の上で見られる障害を指す。またパーソナリティ障害は，個人の生得的な気質をベースにしながら幼少期からの自我の形成過程において，母親を中心とする養育者との関係や家族関係などの要因との相互作用において形成され，症状や対人関係を中心とした生活上の困難さは思春期以降に表面化する。パーソナリティ障害は，自我の形成不全であるため，不安や緊張感など症状に対する対症療法的に投薬は行われることはあるが，治療の中心は心理療法や認知行動療法が中心である。

DSM-IV-TRによればパーソナリティ障害には3つの下位カテゴリーがある（表11-2）。ここでは今年，臨床の場で多く見られるようになった自己愛性パーソナリティ障害（narcissistic personality disorder）に焦点を絞ってみていく。

表11-2　パーソナリティ障害の分類

A群	言動が奇妙で風変わりが特徴	妄想性人格障害・分裂病質人格障害・分裂病型人格障害
B群	劇的で感情的，移り気が特徴	反社会性人格障害・境界性人格障害・演技性人格障害・自己愛性人格障害
C群	不安・心配の強さが特徴	回避性人格障害・依存性人格障害・強迫性人格障害

(2) 自己愛性パーソナリティ障害

1) 自 己 愛

まず自己愛（narcissism）について概観する。自己愛についていち早く言及したのはフロイト（Freud, S.）である。彼はリビドー充足の対象移行（本能変遷）として自体愛から自己愛へ，そして対象愛へというベクトルを健康な精神発達過程として考えていた。つまり自己愛とは他者への愛をもつ前段階のものであり，対象愛にリビドー変遷が至って以降の自己愛を二次的ナルシシズムと呼び，それは自閉的で精神病理の一種であると考えた。

またオーストリア生まれの精神分析医コフート（Kohut, H.）は，人は健全で正常な自己愛をもつという視点から，幼児期の誇大感と自信のなさをあわせもつ未成熟な自己愛から現実的で等身大の自分を受け入れる成熟した健康な自己愛へと発達していくことを明らかにした。そして彼は，乳幼児期に共感的で尊敬の対象となる親の存在が健康な自己愛の発達を促進すると考えた。また未成熟な自己愛しかもてないと幼児的万能感に支配され，自己顕示的な誇大自己と自己中心的で他者への共感性に欠けるパーソナリティとなるとした。

2) 自己愛性パーソナリティ障害

DSM-IV-TR では表 11-3 のうち 5 つ以上が該当すれば自己愛性パーソナリティ障害と診断される。

自己愛性パーソナリティ障害は，古くは『白雪姫』に出てくる白雪姫の継母である王妃や，シェークスピアの『リア王』で常に自分への賞賛を欲するがゆえに孝行娘を勘当してしまうリア王や，太宰治が『人間失格』の中で描く周囲の反応に過敏で傷つきやすいが自分には才能があると思いこんでいる葉蔵などに見ることができる。

臨床場面では 1980 年代に入って，自己愛性パーソナリティ障害が注目されはじめた。患者が示す対人関係におけるエピソード（症状）にふれながら，自己愛性パーソナリティ障害の 2 つのタイプを示してみたい。1 つは周囲を過剰に気にする『人間失格』の葉蔵タイプである。すなわち患者は他者から見られる自分の姿を常に意識する。したがって自分を表に出さず，注目されることを避けたりする内気な恥ずかしがりで臆病者と周囲には映る。また他者への細やかな配慮に長けていたり他者の言動に敏感に反応したりするなど，一見すると他者配慮性に富む人と見られることもある。しかし内心では自分が傷つけられることへの恐怖と不安，そして怯えが強い。その一方で他者にはわからないけれど自分は有能であり，高い評価を得るべき存在であるという尊大な自己イメージを抱えている。

表 11-3 DSM-IV-TR による自己愛性パーソナリティ障害の診断基準

誇大性（空想または行動における），賞賛されたいという欲求，共感の欠如の広範な様式で，成人期早期までに始まり種々の状況で明らかになる。以下のうち，5 つ（またはそれ以上）で示される。

1. 自己の重要性に関する誇大な感覚
2. 限りない成功，権力，才気，美しさ，あるいは理想的な愛の空想にとらわれている
3. 自分が「特別」であり，他の特別なまたは地位の高い人たちに（または施設で）しか理解されない，または関係があるべきだと信じている
4. 過剰な賞賛を求める
5. 特権意識，つまり特別有利な取り計らい，または自分の期待に自動的に従うことを理由なく期待する
6. 対人関係で相手を不当に利用する，つまり自分自身の目的を達成するために，他人を利用する
7. 共感の欠如。他人の気持ちおよび欲求を認識しようとしない，またはそれに気づこうとしない
8. しばしば他人に嫉妬する，または他人が自分に嫉妬していると思い込む
9. 尊大で傲慢な行動または態度

2つめは極端に自己中心的で周囲をまったく気にかけず，また他者からの賞賛を絶えず求めるリア王タイプである。このタイプの患者は，横柄で傲慢，時に攻撃的な態度を他者に示すなど他者への配慮を示すことがない。また常に他者から注目されていないと不安になり，そのために話題の中心になるような言動を，時には嘘を交えながら，取りがちになる。また患者は一見すると自信にあふれエネルギッシュな言動を示すなど，積極的なリーダー的存在に見られることもある。しかし患者が示す他者への共感性が欠如した尊大な言動の背後には劣等感がある。換言すると患者の言動は劣等感を隠し，自分の思い描く理想的な自己イメージを保つための努力の結果なのである。

このように他者への言動のスタイルは異なるが，自己愛性パーソナリティ障害は，自己中心的思考および言動と傷つきやすさや共感性不全などによって対人関係場面でその問題点（症状）が現れることが多い。また2つのタイプに共通する自己イメージは2極化している。それは，高い能力があり万能で他者から高い評価を受ける理想的な自己と小心かつ臆病で取り柄のない無価値な自己である。そして患者が愛する対象とする自己は前者の理想的な自己であり，その自己イメージを保つための必死な努力が先に挙げたようなさまざまな言動として示されるのである。

しかし，理想の自己イメージを現実生活の中で常に保持することができない場合も少なからずある。自己愛性パーソナリティ障害の患者にとっては，理想の自己イメージを保てず，ばかにされたり体面を傷つけられたり面目を失ったりといった自己愛が傷つけられるような場面では，屈辱感や羞恥感情があふれ出てくることを止めることができなくなる。このような場合，患者は，自己愛憤怒といわれる激しい怒りを他者にむける。これは，普段は抑え込んでいる無価値な自己に直面せざるをえない状況が生じ，それを防衛するための手段としての怒りなのである。

自己愛性パーソナリティ障害の発生機序は今のところ明らかになってはいない。自己愛とは，幼少期から誰でもがもっているものであり，また生きていく上で欠かすことのできないものである。コフートは，自己愛の発達と成熟の観点から自己愛性パーソナリティ障害は自己愛の発達が止まった状態であることを示した。幼児期の自己愛は，「自分は何でもできる」といった誇大的で顕示的な幼児的万能感に満ちた自己愛である。この幼児が示す言動（たとえば，積み木で家を作る）を養育者が共感的に受けとめ賞賛をおくる（「すごいね，よく作ったね」）ことによって，幼児は自分のイメージの表現を養育者に受けとめられる体験をすることになる。コフートはこのような幼児が養育者から共感を得る体験こそが，自分で自分を支える自信を形成する体験であり，それが自己愛を成熟させる鍵になることを明らかにした。

このような幼児期の共感体験が十分でないと自己愛の発達が十全に行われないまま青年，成人になってしまい未熟な自己愛による幼児的万能感に支配された誇大的自己イメージである理想の自己とその対極にある無能で取り柄のない無価値な自己の2つに自己が分裂してしまうのである。その結果，現実的で等身大の自己像をもてなくなってしまう。

ところで1980年代に入ってから自己愛性パーソナリティ障害を臨床の場で見ることが多くなったことを先に示したが，それは自己愛が現代の特徴として挙げられるようになったこととも関連がある。すなわち戦後35年を経て迎えた1980年代は，物質的豊かさを享受できるようになったことと引き替えに，現在に通じる成果主義や競争原理の常態化の兆しが見られ，また家族関係の稀薄化，情報ネットワークの拡充によるヴァーチャル環境の拡大などが生起した時代である。1980年前後に生まれた青年を対象にした吉水（2002）の調査は，2000年代初頭の青年を①精神的目的地がなく漂っている，②物理的目的地が狭く漂っている，③流されながらも明るく楽しく，という点から「漂い系」と命名した。そ

して無理してがんばらず，自分が必要なときに必要なものだけを得られれば満足し，何よりも楽しく過ごせることが大切，という青年の特徴を明らかにした。これは，頑張っても結果が得られず傷つくだけならば無理して頑張らない，自分がよければ満足，そして何よりも今の自分の気分が大事，という極めて自己愛的な発想であるといえよう。また岡田（2005a）は，現代は自分が主役であることに価値をおく社会であり，また些細なことで他人を殺めたり，自傷行為に走るなど傷つきやすさと過剰適応を特徴とした「自己愛型社会」と規定した。このような社会全体のありようが自己愛パーソナリティ傾向や自己愛性パーソナリティ障害を生み出す土壌となっていることはいうまでもない。

3）治　療

　治療機関への受診動機はパーソナリティ障害それ自体を治すことではなく，自己愛の傷つきによる抑うつであったり，不安障害や不眠であったりすることが少なくない（狩野，2005）。したがって最終的な治療目標は理想の自己イメージと無価値な自己イメージのバランスを考えた安定した自己を得ることであるが，当面は傷ついた自己愛の回復や低下した自尊心や自信の回復が目標となる。

　パーソナリティの障害であるため，自己愛性パーソナリティ障害について理論的背景と技法をもつ精神分析や精神分析的心理療法あるいは考え方やものの見方の歪みを修整する認知行動療法などが中心となる。薬物療法は対症療法的に用いられることもある。

4. おわりに

　青年期に発症しやすい，もしくは発現する精神疾患の一端を概観してきた。精神疾患の質が時代とともに変化することは，フロイトの症例のような患者が現代ではあまり見られないことからも見て取ることができる。このことは人間が時代の流れの中で個人と社会との相互作用を通して生きていることに他ならない。たとえば近年，生涯でうつ病にかかる人の割合が6〜7人に1人となった。これは，個人の問題もさておき，社会の変化と個人の生き方に目に見えないズレが生じているサインなのかもしれない。すなわち社会のあり方を考えたり，生き方や価値観などを私たちが再度，問い直す機会が来ていると考えることもできよう。そのためには病の意味を社会の物語の視点から，そして個人の物語を通して見直していくことが不可欠であろう。

　また昨今，DSMやICDに代表される操作的診断が主流をなしつつあるが，診断というある意味でのラベリングは手段であって目的では決してない。どのように疾患と向き合っていくか，患者と関わっていくか，この点が心理臨床の観点からは重要なのである。

Column 14　凶悪化する犯罪—青年の臨床的問題から考える

　昨今，青年・少年による犯罪が連日のように報道され，少年法や被害者への支援のあり方についても多くの議論がなされている。実際のところ，日本における少年による凶悪犯罪の実数は多いとはいえず（鮎川，2001; 野村ら，2005），その質も「凶悪化」しているとはいいがたい（藤川，2005）。しかし，「現代の少年による犯罪は凶悪化している」という見解が一般的になっているように思われる。こうした印象を抱かせる青少年の心理的特徴は，どのように理解されるのだろうか。

　安岡（2002）は精神科医療の立場から，青少年の非行を含んだ適応障害全般について述べ，「1970年代以降は情動緊張が著しく，情緒不安定で，自己愛的で他者との関わりが困難，現実検討能力が損なわれやすく，しばしば攻撃的」な特徴が見られることを指摘している。清永（1999）は，1988年[1]を境に，現代少年非行が「反抗の論理」から「衝動の論理」へ転換したととらえ，該当少年の特徴として，日常生活態度は抑制的で内向的・非行契機は感情的衝動的・過去の非行経験が浅い，という特徴を指摘している。これらの指摘からは，"独自の内的世界をもつ，自身の内的な体験を実感することも言語化することも不得意であるがゆえ，他者がその情緒を共有することが難しく，他者との共感やコミュニケーションを得がたい"少年像が描かれる[2]。また，藤川（2002）が日本で初めてアスペルガー障害[3]と非行との関連について研究報告を行って以降，犯罪少年の「動機の納得しにくさ（わかりにくさ）」「奇妙な態度」と障害との関連が注目されるようになっている。以上の指摘をまとめると，妥当な不満や憤り，怒り，あるいは年齢相応の性的関心の高まりなど，さまざまな衝動は内側に存在しているものの，本人もそれを実感できず，あるいは言語化できず，社会的に認められる方法や他者に共有される形で表現することができないため，結果的には未成熟で唐突な行動の発露という形をとらざるをえず，それが反社会的な行動となって現れた場合，「凶悪化」という印象形成につながっていると理解することが可能ではないだろうか。

　非行少年の処遇（藤岡，2002; 藤川，2005）に関しては，従来からなされてきたことではあるが，まず個々の少年について，解離症状やパーソナリティの偏り・養育者からの虐待経験・発達の偏りや行動の問題，といった多面的な側面からその有無と質を査定し，非行に至った要因を分析する。次いで，限界設定を与え安心感を確保した上で，彼らの苦手な言語化を促す。自己の行動を振り返り統制できるように援助し，他者との交流を回復し，倫理観をもたせる，という過程が必要とされる。言い換えれば，彼らはそのときまで，生得的な脆弱性が把握されず，（物質的に満たされてはいたとしても）安心できる安定した生活環境と，内的な情緒体験を言語化して共有する機会とを得られなかったということになる。こうした現状は，程度や表現形態は異なるが，さまざまな臨床的問題を抱える青少年に共通して存在しているのではないかと筆者は考えている。

■ 注

1) この年，中学校2年の男子少年が金属バットで母親を殴った上，両親・祖母を刺殺した事件が起きた。清水はこの事件を，「衝動の論理」の時代の象徴的事件として紹介している。
2) 岩倉（2005）は，このような青少年の心理と社会的要因との関連について指摘している。
3) 広汎性発達障害の一つ。一見してはわかりにくいが，独特の認知様式やこだわりをもち，対人関係の円滑な遂行が苦手であり，社会性の構築に困難を示すことが多い（当然のことではあるが，障害に関する知見は彼らの援助につなげるべきであり，全少年事件と発達障害とを安易に結びつけることは認められない）。

ワーク 11　自己理解のためのワーク

1枚の写真がある（図1）。これは実際の風景だろうか？　それともジオラマだろうか？

図1　キャンパス風景

　本城（2006）は，被写界深度を浅くしたレンズを使用して日常の風景を撮影した作品を発表した。それは図1のように見慣れた風景が一見すると精巧に作られたジオラマのように見えてしまう作品である。私たちは風景を無意識的に近景・中景・遠景といくつかの視点から切り取って構成し，知覚している。そしてこの視点のバランスが崩れると，見慣れた風景とは異なるものと判断してしまう。
　これは私たちが外界を認知する際には，自分なりの視点，枠組をもっているということでもある。パーソナル・コンストラクト・サイコロジー（Personal Construct Psychology, PCP）を創案したアメリカの心理学者ケリー（Kelly, G.）はパーソナル・コンストラクト（personal construct）の概念を用いて，個人の認知構造について明らかにした。

(1) パーソナル・コンストラクト
　パーソナル・コンストラクトとは，ケリーによれば個人に特有な外界を位置づけ，意味付与を行う枠組である（Kelly, 1955）。つまりある事柄の意味は，その事柄自体にあるのではなく，個人が事柄を認知する際にパーソナル・コンストラクトに従って意味づけることによって生じるのである。したがって，個人のパーソナリティを知るとは，個人がもつコンストラクトの内容や構造を知ることに他ならない。
　さらにケリーは，個人のパーソナル・コンストラクトを抽出する方法として役割構成レパートリー・テスト（role construct repartry test, RCRT）を開発した。RCRTについては，教師を対象とした調査を報告した近藤（1994, 1995）にその具体的方法を含め示されている。

(2) ABC 理論
　心理療法の領域で個人の認知の変容を治療目標とする方法として，認知行動療法が今日，うつ病の治療を中心として効果をあげている。この認知行動療法に大きな影響を与えているのが，エリス（Ellis, A.）の論理情動療法（rational-emotive therapy, RET）である。
　エリスの理論は，ケリーのPCPと同様に個人の認知の基盤となる信念体系が外界の出来事や事象に個人特有の意味づけを行い，反応を引き起こすというものである。したがって，心理療法において個人の信念体系に焦点を当て，不適応を生み出す信念体系が変化すれば，外界への反応が変化，すなわち適応的行動が取れるようになると考えた。彼はこれを ABC 理論として，そのプロセスを集約した。エリスによる ABC 理論は図2の通りである。

```
A ――――→ C
      ↑
      │
      B
```

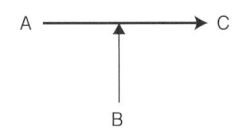

A（activating event）：ある反応を引き起こす出来事
B（belief）：信念や思考など個人特有の認知体系
C（consequence）：情動的・行動的結果としての反応

図2　エリスのABC理論

　一例を挙げるならば，テストで「0点を取った（A）」から，「落ち込む（C）」のではなく，「0点を取るのは情けないこと（B）」というその個人特有の思考や信念によって「落ち込む（C）」のである。

(3) 自己理解

　ケリーやエリスの認知論的自己概念では，自己理解とはすなわち自分のパーソナル・コンストラクトや信念体系への理解を深めることに他ならない。ここでは，アサーショントレーニングで用いられる「認知に関わるチェックリスト」（平木, 1993）を紹介する。

【Work Sheet】認知に関わるチェックリスト

　次の文章を読んで，あなたの日頃の考えとどの程度一致しているかを答えて下さい。回答の方法は，各文を「1：非常に当てはまる～5：全く当てはまらない」の5段階で評定し文末の［　］に数字で答えて下さい。回答の正誤はありません。余り深く考え込まずに，全部の文章について，日頃の自分の考えを正直に出してみて下さい。

1：非常に当てはまる　2：かなり当てはまる　3：どちらとも言えない
4：あまり当てはまらない　5：全然当てはまらない

(01) 自分のすることは，誰にも認められなければならない。　　　　　　　　　　［　］
(02) 人は常に有能で，適性があり，業績を上げなければならない。　　　　　　　［　］
(03) 人の行いを改めさせるには，かなりの時間とエネルギーを費やさなければならない。［　］
(04) 人を傷つけるのは非常に悪いことだ。　　　　　　　　　　　　　　　　　　［　］
(05) 危険や害がありそうなときは，深刻に心配するものだ。　　　　　　　　　　［　］
(06) 人は誰からも好かれなくてはならない。　　　　　　　　　　　　　　　　　［　］
(07) どんな仕事でも，やるからには十分に，完全にやらなくてはならない。　　　［　］
(08) 人が失敗したり，愚かなことをしたとき，頭に来るのは当然だ。　　　　　　［　］
(09) 人が間違いや悪いことをしたら，非難すべきだ。　　　　　　　　　　　　　［　］
(10) 危険が起こりそうなとき，心配すれば，それを避けたり，被害を軽くしたりできる。［　］

【解説】

　チェックリストの結果は，良い／悪いといった価値判断の観点から見ないことが重要である。結果はあくまでも個人の傾向が示されたものである。
　各項目の回答のうち，5ないし4となっている項目に関しては合理的で現実的な考え方ができていることを示している。逆に1ないし2となっている項目は，非合理的で自分なりの思いこみに基づいた考え方をしがちであることを示している。
　次に項目領域ごとの特徴を見ていく。

ⅰ）人は誰からも愛され，常に受け入れられなければならない　　　　　　　［項目（1）（6）］

　承認欲求や愛情欲求に関する項目である。私たちは，嫌われるよりも好かれることを望む。しかし「誰からも」「常に」「ねばならない」ということは現実にはありえない。あるいはそのためには八方美人的に振る舞わざるをえなくなる。現実的な思考は，なるべく多くの人から好かれるに越したことはない，しかし嫌われることもある。また，自分が嫌うこともあるということであり，それが合理的思考でもある。

ⅱ）人は完全を期すべきで，失敗をしてはならない　　　　　　　　　　　　［項目（2）（7）］

　失敗恐怖に関する項目である。失敗恐怖が高い人は，失敗すると責められる，責められるのは嫌だから完璧を目指す。すると慎重さを通り越して行動することが怖くなるといった悪循環に陥りやすい。失敗学は人間は失敗をする存在であると規定するところから始まる（畑村, 2005）。大切なのは失敗した後のフォローと検証であり，失敗から学びそれを次に活かすという現実的な思考なのである。

ⅲ）思い通りにことが運ばないのは致命的なことだ　　　　　　　　　　　　［項目（3）（8）］

　自分の考えや計画通りにならないことで生じるフラストレーションに関する項目である。自分が他者やあらゆる状況を支配できるという非合理的思考に支配されているとき，自分の思ったとおりに状況が展開しないと苛立ちを覚える。しかし現実は多種多様な人々との関係性で構築されている。したがって思い通りにいかない場合は，自ら別の方法を考え，模索するという思考が現実的であり，合理的である。

ⅳ）人を傷つけるような人は責められるべきである　　　　　　　　　　　　［項目（4）（9）］

　人を傷つけてはいけないという思い込みに関する項目である。傷つけるのは良くない，だから常に傷つけないようにと注意を払う人は，自分が気遣っている分だけ他者の傷つける言動に過敏になり，他責的言動が見られる。現実的には配慮をしていても他者をまったく傷つけないでいることは不可能にちかい。むしろ傷つけてしまったとき，あるいは傷つけられたときに冷静に対応する方法を考えることが合理的な思考である。

ⅴ）恐怖を起こさせるようなものに向かうと不安に支配される　　　　　　　［項目（5）（10）］

　この項目は不安に関する非現実的な思考である。ありえそうもない心配は，不安の源泉である。一寸先は闇と言われるように，私たちは先々の全貌を必ずしも把握できないまま生活しているのが現実である。したがって，不安に支配され何かが起こらないようにと怯えながら生活するよりも，予期せぬことであっても何かが起こったときは，その時に可能な対応を考えようという姿勢が合理的な思考である。

　自分自身の認知体系を確認し，その上で必要であれば考え方を合理的，すなわち現実に適した考え方にすることで，より適応的に生活することが可能になる場合がある。その場合はより現実的，合理的になるように自身の考え方の傾向を変えるよう日常生活の中で試みることが望ましい。

終章 ロストジェネレーション ―現代青年へのメッセージ

1. ロストジェネレーションとは？

(1) ロストジェネレーションという言葉

　もともとロストジェネレーション（失われた世代）とは，第一次大戦後にアメリカ合衆国で青年期を迎え，それまで当然とされてきた価値観に幻滅し，生きる意味を見失った若者たち，およびその世代に属するヘミングウェイやフィッツジェラルドといった1920～30年代に活躍したアメリカ合衆国の作家たちを指す言葉であった。

　しかし本章のテーマであるロストジェネレーションとは，ある一時期の日本の若者たちを指す言葉である。おそらく初めてこの言葉が登場したのは，2006年7月31日の朝日新聞の記事においてであった。そこでは，"90年代の就職難の時期に，正社員になれないまま，不安定な生き方を余儀なくされた若者たちを指す"としてロストジェネレーションという言葉が使用された（朝日新聞, 2006a）。また同年9月30日にも，大学卒業時に就職氷河期で正社員になれず，フリーターなどから抜け出せずにいる30歳前後の若者をロストジェネレーションと呼んでいる（朝日新聞, 2006b）。

　その後，この言葉が定着したのは，2007年元旦から朝日新聞で始まった連載特集記事がきっかけである。第1回の記事（朝日新聞, 2007a）では，ロストジェネレーションの代表として，日本を代表する企業の関連工場で派遣工として働く男性，会社を次々に変えていく女性，人と人のつながりで支え合うフリーターが取り上げられている。またその日の特集記事（朝日新聞, 2007b）では，正社員と非正社員で生涯年収にどれくらいの開きがあるか，また企業が新卒採用を一斉に控えた就職氷河期には，4人に1人が非正社員となっていることなどが報告された。その後，市議を目指す若者（朝日新聞, 2007c）や職を転々とした後に韓国で日本語教師をする女性（朝日新聞, 2007d）など，この世代を象徴する人物が紹介されていく。この一連の特集は1月12日まで，全11回にわたって掲載された。また1月28日には読者の反響が掲載され（朝日新聞, 2007e），他の記事にもロストジェネレーションの言葉が使用されていくなど，この言葉は広がりを見せていった。表12-1は，朝日新聞の記事データベースにおいて「ロストジェネレーション」をキーワードとした検索結果である。2007年1月に多くの記事が書かれ，その後は毎月数本の記事が書かれていった様子がわかる。

表12-1 朝日新聞における「ロストジェネレーション」関連記事数

		朝日新聞記事数
2006年		2
2007年	1月	40
	2月	5
	3月	2
	4月	8
	5月	5
	6月	5
	7月	8
	8月	3
	9月	0
	10月	2
	11月	1
	12月	0

　2007年7月には，『ロストジェネレーション　さまよう2000万

人』（朝日新聞「ロストジェネレーション」取材班, 2007），2007年10月には『ロストジェネレーションの逆襲』（朝日新聞ロスジェネ取材班, 2007）という，新聞記事をまとめた本も出版されており，この他にも関連書籍や記事などがこれまでに数多く発表されている。現在のところロストジェネレーションという言葉は，ある程度の支持を集めているといえるだろう。

(2) ロストジェネレーションという世代

ロストジェネレーションとは，1972年から1982年の11年間に生まれた人々のことである。表12-2に，ロストジェネレーションの最も年齢が上の世代と最も年齢が下の世代の学校段階，またその年に世の中で主にどのような出来事が起きたかを示す。

ロストジェネレーションの最も年齢が上の世代である1972年生まれの人々（筆者もその中の一人である）は，1970年代終わりから1980年代という日本経済が日の出の勢いで成長し，バブル景気に突入していく時期に，小学生から高校生という思春期・青年期を過ごしてきた。エズラ・ヴォーゲルの『ジャパン・アズ・ナンバーワン』(Vogel, 1979) が日本でベストセラーになったのは1979年であった。アジアの小国である日本の経済発展は，西欧の人々にとって驚嘆すべきことであった。多くの日本人はこの発展が永遠に続くと確信しており，景気が悪化することなど考えもしなかった。

しかし1990年より，日本のバブル景気は崩壊を始める。このバブル景気の崩壊が始まった時期，1972年生まれの人々は大学生，1982年生まれの人々は小学生であった。ただし，このバブル景気の崩壊は短期間で終わったわけではない。筆者が大学1年生から2年生の時期（1991～1992年）には，まだバブル景気特有の，高賃金のアルバイト募集が残っていたことを記憶している。

1982年生まれの人々は，日本のバブル経済の崩壊から「平成不況」や「失われた10年」と呼ばれる時期（1991年～2002年頃まで）を，小学生～大学生として過ごしてきた。企業の倒産やリストラ，自己破産，就職難やフリーターの増加など，この時期は日本全体の経済が暗い雰囲気に包まれていた。また，北海道南西沖地震や阪神・淡路大震災，オウム真理教の地下鉄サリン事件，神戸連続児童殺傷事件など，現在も語り継がれるような事件が起きた時期であった。このような時期に青年期を過ごしてきた世代もまた，ロストジェネレーションに含まれるのである。

(3) ニートとロストジェネレーション

一時期，「ニート（NEET）」という言葉が流行し，学生でもなく働いてもいない，親に寄生するような生活をする若者たちとして注目を集めたことがあった。もともとNEET（Not in Education, Employment or Training）という言葉はイギリスで生まれた言葉であり，学生でもなく働いてもいない無業者の若者たちを指す言葉であった。日本での「ニート」も，学生でもなく働いてもいないという点ではイギリスのNEETと同じ意味で用いられているが，イギリスのNEETが16～18歳というごく狭い年齢層を対象とし，かつ失業者を含む概念であるのに対し，日本で流行した「ニート」は15～34歳という幅広い年齢層を対象としている。また日本の「ニート」には失業者が含まれていないなど，もともとの意味とは異なった人々を指している点に注意する必要がある（本田ら, 2006）。

このように日本で用いられる「ニート」は，本来イギリスで用いられたNEETの意味とは異なっており，また日本では「ニート」よりもフリーターや求職中の若者の数の方が圧倒的に多い。ところが日本では2004年から2005年にかけて，この「ニート」がひきこもりや青少年犯罪，おたく，パラサイト・シングル（山田, 1999）などに関連した言説とな

表 12-2 ロストジェネレーション年表（朝日新聞「ロストジェネレーション」取材班, 2007 を改変）

西暦	主な出来事	1972年生まれ	1982年生まれ
1972	浅間山荘事件／沖縄返還／日中国交正常化	誕生	
1973	オイルショック		
1974	ウォーターゲート事件で米大統領辞任		
1975	ベトナム戦争終結		
1976	ロッキード事件で田中角栄逮捕		
1977	王貞治が本塁打世界記録達成		
1978	成田空港開港		
1979	東京サミット／ウォークマン発売	小学校入学	
1980	イラン・イラク戦争勃発		
1981	北炭夕張新鉱事故		
1982	ホテル・ニュージャパン火災／日航機羽田沖墜落事故	10歳	誕生
1983	東京ディズニーランド開演／ファミリーコンピュータ発売		
1984	グリコ・森永事件		
1985	豊田商事事件／日光ジャンボ機墜落事故	中学校入学	
1986	男女雇用機会均等法施行／チェルノブイリ原発事故		
1987	国定分割民営化，JR発足		
1988	リクルート事件発覚	高校入学	
1989	昭和天皇崩御／天安門事件／ベルリンの壁崩壊		小学校入学
1990	バブル崩壊		
1991	湾岸戦争／雲仙普賢岳大火砕流／ソ連解体	大学入学	
1992	佐川急便事件発覚／自衛隊PKO部隊派遣	20歳	10歳
1993	Jリーグ開幕／北海道南西沖地震／細川政権発足		
1994	中華航空機墜落事故		
1995	阪神・淡路大震災／地下鉄サリン事件／戦後最高の円高	大学卒業	中学校入学
1996	O-157食中毒／薬害エイズ問題／ペルー日本大使館人質事件		
1997	神戸連続児童殺傷事件／北海道拓殖銀行，山一證券破綻		
1998	大蔵省キャリア官僚汚職		高校入学
1999	東海村の核燃料加工施設で臨界事故		
2000	雪印乳業食中毒事件／三宅島雄山噴火		
2001	大阪教育大付属池田小事件／米同時多発テロ		大学入学
2002	学校完全週5日制／サッカーW杯日韓共催	30歳	20歳
2003	イラク戦争		
2004	自衛隊イラク派遣／三菱自動車欠陥隠し発覚		
2005	JR宝塚線脱線事故／郵政解散総選挙		大学卒業
2006	堀江貴文ライブドア社長逮捕／耐震偽装問題		
2007	国民投票法成立	35歳	25歳

※学校段階は，休学・浪人などをせず進学・卒業した場合である。
※主な出来事はあくまでもその年の代表的な出来事であり，出来事を網羅しているわけではない。

り，連日マスコミを賑わせるという現象が起きた。それは一連の青少年を問題だとする言説の中に位置づけられるものであるかもしれない（本田ら, 2006）。

この「ニート」としてバッシングの対象にされた若者世代と，ロストジェネレーション

(4) 就職氷河期とロストジェネレーション

バブル経済が崩壊した後，「就職氷河期」と呼ばれる，企業が新卒採用を手控える時期が 10 年あまり続いていた（図 12-1）。この時期に教育を終え，社会に出ていこうとした世代が，ロストジェネレーションである。

企業の新卒正規採用が減少すると同時に増加したのが，フリーターや契約社員，派遣社員といった非正規雇用の若者たちである（図 12-2）。このような雇用形態をとる若者が増加した背景には，景気が悪化するとともに企業が正規雇用者数を抑制し，非正規雇用者数を拡大していったことがある。

また，就職難の大学卒業生の受け皿の一つになったのが大学院である。1990 年代以降，東京大学を皮切りに，それまでの学部から大学院を中心とした組織に変更する大学院重点化が行われていった。そしてその変更に伴い，大学院生の定員が日本全国で急増していった。折しも就職氷河期と重なったことにより，その増加した大学院の定員は次々と埋まり，ちょうどロストジェネレーションに相当する世代の多くが大学院に進学していった。しかし大学教員や研究者の正規雇用者数には限りがあるため，大学院に入ったからといって，その後の就職が保証されているわけではない。これは，大学卒業時の就職難を数年先延ばししただけともいえるであろう。ここでも，ロストジェネレーションの世代が不利益を被っているのである（水月, 2007）。

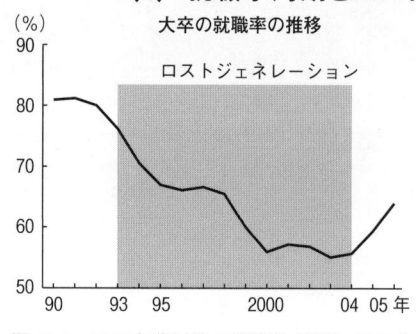

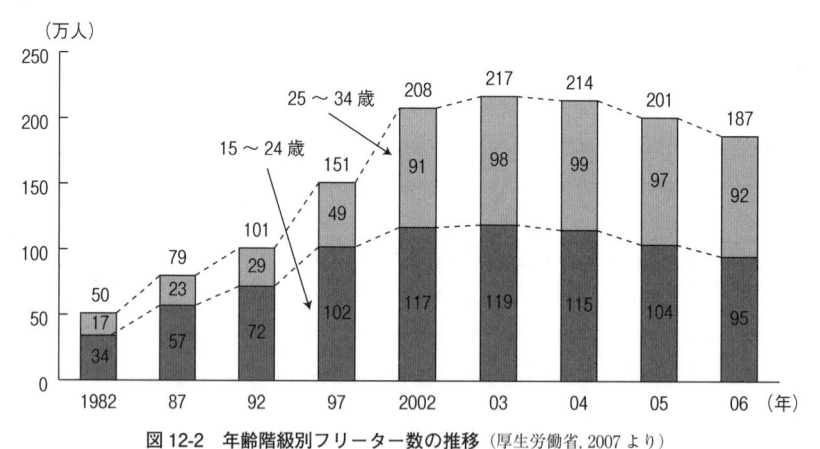

図 12-1　1990 年代以降の就職率の変化（朝日新聞「ロストジェネレーション」取材班, 2007 より）

図 12-2　年齢階級別フリーター数の推移（厚生労働省, 2007 より）

注）1997 年以前と 2002 年以降ではフリーターの定義が変わっているので，グラフを直接的に比較することができない点に注意が必要である。

(5) 早期離職とロストジェネレーション

いったん就職しても数年で辞めてしまう若者たちが話題となったのも，この世代である。図 12-3 に，大学卒業後に就職してから 3 年間に離職する比率を年度別にグラフ化したものを示す。1992 年頃に大卒後入社 3 年以内の離職率は低くなったが，その後は次第に増加傾向にあり，2003 年では，大卒入社 3 年以内の離職率は 35.7%となっている。

人は状況の影響力に比べて行為者の内的属性を過大に評価するものである。これを心理学では基本的帰属エラー（fundamental attribution error）と呼ぶ。自分以外が失敗すれば，

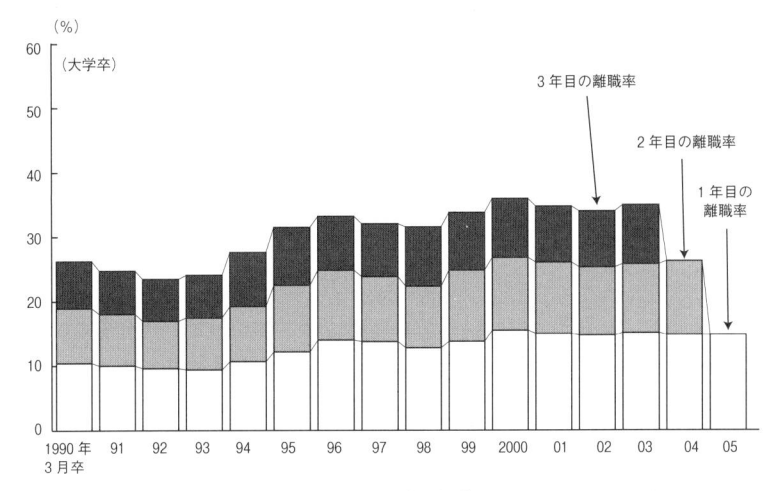

図12-3 大卒就職後3年間の離職率の推移（厚生労働省，2007より）

状況ではなくその人のせいにしたくなるのが人間の認識の特徴であろう。同じように，なかなか就職しない若者や就職しても数年で辞めてしまう若者を，「わがまま」「幼い」「いいかげん」などと若者自身に原因を求める言説がある。

その一方で，若者たちが就職してから数年経ったときに，無理な成果主義，昇給の停止，勝ち負けの明確化などに直面し，自分たちの将来に幻滅することによって，就職した企業を辞めていくのだという指摘もなされている（城，2006）。ロストジェネレーションの問題は，日本の不況と不況に対する企業の対策，そしてそれに呑み込まれ，翻弄される若者という構図で成り立っているといえるだろう。

なお，2005年頃を境に，大学生の就職状況は好転してきた。筆者が所属する大学の学科が最初に卒業生を送り出したのは2005年であったが，この第1期生たちは就職活動で苦労していた。ところがその次の年以降は，世間的に良い就職先とされる企業から，多くの学生が内定をもらうようになっていった。1年卒業が違うだけでここまで就職状況が違ってくるものかと驚いた記憶がある。大学生たちは「自分の卒業時」しか見ていないため，その前の年の先輩たちも次の年の後輩たちも同じような就職状況だろうと思っているかもしれない。しかし現実には，生まれた年という「運」としかいいようのない要因も，そこにはあるのだということを覚えておいた方が良いだろう。

2. 現代を生きる

ロストジェネレーション世代やその下の世代は，これからの時代をどのように生きていくのがよいのだろうか。ここでは僭越ながら，筆者から現代青年へのメッセージとして，いくつかのアドバイスを述べてみたい。

(1) 使えるツールを利用する

現在，携帯電話の普及率は90％以上，インターネットの普及率はおおよそ80％となっている。現在の携帯電話は，e-mailもwebサイトの閲覧も可能なインターネット端末となっているので，携帯電話の普及率はほぼそのままインターネットの普及率と読み換えてもよいのかもしれない。

バブル景気が崩壊した直後の1991年当時，まだ携帯電話をもつ人はほとんど見かけず，インターネットにアクセスできるのは限られた人々だけであり，電話回線を利用して文字

情報をやりとりするパソコン通信が主流であった。携帯電話やインターネットが日本の一般世帯に普及したのは，ごく最近のことなのである。

　私たち研究者にとって，すでにインターネットはなくてはならないものである。検索システムにキーワードを入力すれば即座に自分の研究に関連する論文の一覧を手に入れることができ，さらに少し調べればその論文を書いた研究者のe-mailアドレスを知ることもできる。e-mailで一度も会ったことのない国内外の研究者とやりとりをし，新たな共同研究に着手することもある。1990年代以降のインターネットの普及は，研究者の作業内容も大きく変えてしまった。

　現代は，ネット上にさまざまな情報があふれており，検索サイトやリンクを通じてほしいと思った情報を比較的容易に手に入れることができる時代になっている。確かにこのような新しいメディアが登場した場合には，その弊害や悪影響が指摘されるものである。しかし現在はまだ，インターネットの普及から間もなく，ルールの整備や教育内容の整備がこれからなされようとしている段階にある。青少年を取り巻くインターネットや携帯電話の状況は年々変化しており，生じてくる問題に応じて適切な規制もなされていくようになるだろう。

　いずれにしても，さまざまな問題はあるものの，この新しいメディアを利用しない手はないといえるだろう。

　青年たちにとって現代は，ある分野を極めたいという意思さえもてば，あたかも高速道路を疾走するかのようなスピードで，効率よく過去の英知を吸収できる状況にある（梅田，2007）。現代は，そんな「学習の高速道路」があらゆる分野に敷かれようとしている。もちろん情報の真偽を見極める必要はあるが，調べようと思ったときにwebブラウザを立ち上げ検索すれば，世界中の情報にアクセスできる環境が整っているのである。

　加えて，インターネット上の情報の広がりは年々増すばかりである。この情報を利用することで，これまで考えもしなかった新たな分野が開拓され，お金が集まり，その世界で生活していけるという可能性すら存在している。これまでの歴史と同様に，それまでにない新たな分野の開拓という作業は，まさに青年期を生きる若者たちが担うものであろう。

(2) 居場所を探す

　「最近の若者は元気がない」と嘆く企業経営者は少なくないようである。マスコミの論調も同じようなものになることがある。最近の若者は「やる気がない」「忍耐力がない」「自主性がない」，だから就職しても数年で辞めてしまう。もしかすると，大学関係者の中にも同じように嘆く者がいるかもしれない。

　その一方で，まったく逆の意見をもつ人もいるそうである。すなわち，「最近の若者は……」と嘆く人たちは，「その程度の学生にしか相手にされていないのだ」という意見である（城，2008）。本当に優秀な大学生たちは，自らの居場所を自分で選択している。そして就職の際には，単に世間一般でいわれる「一流企業」ではなく，自分の実力が相応に認められる企業を探していくのだという。

　現在，大学ではインターンシップが盛んに行われている。やる気のある大学生であれば，大学で用意されるものだけではなく自分から率先してインターンシップに参加し，複数の企業の内部を体感することができる。それは就職時だけではない。大学を選ぶ際にも，入学前に複数の大学の雰囲気を比較することができる。現在，ほとんどの大学がオープンキャンパスと称して学内を高校生たちに開放している。そこで大学の雰囲気を体感し，模擬授業や説明会などで自分の興味・関心に沿った学びができるかどうか，自分に合った大学生活を送ることができるかどうかを判断することができる。

さらにインターネットがこれらの判断に拍車をかける。良い噂も悪い噂も瞬く間に日本中，世界中に情報が伝わり，サーバ上に情報が蓄積されていく。このような状況の中で，若者たちが目指す大学や職業といった進路は，以前の若者たちが目指していた進路とはまったく違う方向へと向かう可能性が高くなっている。
　現代は，働き方も多様化している。旧来の仕事観を好む若者もいれば，自分を高めるためにと次々に職を変えてステップアップしていこうとする若者もいる。「一流企業に入っておけば一生安泰」という考え方が通用しないことは，若者たちはもうわかっているだろう。一生安泰だと思われていた公務員でさえ，所属する自治体が破産し，職を失う可能性が出てきているのである。先の見えない，混沌とした現状は将来への不安を抱かせるものではあるが，選択肢が増えることで人生の道筋が複数になっていく。このような社会で生きることを楽しむことができる人には，面白い世の中になってきたのかもしれない。

(3) 人生の選択肢を選ぶ

　現代は，人生の選択肢がこれまでになく増えてきた時代であるのかもしれない。では，何を基準に自分の進む道を決めていけば良いのであろうか。そこには，「どの道筋を選択すれば成功するか」という絶対的な法則が存在しているわけではない。しかし，重要だろうと思われることはいくつかある。
　一つは，とにかくどこかの世界に飛び込んでみることであろう。その道に進んでみないとわからないこと，というものはたくさん存在している。言葉で伝えることができるような知識であれば，本を読むことで理解されるかもしれない。しかし，体験しながら学ぶ内容は，言語以外の知識であることも多い。そこから自分の利益になるものを学び取っていこうとする姿勢があるならば，どの場所にいたとしても，次の段階へ進むステップとなるであろう。企業のインターンシップに参加することなどは，とりあえず飛び込んでみる良い機会になるだろう。もしも飛び込んだ先の居心地が良く，自分の求めるものが手に入るようであれば，それは幸運なことである。思う存分に自分の意欲を発揮していけばよい。
　次に，学んだものを役立ててやろうとする意識をもつことも重要だろう。ある情報や知識を「自分にはなんの役にも立たない」と切り捨てる判断をすることは，実は難しいことである。どのような知識であっても，身につけた知識をそのまま現実の問題に当てはめて使うことは，それほど多くないと思われる。たとえば学生時代に，「数学なんてなんの役にも立たない」と思うことがあったかもしれない。しかし，それはその人が数学を「役立たせようとしていない」だけであるとも考えられる。自分が身につけた知識や技術を，まったく別の場面で応用し役立てていくことこそ，世の中で求められていることであろう。
　また現代は，どのような道を選ぶにしても，自分の価値観を重視しながら物事を選んでいけば良い時代だといえるのかもしれない。当然その価値観の形成の段階では，他者の意見や見聞きしたこと，教育内容などが影響を及ぼすであろう。しかしながら，時代が大きく変化するときには，それ以前の価値観が社会で通用するとは必ずしもいえないことがある。したがって，自分が学び取ったことを基礎にしながら，自分がより良いと考える道を選んでいけばよい。先にも述べたように，現在は，どのような道に進むにしても，詳細な情報を比較的簡単に手にすることができる。自分の価値観を大切にしながら情報を集め，自分の進む道を決めていくことができる時代になっているといえよう。

3. おわりに——現代青年へのメッセージ

　ある本に書かれていた，たとえ話を紹介してみたい（Taleb, 2005）。無限大匹のサルをワープロの前に座らせ，好きなようにキーを叩かせれば，小説を書き上げるサルが必ず1匹は出てくる。小説を書き上げる確率は非常に低いが，無限大匹のサルがいれば，小説，しかもすばらしい小説を完成させるサルが存在することは確実である。では，ここで問題である。無限大匹のサルの中の小説を書き上げた1匹が，あなたの目の前に現れる。そして，「私はすばらしい小説を書き上げました。私の能力に投資をしてみませんか」と申し出てきたとするならば，あなたはこのサルに金銭的な援助を行うだろうか。やはり，この話に乗ることはできないだろう。

　次の世代の人々に何かを伝えるときには，このたとえ話と同じようなことが起こる可能性に注意する必要があると筆者は考える。ある時代で成功したとしても，まったく同じ方法を用いて次の時代でも成功できるとは限らない。なぜなら第一に，時代が変わることによって法則の前提条件が変化してしまう可能性があるからである。たとえば，終身雇用制が維持されなくなれば，「とにかく一流企業に入れば一生安泰」という法則は通用しなくなる。第二に，多くの人が成功者と同じ法則を実行しようとすることで，その価値が失われてしまう可能性があるからである。その成功者は，他の人々とは違うことをしたことで成功したのかもしれないのである。もちろん，成功・失敗が完全にランダムな要因（運・不運のみ）で成り立つとは思わないが，成功や失敗に至る要因はその時代によって変化していくのもまた事実であると考える。

　このように書くと，非常にこころもとない気持ちがしてくるかもしれない。しかし，筆者はそうではないと考える。なぜなら，以前の世の中ではハードルが高く困難であったことが，現代では比較的容易に実現できる可能性が高まっているからである。たとえば，かつては趣味で絵を描いていても発表する場が見つからず，多くの人の目に作品をふれさせることは難しかったが，現代ではインターネット上に作品を発表することも，作品を制作する様子を動画で公表することも簡単にでき，そこで交流が始まることもある。また以前では，自分の発言を不特定多数の人々に読んでもらうことは困難であったが，現在では簡単に行うことができる。インターネットだけではなく，社会が多様化すれば，多様な生活場所が確保されるものである。

　このような時代では，ますます，他の人とは違う自分自身の能力に磨きをかけることが求められているといえるだろう。いくら自分の作品を簡単に発表できる環境が整ったとしても，その作品が優れていなければ人々の注目を集めることができない。同じように会社で働くときにも，現代では自分自身の力を高めることでステップアップしていくのだと考える必要が出てくる場面が多い。常に学び続ける姿勢をもつことが，現代という時代を生き抜くための法則であるのかもしれない。

文　献

■ 序章

Benesse 教育開発センター（2005）．第1回子ども生活実態基本調査報告書
毎日新聞社（2006）．読書世論調査 2005 年版
総務庁青少年対策本部（1999）．平成 10 年度版青少年白書　大蔵省印刷局

■ 1章

Coles, R.（1970）．*Erik Erikson: The growth of his work*. Atrantic Little Brown.（鑪　幹八郎監訳（1980）．エリク・H・エリクソンの研究　上下　ぺりかん社）
Erikson, E. H.（1958）．*Young man Luther: A study in psychoanalysis and history*. W. W. Norton.（西平　直　訳（2002）．青年ルター　1　みすず書房　p.3.）
Erikson, E. H.（1959）．Identity and the life cycle. *Psychological Issue*, No.1, Monograph 1．（小此木啓吾他訳（1973）．自我同一性　誠信書房）
Erikson, E. H.（1964）．*Insight and responsibility*. W. W. Norton.（鑪幹八郎訳（1971）．洞察と責任　誠信書房）
Erikson, E. H.（1968）．*Identity: Youth and crisis*. W. W. Norton.（岩瀬庸理訳（1973）．アイデンティティ　金沢文庫）
Erikson, E. H.（1973）．*In search of common ground: Conversations with Erik H. Erikson & Huey P. Newton*. W. W. Norton.（近藤邦夫訳（1975）．エリクソン　vs.　ニュートン　みすず書房　p.165.）
橋本広信（2002）．人生の実験室としての大学を考える　溝上慎一（編著）　大学生論　ナカニシヤ出版　pp.123-145.
河合隼雄（1983）．ライフサイクル　精神の科学 6　岩波書店
河合隼雄（2001）．Q&A こころの子育て　朝日新聞社　p.200.
小坂井敏晶（2002）．民族という名の虚構　東京大学出版会
McAdams, D. P.（1988）．*Power, intimacy, and the life story*. New York: Guilford Press.
宮下一博・杉村和美（2008）．大学生の自己分析　ナカニシヤ出版
溝上慎一（2002）．アイデンティティ概念に必要な同定確認（identify）の主体的行為　梶田叡一（編）　自己意識研究の現在　ナカニシヤ出版
溝上慎一（2007）．ポストモダン社会におけるアイデンティティの二重形成プロセスと心理学者の仕事　心理科学, **28**(1), 54-71.
溝上慎一（2008）．自己形成の心理学　世界思想社　p. iii.
武藤清子（1994）．青年期とアイデンティティ　こころの科学, **53**, 47-51.
中西信男・水野正憲・古市裕一・佐方哲彦（1985）．アイデンティティの心理　有斐閣
西平直喜（1978）．〈講座〉アイデンティティ（一）（二）　依田　新（編）　青年心理　7号・8号　金子書房　pp.164-183, pp.337-356.
西平直喜（1979）．青年期における発達の特徴と教育　大田　堯他（編）　岩波講座子どもの発達教育 6　青年期発達段階と教育 3　岩波書店　p.9.
西平直喜（1990）．成人になること　東京大学出版会
西平　直（1993）．エリクソンの人間学　東京大学出版会　p.186.
鑪　幹八郎（2002）．アイデンティティとライフサイクル論　ナカニシヤ出版　p.266.
鑪　幹八郎・山下　格（編）（1994）．アイデンティティとは何か　心の科学　53号　日本評論社　pp.16-27.
上野千鶴子（2005）．脱アイデンティティ　頸草書房　pp.5-6.

■ 2章

Adegoke, A. A.（1993）．The experience of spermarche（the age of onset of sperm emission）among selected adolescent boys in Nigeria. *Journal of Youth and Adolescence*, **22**, 201-209.
American Psychiatric Association（2002）．*Quick reference to the diagnostic criteria from DSM-IV-TR*. Washington, D. C.: American Psychiatric Association.（高橋三郎・大野　裕・染矢俊幸訳（2002）．DSM-IV-TR 精神疾患の分類と診断の手引　医学書院）
Gaddis, A., & Brooks-Gunn, J.（1985）．The male experience of pubertal change. *Journal of Youth and Adolescence*, **14**, 61-69.
針生　享（1986）．ボディ・イメイジの形成についての発達的研究―自己視像を中心として―　秋田大学教育学部研究紀要, **36**, 173-192.
針生　享（1987）．ボディ・イメイジの形成についての発達的研究―自己視像を中心として（続報）―　秋田大学教育学部研究紀要, **37**, 115-136.
日野林俊彦（1995）．初潮のとき―発達加速現象―　発達, **61**, 46-48.
日野林俊彦・赤井誠生・安田　純・志澤康弘・山田一憲・南　徹弘・糸魚川直祐（2006）．発達加速現象の研究・その20―2005年2月の全国初潮調査の結果より―　日本心理学会第70回大会発表論文集, 1125.
伊藤裕子（1978）．性役割の評価に関する研究　教育心理学研究, **26**, 1-11.

上長　然（2006）．思春期で経験する身体に関するイベンツ―思春期の身体発育の発現に対する受容感との関連―　神戸大学発達科学部研究紀要, **13**, 7-16.
上長　然（2007）．思春期の身体発育と抑うつ傾向との関連　教育心理学研究, **55**, 21-33.
片瀬一男（2001）．性行動の低年齢化がもつ意味　日本性教育協会（編）「若者の性」白書　第5回青少年の性行動全国調査報告　小学館　pp.21-46.
片瀬一男（2007）．青少年の生活環境と性行動の変容―生活構造の多チャンネル化のなかで―　日本性教育協会（編）「若者の性」白書　第6回青少年の性行動全国調査報告　小学館　pp.25-48.
片山美香・松橋有子（2002）．思春期のボディイメージ形成における発達的研究―中学生から大学生までの横断的検討―　思春期学, **20**, 480-488.
厚生労働省大臣官房統計情報部（2005）．平成17年度保健・衛生行政業務報告書（衛生行政報告例）結果の概要
厚生労働省雇用均等・児童家庭局（2001）．平成12年度乳幼児身体発育調査結果報告書
前川浩子（2005）．青年期女子の体重・体型へのこだわりに影響を及ぼす要因―親の養育行動と社会的要因からの検討―　パーソナリティ研究, **13**, 129-142.
文部科学省（2007）．平成18年度学校保健統計調査報告書
諸橋泰樹（1994）．女性雑誌にみる"痩せ"ブームを探る　松井　豊（編）ファンとブームの社会心理　サイエンス社　pp.115-140.
難波梓沙・後藤由佳・中塚幹也・奥田博之・池田智子（2008）．中学・高校生における不定愁訴―第二次性徴との関連―　母性衛生, **48**, 451-461.
日本性教育協会（編）（2001）．「若者の性」白書―第5回青少年の性行動全国調査報告―　小学館
日本性教育協会（編）（2007）．「若者の性」白書―第6回青少年の性行動全国調査報告―　小学館
野辺地正之（1973）．青年期における身体的自己疎外について　文化学年報, **22**, 14-28.
Olweus, D., Mattsson, A., Schalling, D., & Low, H. (1988). Circulating testosterone levels and aggression in adolescent males: A causal analysis. *Psychosomatic Medicine*, **50**, 261-272.
Petersen, A. C., & Taylor, B. (1980). The biological approach to adolescence: Biological changes and psychological adaptation. In J. Adelson (Ed.), *Handbook of adolescent psychology*. New York: John Wiley & Sons. pp.117-155.
齊藤誠一（1985）．思春期の身体発育と性役割意識の形成について　教育心理学研究, **33**, 336-344.
齊藤誠一（1995）．自分の身体・性とのつき合い　落合良行・楠見　孝（編）講座生涯発達心理学　第4巻　自己への問い直し―青年期　金子書房　pp.23-56.
齊藤誠一・溝上慎一（1994）．青年後期女性におけるボディ・イメージと摂食障害傾向の関連について　神戸大学発達科学部研究紀要, **2**, 13-20.
澤田　昭（1982）．現代青少年の発達加速　創元社
柴田利男（1990）．青年期の身体満足度が対人不安および自己開示行動に及ぼす影響　心理学研究, **61**, 123-126.
田川真理子・宮崎麻理子・池田明美・野副佐代子・吉開陽子・喜多村幸代・武田陽子・新小田春美・平田伸子・野口ゆかり・福重淳一郎・関　文恭（2001）．二次性徴の発現に伴う性の悩みと親子関係　母性衛生, **42**, 34-42.
Tanner, J. M. (1978). *Foetus into man: Physical growth from conception to maturity*. London: Open Book.（熊谷公明訳（1983）．小児発育学―胎児から成熟まで　日本医事出版社）
Udry, J. R. (1990). Biosocial models of adolescent problem behaviors. *Social Biology*, **37**, 1-10.
Young, H. B., & Ferguson, L. R. (1981). *Puberty to manhood in Italy and America*. New York: Academic Press.

■ 3章

Ainsworth, M. D., Blehar, M. S., Waters, E., & Wall, S. (1978). *Patterns of attachment: A psychological study of the strange situation*. Oxford, England: Lawrence Erlbaum.
東　洋（1998）．日本人のしつけと教育―発達の日米比較にもとづいて　東京大学出版会
Baumrind, D. (1971). Current patterns of parental authority. *Developmental Psychology Monographs*, **4**, 1-102.
ベネッセ未来教育センター（2004）．中学生にとっての家族　モノグラフ中学生の世界, **77**, 1-44.
Bowlby, J. (1969). *Attachment and loss*: Vol.1. *Attachment*. New York: Basic Books.（黒田実郎・大羽　蓁・岡田洋子・黒田聖一訳（1997）．母子関係の理論：Ⅰ愛着行動［三訂版］岩崎学術出版社）
Bowlby, J. (1973). *Attachment and loss*: Vol.2. *Separation*. New York: Basic Books.（黒田実郎・岡田洋子・吉田恒子訳（1977）．母子関係の理論：Ⅱ分離不安　岩崎学術出版社）
Bühler, Ch. (1921). *Das seelenleben des jugendlichen: versuch einer analyse und theorie der psychischen Pubertät*. Stuttgart: Gustav Fischer Verlag.（原田　茂訳（1969）．青年の精神生活　共同出版）
Carter, B., & McGoldrick, M. (1989). *The changing family life cycle: A framework for family therapy*. Boston: Allyn and Bacon.
Douvan, E., & Adelson, J. (1966). *The adolescent experience*. New York: John Wiley and Sons.
Fogelman, K. (1976). *Britain's 16 year olds*. London: National Children's Bureau.
深谷昌志（2005）．反抗期を持たない子どもたち　月刊生徒指導, **35**, 6-9.
George, C., Kaplan, N., & Main, M. (1985). Adult attachment interview (2nd ed.) Unpublished manuscript, University of California at Berkley.
Hall, G. S. (1904). *Adolescence: Its psychology and its relations to psychology, anthropology, sociology, sex, crime, religion*

and education. Vol. Ⅱ. New York: Appleton.（中島力造・元良勇次郎・速水　滉・青木宗太郎訳（1915）．青年期の研究　同文館）

Hazan, C., & Shaver, P.（1987）．Romantic love conceptualized as an attachment process. *Journal of Personality and Social Psychology*, **52**, 511-524.

Hess, E.（1999）．The adult attachment interview: Historical and current perspectives. In J. Cassidy & P. R. Shaver（Eds.），*Handbook of attachment theory, research and clinical applications*. New York: Guilford Press. pp.395-433.

平石賢二（1999）．親子関係の変化　佐藤有耕（編）高校生の心理―①広がる世界　大日本図書　pp.125-150.

Hollingworth, L. S.（1928）．*The psychology of the adolescent*. New York: D. Appleton.

五十嵐哲也・萩原久子（2004）．中学生の不登校傾向と幼少期の父親および母親への愛着との関連　教育心理学研究, **52**, 264-276.

石川　透・大西誠一郎・武上　薫（1973）．青年期における親子関係（序報）―親子間の対話　依田　新（編）わが国における青年心理学の発展　青年心理研究Ⅰ　金子書房　pp.61-93.

亀口憲治（1992）．家族システムの心理学　北大路書房

Koback, R. R., Cole, H. E., Ferenz-Gillies, R., Fleming, W. S., & Gamble, W.（1993）．Attachment and emotion regulation during mother-teen problem solving: A control theory analysis. *Child Development*, **64**, 231-245.

LaFreniere, P. J., & Sroufe, L. A.（1985）．Profiles of peer competence in the preschool: Interrelations between measures, influence of social ecology, and relation to attachment history. *Developmental Psychology*, **21**, 56-69.

Maccoby, E., & Martin, J.（1983）．Socialization in the context of the family: Parent-child interaction. In E. Hetherington（Ed.），*Handbook of child psychology*. New York: Wiley.

Mahler, M. S., Pine, F., & Bergman, A.（1975）．*The psychological birth of the human infant.*　New York: Basic Books.（高橋雅士・織田正美・浜畑　紀訳（2001）．乳幼児の心理的誕生―母子共生と個体化　黎明書房）

Main, M., & George, C.（1985）．Responses of abused and disadvantaged toddlers to distress in agemates: A study in the day care setting. *Development Psychology*, **21**, 407-412.

森下正康（1981）．親子関係と性格形成　北尾倫彦（編）児童心理学　第一法規

村瀬孝雄（1977）．青年期危機概念をめぐる実証的考察　笠原　嘉・清水将之・伊藤克彦（編）青年の精神病理　弘文堂　pp.29-52.

落合良行（1995）．心理的離乳への5段階過程仮説　筑波大学心理学研究, **17**, 51-60.

落合良行・佐藤有耕（1996）．親子関係の変化からみた心理的離乳への過程の分析　教育心理学研究, **44**, 11-22.

岡田怡川（1939）．青年期の心理及教育　モナス

岡堂哲雄（1988）．講座家族心理学6　家族心理学の理論と実際　金子書房

小此木啓吾（2004）．対象喪失―悲しむということ　中央公論新社

Olson, D. H.（1993）．Circumplex model of marital and family systems: Assessing family functioning. In Walish, F.（Ed.），*Normal family process*（2nd ed.）．*Guilford family therapy series*. New York: Guilford Press. pp. 104-137.

大西誠一郎（1955）．家族間の緊張　牛島義友・桂　広介・依田　新（編）青年心理学講座3　金子書房　pp.79-135.

Piaget, J.（1970）．Piaget's theory. In P. H. Mussen（Ed.），*Carmichael's manual of child psychology*（3rd ed.）: Vol.1. New York: John Wiley and Sons.（中垣　啓訳（2007）．ピアジェに学ぶ認知発達の科学　北大路書房）

Rice, K. G., Cole, D. A., & Lapsley, D. K.（1990）．Separation-individuation, cohesion, and adjustment to college: Measurement validation and test of a theoretical model. *Journal of Counseling Psychology*, **37**, 195-202.

四宮　晟（1960）．社会的発達　辰見敏夫・早川元二・内山喜久雄（編）青年心理学　博文社　pp.67-84.

白井利明（1997）．青年心理学の観点からみた「第二反抗期」　心理科学, **19**, 9-21.

Spranger, E.（1924）．*Psychologie des Jugendalters*. Heidelberg: Quelle & Meyer Verlag.（土井竹治訳（1973）．青年の心理　五月書房）

立木茂雄・栗本かおり（1994）．青少年における自我同一性の発達およびその拡散現象としてのアパシー傾向に対する家族システムの影響―共分散構造分析によるグローティヴァントとオルソンのモデルの比較検討　青少年問題研究, **43**, 1-30.

高橋一公（2006）．子どもの思考の発達　尾形和男（編）家族の関わりから考える生涯発達心理学　北大路書房　pp.79-93.

高坂康雅・戸田弘二（2005）．青年期における心理的自立（Ⅲ）―青年の心理的自立に及ぼす家族機能の影響―　北海道教育大学紀要（教育科学編），**55**, 77-85.

東京都生活文化局都民協働部青少年課（編）（2004）．青年の自立・社会性に関する調査報告書　東京都生活文化局都民協働部青少年課

津留　宏（1973）．わが国における青年心理学の発展　依田　新（編）わが国における青年心理学の発展　青年心理研究Ⅰ　金子書房　pp.3-22.

牛島義友（1941）．青年の心理　巌松堂書店

White, K. M., Speisman, J. C., & Costos, D.（1983）．Young adults and their parents: Individuation to mutuality. In H. D. Grotevant, & C. R. Cooper（Eds.），*Adolescent development in the family*. San Francisco: Jossey-Bass.

渡辺さちや（1989）．家族機能と自我同一性地位のかかわり：青年期の自立をめぐって　家族心理学研究, **3**, 85-95.

■ 4章

浅野智彦（1999）．親密性の新しい形へ　富田英典・藤村正之（編）みんなぼっちの世界　恒星社厚生閣　pp.41-57.

Atwater, E.（1992）．*Adolescence*（3rd ed.）New York: Citadel Press.

Blieszner, R. (1994). Close relationships over time. In L. A. Weber & J. H. Harvey (Eds.), *Perspectives on close relationship*. Massachusetts: Allyn and Bacon.
土井隆義 (2004).「個性」を煽られる子どもたち：親密権の変容を考える　岩波ブックレット 633　岩波書店
藤井恭子 (2001). 青年期の友人関係における山アラシ・ジレンマの分析　教育心理学研究, **49**, 146-155.
原田唯司 (1989). 青年の社会的発達　久世敏雄 (編) 青年の心理を探る　福村出版
伊藤美奈子 (2000). 思春期の心さがしと学びの現場―スクールカウンセラーの実践を通して―　北樹出版
岩永　誠 (1991). 友人・異性との関係　今泉信人・南　博文 (編) 人生周期の中の青年心理学　北大路書房
岩田　考 (2006). 若者のアイデンティティはどう変わったか　浅野智彦 (編) 検証・若者たちの変貌：失われた 10 年の後に　勁草書房
栗原　彬 (1989). やさしさの存在証明：若者と制度のインターフェイス　新曜社
町沢静夫 (1992). 成熟できない若者たち　講談社
松田美佐 (2000). 若者の友人関係と携帯電話利用―関係希薄化論から選択的関係論へ　社会情報学研究, **4**, 111-122.
松井　豊 (1990). 友人関係の機能　斉藤耕二・菊池章夫 (編) 社会化の心理学ハンドブック　川島書店　pp.283-296.
宮台真司 (1997). 世紀末の作法　メディアファクトリー
宮下一博 (1995). 青年期の同世代関係　落合良行・楠見　孝 (編) 自己への問い直し：青年期 (講座生涯発達心理学 4 巻)　金子書房　pp.155-184.
文部科学省 (2000～2006, 継続調査). 児童生徒の問題行動等生徒指導上の諸問題に関する調査　http://www.mext.go.jp/b_menu/toukei/001/index31.htm
森田洋司・清永賢二 (1994). いじめ：教室の病い [新訂版]　金子書房
森田洋司・滝　充・秦　政春・星野周弘・若井彌一 (1999). 日本のいじめ：予防・対応に生かすデータ集　金子書房
Moustakas, C. (1968). *Individuality and encounter*. Howard A. Doyle. (嶋田啓一郎・嶋田津矢子訳 (1970). 個性と出会い―孤独感の感受性の探究―　ミネルヴァ書房)
永井　撤 (1994). 対人恐怖の心理：対人関係の悩みの分析　サイエンス社
内閣府 (2001). 第 2 回青少年の生活と意識に関する基本調査報告書　内閣府
落合良行 (1989). 青年期における孤独感の構造　風間書房
落合良行・佐藤有耕 (1996). 青年期における友達とのつきあい方の発達的変化　教育心理学研究, **44**, 55-65.
大平　健 (1995). やさしさの精神病理　岩波書店
大谷宗啓 (2007). 高校生・大学生の友人関係における状況に応じた切替：心理的ストレス反応との関連にも注目して　教育心理学研究, **55**, 480-490.
岡田　努 (1988). 学生相談からみた現代青年の特徴　文教大学保健センター年報, **8**, 24-26.
岡田　努 (1989). 学生相談からみた現代青年の特徴：第 2 報　文教大学保健センター年報, **9**, 18-21.
岡田　努 (1992). 友人とかかわる　松井　豊 (編) 対人心理学の最前線　サイエンス社　pp.22-26.
岡田　努 (1987). 青年期男子の自我理想とその形成過程　教育心理学研究, **35**, 116-121.
岡田　努 (2006). 現代青年の友人関係は変わったか　白井利明 (編) よくわかる青年心理学　ミネルヴァ書房　pp.86-87.
岡田　努 (2007). 現代青年の心理学：若者の心の虚像と実像　世界思想社
齋藤麻莉絵・藤井恭子 (2008). 軽躁的関係と内面的関係の 2 側面による現代青年の友人関係の類型的特徴―賞賛獲得欲求・拒否回避欲求および充実感からの検討―　愛知教育大学研究紀要 (印刷中)
斉藤　環 (1998). 社会的ひきこもり―終わらない思春期　PHP 研究所
斉藤　環 (2006).「負けた」教の信者たち：ニート・引きこもり社会論　中央公論新社
千石　保 (1985). 現代若者論：ポスト・モラトリアムへの模索　弘文堂
千石　保 (1991).「まじめ」の崩壊：平成日本の若者たち　サイマル出版会
菅原健介 (2005). 羞恥心はどこへ消えた？　光文社
東京都生活文化局 (1979). 大都市高校生の心理的特徴と生活環境　東京都生活文化局
辻　大介 (1999). 若者のコミュニケーションの変容と新しいメディア　橋元良明・船津　衛 (編) 子ども・青少年とコミュニケーション　北樹出版　pp.11-27.
上野行良・上瀬由美子・松井　豊・福富　護 (1994). 青年期の交友関係における同調と心理的距離　教育心理学研究, **42**, 21-28.
Waterman, A. S. (1993). Developmental perspective on identity formation: From adolescence to adulthood. In J. E. Marcia, A. S. Waterman, D. R. Matterson, S. L. Archer, & J. L. Orlofsky (Eds.), *Ego identity: A handbook for psychological research*. New York: Springer-Verlag.

■ 5 章

Bailey, J. M., & Bell, A. P. (1993). Familiarity of female and male homosexuality. *Behaviour Genetics*, **23**, 313-322.
Bryson, J. B. (1991). Modes of response to jealousy-evoking situations. In P. Salovey (Ed.), *The Psychology of jealousy and envy*. Guilford Press. pp.178-207.
Buss, D. M. (1989). Sex differences in human mate preferences: Evolutionary hypotheses tested in 37 cultures. *Behavioral and Brain Sciences*, **12**, 1-49.
Buss, D. M., Shackelfold, T. K., Kirkpatrick, L. A., Choe J. A., Lim, C. C., Hasegawa, T., Hasegawa, M., & Bennett, K. (1999). Jealousy and the nature of beliefs about infidelity: Tests of competing hypotheses about sex differences in the United

States, Korea, and Japan. *Personal Relationships*, **6**, 125–150.

Byrne, D., & Nelson, D. (1965). Attraction as a linear function of proportion of positive reinforcements. *Journal of Personality and Social Psychology*, **1**, 659-663.

Diamond, J. (1991). *The third chimpanzee*. New York: Harper Collins. (長谷川真理子・長谷川寿一訳（1993）．人間はどこまでチンパンジーか？：人類進化の栄光と翳り　新曜社)

Dijkstra, P., & Buunk, B. P. (2002). Sex differences in the jealousy-evoking effect of rival characteristics. *European Journal of Social Psychology*, **32**, 829-852.

Dutton, D. G., & Aron, A. P. (1974). Some evidence for heightened sexual attraction under conditions of high anxiety. *Journal of Personality and Social Psychology*, **30**, 510-517.

Eastwick, P. W., & Finkel, E. J. (2008). Sex differences in mate preferences revisited: Do people know what they initially desire in a romantic partner? *Journal of Personality and Social Psychology*, **94**, 245-264.

Festinger, L., Schachter, S., & Back, K. (1950). *Social pressures in informal groups: A study of human factors in housing*. Harper.

Griffitt, W. (1970). Environmental effects on interpersonal affective behavior: Ambient effective temperature and attraction. *Journal of Personality and Social Psychology*, **15**, 240-244.

Hahn, J., & Blass, T. (1997). Dating partner preferences: A function of similarity of love styles. *Journal of Social Behavior and Personality*, **12**, 595-610.

Heider, J. S., Scherer, C. R., Farc, M. F., & Sagrin, B. J. (2006). Sex differences in jealousy in response to actual infidelity. *Evolutionary Psychology*, **4**, 462-470.

本多明生（2007）．性的嫉妬の男女差：高校生・大学生を対象とした探索的研究　東北心理学研究：東北心理学会第61回大会発表抄録集, **57**, 26.

Jacob, S., McClintock, M. K., Zelano, B., & Ober, C. (2002). Paternally inherited HLA alleles are associated with women's choice of male odor. *Nature Genetics*, **30**, 175-179.

Jecker, J., & Landy, D. (1969). Liking a person as a function of doing him a favour. *Human Relations*, **22**, 371-378.

金政祐司・大坊郁夫（2003）．愛情の三角理論における3つの要素と親密な異性関係　感情心理学研究, **10**, 11-24.

Kanemasa, Y., Taniguchi, J., Ishimori, M., & Daibo, I. (2004). Love styles and romantic love experiences in Japan. *Social Behavior and Personality*, **32**, 265-281.

川名好裕（2002）．恋愛関係における嫉妬の心理　日本社会心理学会第43回大会発表論文集, 496-497.

厚生労働省（2004）．「少子化に関する意識調査研究」報告について
http://www.mhlw.go.jp/houdou/2004/08/h0813-2/index.html

Lee, J. A. (1977). A typology of styles of loving. *Personality and Social Psychology Bulletin*, **3**, 173-182.

松井　豊（1990）．青年の恋愛行動の構造　心理学評論, **33**, 355-370.

松井　豊（2000）．恋愛段階の再検討　日本社会心理学会第41回大会発表論文集, 92-93.

Murstein, B. I. (1972). Physical attractiveness and marital choice. *Journal of Personality and Social Psychology*, **22**, 8-12.

Murstein, B. I. (1977). The stimulus-value-role (SVR) theory of dyadic relationships. In S. Duck (Ed.), *Theory and practice in interpersonal attraction*. Academic Press. pp.105-127.

中里浩明（1993）．嫉妬と羨望の対処方略：嫉妬と羨望の心理学（5）　神戸女学院大学論集, **39**(3), 117-130.

Parrott, W. G. (1991). The emotional experiences of envy and jealousy. In P. Salovey (Ed.), *The psychology of jealousy and envy*. Guilford Press. pp.3-29.

Rubin, Z. (1970). Measurement of romantic love. *Journal of Personality and Social Psychology*, **16**, 265-273.

Salovey, P., & Rothman, A. (1991). Envy and jealousy: Self and society. In P. Salovey, (Ed.), *The psychology of jealousy and envy*. Guilford Press. pp.271–286.

Shackelfold, T. K., Buss, M. D., & Bunnett, K. (2002). Forgiveness or breakup: Sex differences in responses to a partner's infidelity. *Cognition and Emotion*, **16**, 299-307.

司法統計（2006）．平成18年婚姻関係事件数: 申立ての動機別申立人別（全家庭裁判所）
http://www.courts.go.jp/sihotokei/nenpo/pdf/B18DKAJ17~18.pdf

Sternberg, R. J. (1986). A triangular theory of love. *Psychological Review*, **93**, 119-135.

詫摩武俊（1973）．恋愛と結婚　依田　新・大西誠一郎・斎藤耕二・都留　宏・西平直喜・藤原喜悦・宮川知彰（編）現代青年の性意識：現代青年心理学講座5　金子書房　pp.143-193.

立脇洋介（2005）．異性交際中の出来事によって生じる否定的感情　社会心理学研究, **21**, 21-31.

Walster, E. (1965). The effect of self-esteem on romantic liking. *Journal of Experimental Social Psychology*, **1**, 184-197.

Walster, E., Aronson, D., Abrams, D., & Rottmann, L. (1966). Importance of physical attractiveness in dating behavior. *Journal of Personality and Social Psychology*, **4**, 508-516.

Wedekind, C., & Füri, S. (1997). Body odour preferences in men and women: Do they aim for specific MHC combinations or simply heterozygosity? *Proceedings of the Royal Society of London B Biological sciences*, **264**, 1471–1479.

White, G. L., Fishbein, S., & Rutstein, J. (1981). Passionate love and the misattribution of arousal. *Journal of Personality and Social Psychology*, **41**, 56-62.

財団法人日本青少年研究所（2004）．高校生の生活と意識に関する調査

　　　　http://www1.odn.ne.jp/youth-study/reserch/index.html
財団法人日本性教育協会（2007）．「若者の性」白書：第6回青少年の性行動全国調査報告　小学館
Zajonc, R. B. (1968). Attitudinal effects of mere exposure. *Journal of Personality and Social Psychology*, **9**, 1-27.

■6章

阿部久美子（1999）．若者とファッション　神山　進（編）被服行動の社会心理学―装う人間の心と行動　北大路書房　pp.126-137.

秋月高太郎（2005）．ケータイメールの日本語　未来心理, **3**, 19-25.

天野成昭（2007）．ケータイ使用と言語能力　小林哲生・天野成昭・正高信男（編）モバイル社会の現状と行方－利用実態にもとづく光と影　NTT出版　pp.123-148.

バフチン, M. M.　磯谷　孝・斎藤俊雄訳（1979）．生活の言葉と詩の言葉　新谷敬三郎・伊藤一郎・佐々木寛（編）ミハイル・バフチン著作集③フロイト主義／生活の言葉と詩の言葉　新時代社　pp.213-262.

バフチン, M. M.　伊東一郎訳（1996）．小説の言葉　平凡社

Clark, K., & Holquist, M. (1984). *Mikhail Bakhtin*. Cambridge: Harvard University Press.（川端香男里・鈴木　晶訳（1990）．ミハイール・バフチーンの世界　せりか書房）

Cole, M. (1996). *Cultural psychology: A once and future discipline*. Cambridge: Harvard University Press.（天野　清訳（2002）．文化心理学―発達・認知・活動への文化・歴史的アプローチ　新曜社）

土橋臣吾（2003）．携帯インターネット利用の日常性　武蔵工業大学環境情報学部メディアセンタージャーナル, **4**, 2-10.

Elkind, D. (1967). Egocentrism in adolescence. *Child Development*, **38**, 1025-1034.

Elkind, D. (1994). *Understanding your child from birth to sixteen*. Boston: Allyn and Bacon.

遠藤　薫（2005）．モバイル・コミュニケーションと社会関係―携帯メールとPCインターネットメールの比較を通じて　未来心理, **1**, 25-31.

藤井教雄（2006）．電子掲示板やチャットによるコミュニケーション　学習情報研究, **9**, 25-28.

羽淵一代（2006）．高速化する再帰性　松田美佐・岡部大介・伊藤瑞子（編）ケータイのある風景―テクノロジーの日常化を考える　北大路書房　pp.121-139.

箱井英寿（1999）．ティーン・エイジャーとファッション―中・高校生の日常生活とファッションをめぐって　神山　進（編）被服行動の社会心理学―装う人間の心と行動　北大路書房　pp.114-125.

平木典子（1993）．アサーション・トレーニング：さわやかな「自己表現」のために　日本・精神技術研究所

石黒広昭（2001）．発達に対する社会歴史的アプローチ―ヴィゴツキー学派　中島義昭（編）現代心理学理論事典　朝倉書店　pp.406-427.

神澤孝宜（2006）．二極化するキャラクター消費―マンガ・アニメ産業からみたキャラクター消費行動の考察　宝塚造形美術大学紀要, **20**, 159-170.

加藤尚吾・赤堀侃司（2005）．不登校児童・生徒を対象にした電子掲示板を用いたグループカウンセリング実践におけるカウンセラーの働きかけの分析　教育情報研究, **21**, 39-49.

加藤由樹・加藤尚吾・赤堀侃司（2005）．携帯メールコミュニケーションの感情面に関する分析―教師あるいは友人がやりとりの相手の場合の検討　教育情報研究, **21**, 3-12.

加納寛子（2005）．実践情報モラル教育―ユビキタス社会へのアプローチ　北大路書房

加納寛子（2008）．ネットジェネレーションのための情報リテラシー＆情報モラル　大学教育出版

河村壮一郎（2003）．電子メール・カウンセリングに対する学生の態度の検討　鳥取短期大学研究紀要, **48**, 9-18.

小林哲生（2007）．ケータイ使用が生みだす心理　小林哲生・天野成昭・正高信男（編）モバイル社会の現状と行方―利用実態にもとづく光と影　NTT出版　pp.55-93.

小林哲朗・池田謙一（2005）．携帯コミュニケーションがつなぐもの・引き離すもの　池田謙一（編）インターネット・コミュニティと日常世界　誠信書房　pp.67-84.

小林哲朗・池田謙一（2007）．若年層の社会化課程における携帯メール利用の効果：パーソナル・ネットワークの同質性・異質性と寛容性に注目して　社会心理学研究, **23**, 82-94.

松田幸弘（2004）．大学生の携帯電話に対する態度を規定する心理的要因の分析　大阪経済大学論集, **55**, 59-89.

三宅和子（2005）．携帯電話と若者の対人行動　橋本良明（編）講座社会言語科学第二巻―メディア　ひつじ書房　pp.136-155.

宮本千尋・有元典文（2005）．コスプレ・コミュニティにみる社会的ネットワークの拡張としての学習　横浜国立大学教育相談・支援総合センター研究論集, **5**, 41-54.

宮田加久子（2005）．携帯電話は社会関係資本を補完できるのか　未来心理, **2**, 5-11.

文部科学省（2008）．青少年が利用する学校非公式サイト（匿名掲示板）等に関する調査について（概要）
　　　　http://www.mext.go.jp/b_menu/houdou/20/04/08041805/001.htm

守末　恵（2004）．コミュニケーション能力をどう向上させるか　赤堀侃司・野間俊彦・守末　恵（編）情報モラルを鍛える―子どもに求められるコミュニケーションのちから　pp.111-162.

中村　功（2003）．携帯メールと孤独　松山大学論集, **14**, 85-99.

中村　功（2005）．携帯メールのコミュニケーション内容と若者の孤独恐怖　橋本良明（編）講座社会言語科学第二巻―メディア　ひつじ書房　pp.70-84.

西川　純（1999）．なぜ，理科は難しいと言われるのか？　東洋館出版社

落合良行 (1999). 孤独な心―淋しい孤独感から明るい孤独感へ　サイエンス社
Peplau, L. A., & Perlman, D. (1982). *Lonliness: A sourcebook of current theory, research and therapy*. New York: Wiley. （加藤義明監訳（1988）．孤独感の心理学　誠信書房）
Piaget, J., & Inhelder, B. (1966). *La psychologie de l'enfant*. Paris: Press Universitaires de France. （波多野完治・須賀哲夫・周郷　博訳（1969）．新しい児童心理学　白水社）
斎賀久敬 (1992). ピアジェ心理学　氏原　寛・小川捷之・東山紘久・村瀬孝雄・山中康裕（編）心理臨床大事典　培風館 pp.68-71.
佐藤郁哉 (1984). 暴走族のエスノグラフィー―モードの反乱と文化の呪縛　新曜社
下田博次 (2008). 学校裏サイト―ケータイ無法地帯から子どもを救う方法　東洋経済出版社
Simmel, G. (1911).*Philosophische Kultur, gesammelte Essais.* （円子修平・大久保健治訳（1976）．文化の哲学　ジンメル著作集 7　白水出版）
白井利明 (2003). 大人へのなりかた―青年心理学の視点から　新日本出版
総務省 (2008). 平成 19 年通信利用動向調査結果
　　http://www.johotsusintokei.soumu.go.jp/statistics/data/080418_1.pdf
砂田昭彦 (2004). 高校生の友人関係のあり方と携帯メール依存症との関係　福岡県教育センター 2 か年大学院派遣研修報告書
　　http://www.educ.pref.fukuoka.jp/etclink/h17houkoku/h16-19.pdf
鈴木栄幸・舟生日出男 (2002). 学習者間対話の支援をとおした創発的学習領域の構成　科学教育研究, **26**, 42-55.
田島充士 (2007). 教育場面での実践と評価　比留間太白・山本博樹（編）説明の心理学―理論と実践　ナカニシヤ出版 pp.173-191.
高石浩一 (2006). 思春期・青年期の人間関係―メディアの影響を中心に　伊藤美奈子（編）朝倉心理学講座―思春期・青年期臨床心理学　朝倉書店　pp.42-57.
富田英典 (2006). ケータイとインティメイト・ストレンジャー　松田美佐・岡部大介・伊藤瑞子（編）ケータイのある風景―テクノロジーの日常化を考える　北大路書房　pp.140-163.
辻　大介・三上俊治 (2001). 大学生における携帯メール利用と友人関係―大学生アンケート調査の結果から　第 18 回情報通信学会大会個人研究発表配付資料
ヴィゴツキー, L. S. 土井捷三・神谷栄司訳（2003）．「発達の最近接領域」の理論―教授・学習過程における子どもの発達　三学出版
ヴィゴツキー, L. S. 柴田義松・森岡修一・中村和夫訳（2004）．思春期の心理学　新読書社
ヴィゴツキー, L. S. 柴田義松・土井捷三・神谷栄司・園田貴章訳（2005）．文化的―歴史的精神発達の理論　学文社

■ 7 章

明田芳久 (1992). 社会的認知理論　日本道徳性心理学研究会（編著）道徳性心理学　道徳教育のための心理学　北大路書房 pp.221-235.
東　洋 (1997). 日本人の道徳意識―道徳スクリプトの日米比較　柏木惠子・北山　忍・東　洋（編）文化心理学―理論と実証　東京大学出版会 pp.88-108.
東　洋 (1999). 文化心理学の方法をめぐって―媒介概念としての文化的スクリプト　発達研究, **14**, 113-120.
Bandura, A. (1977). *Social learning theory*. Engelwood Cliffs, N. J. : Prentice-Hall.
Bandura, A. (1986). *Social foundations of thought and action : A social cognitive theory*. Engelwood Cliffs, N. J.: Prentice-Hall.
Colby, A., Kohlberg, L., & collaborators (1987). *The measurement of moral judgement*. Vols.1-2. Cambridge, UK: Cambridge University Press.
Gilligan, C. (1982). *In a different voice: Psychological theory and women's development*. Cambridge, MA: Harvard University Press.
長谷川真里 (2001). 児童と青年の「言論の自由」の概念　教育心理学研究, **49**, 91-101
長谷川真里 (2003). 言論の自由に関する判断の発達過程：なぜ年少者は言論の自由を支持しないのか？　発達心理学研究, **14**, 304-315.
Helwig, C. C. (1995). Adolescents' and young adults' conceptions of civil liberties: Freedom of speech and religion. *Child Development*, **66**, 152-166.
Jaffee, S., & Hyde, J. S. (2000). Gender differences in moral orientation: A meta-analysis. *Psychological Bulletin*, **126**, 703-726.
北折充隆 (2007). 社会規範からの逸脱行動に関する心理学的研究　風間書房
Kohlberg, L. (1958). *The development of modes of moral thinking and choice in the years ten to sixteen*. Unpublished doctoral dissertation, University of Chicago.
Kohlberg, L. (1971). From is to ought. In T. Mischel (Ed.), *Cognitive development and epistemology*. New York: Academic Press. pp.151-235.
Kohlberg, L. (1984). *Essays on moral development*. Vol.2. *The psychology of moral development*. New York: Harper and Row.
Miller, J. G., & Bersoff, D. M. (1992). Culture and moral judgment: How are conflicts between justice and interpersonal

responsibilities resolved? *Journal of personality and social psychology*, **62**, 541-554.
村井　実（1990）．道徳は教えられるか　国土社
内藤俊史（2005）．道徳性を構成するもの：道徳性心理学　内田伸子（編著）心理学―こころの不思議を解き明かす―　光生館　pp.83-103.
大久保智生・加藤弘通（2006）．問題行動を起こす生徒の学級内での位置づけと学級の荒れおよび生徒文化との関連　パーソナリティ研究，**14**, 205-213.
Piaget, J. (1932). *The moral judgment of the child.* (translated by M. Gabain). New York: Simon & Schuster.
榊原志保（2003）．道徳性の発達理論　徳永正直・堤　正史・宮嶋秀光・林　泰成・榊原志保（著）道徳教育論　対話による対話への教育　ナカニシヤ出版　pp.71-101.
Selman, R. L. (2003). *The promotion of social awareness: Powerful lessons from the partnership of developmental theory and classroom practice*. New York: Russell Sage Foundation.
首藤敏元・二宮克美（2003）．子どもの道徳的自律の発達　風間書房
Shweder, R. A., Mahapatra, M., & Miller, J. G. (1987). Culture and moral development. In J. Kagan, & S. Lamb (Eds.), *The emergence of morality in young children*. Chicago: University of Chicago Press. pp.1-83.
Skinner, B. F. (1971). *Beyond freedom and dignity*. New York : Knopf.
Smetana, J. G. (1995). Context, conflict, and constraint in adolescent-parent authority relationships. In M. Killen, & D. Hart (Eds.), *Morality in everyday life*. New York: Cambridge University Press. pp.225-255.
戸田有一（1997）．道徳性の発達　井上健治・久保ゆかり（編）子どもの社会的発達　東京大学出版会　pp.150-168.
友枝敏雄・鈴木　譲（2003）．現代高校生の規範意識―規範の崩壊か，それとも変容か―　九州大学出版会
Turiel, E. (1983). *The development of social knowledge: Morality and convention*. Cambridge, UK: Cambridge University Press.
Turiel, E. (2002). *The culture of morality: Social development, context, and conflict*. Cambridge, UK: Cambridge University Press.
Turiel, E. (2006). The development of morality. In N. Eisenberg (Ed.), W. Damon, & R. M. Lerner (Series Editors in chief), *Handbook of child psychology*: Vol. 3. *Social, emotional, and personality development* (6th ed.) New Jersey: John Wiley & Sons. pp.789-857.
Turiel, E., & Wainryb, C. (1998). Concepts of freedoms and rights in a traditional, hierarchically organized society. *British Journal of Developmental Psychology*, **16**, 375-395.
Wainryb, C. (1991). Understanding differences in moral judgments: The role of informational assumptions. *Child Development*, **62**, 840-851.
山岸明子（1990）．青年の人格発達　無藤　隆・高橋惠子・田島信元（編）発達心理学入門Ⅱ　青年・成人・老人　東京大学出版会　pp.11-30.
山岸明子（1991）．道徳的認知の発達　大西文行（編）新児童心理講座9　道徳性と規範意識の発達　金子書房　pp.51-93.

■ 8章

安藤　治（2007）．現代のスピリチュアリティ：その定義をめぐって　安藤　治・湯浅泰雄（編）スピリチュアリティの心理学―心の時代の学問を求めて―　せせらぎ出版　pp.11-33.
安藤　治・湯浅泰雄（編）（2007）．スピリチュアリティの心理学―心の時代の学問を求めて―　せせらぎ出版
浅見定雄（1994）．新宗教と日本人　晩声社
浅見定雄（1997）．なぜカルト宗教は生まれるのか　日本基督教団出版局
浅見定雄（2000）．「カルトとは何か」―その特質と背景　浅見定雄・西田公昭・江川紹子・紀藤正樹　カルトと若者―東京女子大学学会講演会―　ブレーン出版　pp.1-33.
Cialdini, R. B. (2001). *Influence: Science and practice* (4th ed.). Allyn & Bacon.（社会行動研究会訳（2007）．影響力の武器［第二版］：なぜ，人は動かされるのか　誠信書房）
江川紹子（2000）．オウムと若者　浅見定雄・西田公昭・江川紹子・紀藤正樹　カルトと若者―東京女子大学学会講演会―　ブレーン出版　pp.73-110.
橋元良明・辻　大介・水野博介・福田　充・石井健一・森　康俊・見城武秀（1995）．大学生におけるオウム報道の影響と宗教意識―関東圏7大学および学生信徒アンケート調査から―　東京大学社会情報研究所調査研究紀要，**6**, 1-84.
Hassan, S. (1988). *Combatting cult mind control*. Park Street Press.（浅見定雄訳（1993）．マインド・コントロールの恐怖　恒友出版）
堀尾治代（1985）．宗教的青年のパーソナリティ特性―自我の強さを中心として―　京都大学博士学位論文
堀尾治代（1988）．宗教的転回　西平直喜・久世敏雄（編）青年心理学ハンドブック　福村出版　pp.758-770.
星野　命（1977）．宗教意識の発達　依田　新（監修）新・教育心理学事典　金子書房　pp.376-377.
井上順孝（1999）．若者と現代宗教：失われた座標軸　筑摩書房
井上順孝（2006）．若者における変わる宗教意識と変わらぬ宗教意識　国学院大学
井上順孝（編）（2008）．第4回日韓学生宗教意識調査報告　国学院大学
石井研士（編）（2005）．日本人の宗教意識・神観に関する世論調査2003年／日本人の宗教団体への関与・認知・評価に関する世論調査2004年報告書　國學院大學21世紀COEプログラム「神道と日本文化の国学的研究発信の拠点形成」
石井研士（2007）．データブック現代日本人の宗教［増補改訂版］　新曜社

磯村健太郎（2007）．〈スピリチュアル〉はなぜ流行るのか　PHP研究所
伊藤雅之（2003）．現代社会とスピリチュアリティ：現代人の宗教意識の社会学的探究　渓水社
伊藤雅之（2007）．スピリチュアリティの系譜：過去から現代　櫻井義秀・三木　英（編）やわらかアカデミズム・〈わかる〉シリーズ　よくわかる宗教社会学　ミネルヴァ書房　pp.134-135.
伊藤雅之・樫尾直樹・弓山達也（編）（2004）．スピリチュアリティの社会学―現代世界の宗教性の探求―　世界思想社
金児曉嗣（1987）．日本人の宗教行動と宗教意識　三隅二不二（監修）現代社会心理学　有斐閣　pp.398-416.
金児曉嗣（1993）．日本人の民俗宗教性とその伝播　心理学評論, **36**(3), 460-496.
葛西賢太（2007）．断酒が作り出す共同性―アルコール依存からの回復を信じる人々―　世界思想社
樫尾直樹（2005）．スピリチュアリティ　井上順孝（編）現代宗教事典　弘文堂　pp.295-296.
川畑直人（1986）．日本人キリスト者青年とアイデンティティ―母性社会における父性的宗教―　日本教育心理学会第28回総会発表論文集, 338-339.
菊池　聡（1995）．不思議現象が開く心理学の扉　菊池　聡・谷口高士・宮元博章（編）不思議現象なぜ信じるのか：こころの科学入門　北大路書房　pp.1-18.
岸本英夫（1961）．宗教学　大明堂
小池　靖（2007）．テレビ霊能者を斬る：メディアとスピリチュアルの蜜月　ソフトバンククリエイティブ
黒田文月（2008）．脱会後のカウンセリング　高木総平・内野悌司（編）カルト―心理臨床の視点から　現代のエスプリ **490**　至文堂　pp.44-55.
松島公望（2007）．プロテスタント・キリスト教に関わる日本人の宗教性発達に関する心理学的研究―ホーリネス系教会およびキリスト教主義学校を対象にして―　東京学芸大学博士論文
中村雅彦（1995）．大学生のオカルト信仰に関する研究―オカルト信者の社会心理学的特性と超心理教育による社会観の変容―　愛媛大学教養部紀要, **28**(1), 29-55.
中村雅彦（1998）．オカルト流行の社会心理学　渡辺恒夫・中村雅彦　オカルト流行の深層社会心理：科学文明の中の生と死　ナカニシヤ出版　pp.4-110.
西田公昭（1995）．マインド・コントロールとは何か　紀伊國屋書店
西田公昭（2000）．破壊的カルトのマインド・コントロール　浅見定雄・西田公昭・江川紹子・紀藤正樹　カルトと若者―東京女子大学学会講演会―　ブレーン出版　pp.35-72.
西田公昭（2008）．本格カウンセリング効果への期待　高木総平・内野悌司（編）カルト―心理臨床の視点から　現代のエスプリ **490**　至文堂　pp.138-149.
西平　直（1993）．エリクソンの人間学　東京大学出版会
西山　茂（1988）．現代の宗教運動―＜霊＝術＞系新宗教の流行と「2つの近代化」　大村英昭・西山　茂（編）現代人の宗教　有斐閣　pp.169-210.
西山　茂（1991）．第四次新宗教ブームの背景　小田　晋（編）宗教・オカルト時代の心理学　現代のエスプリ **292**　pp.34-43.
作道信介（1986a）．青年期のアイデンティティーの確立―S教会における事例分析―　日本心理学会第50回大会発表論文集, 656.
作道信介（1986b）．羊と羊飼い―S教会におけるアイデンティティの確立―　日本文化研究所研究報告, **23**, 1-35.
櫻井義秀（2006）．「カルト」を問い直す―信教の自由というリスク　中央公論新社．
佐藤壮広（2007）．癒しの見本市「すぴこん」　渡邊直樹（編）宗教と現代がわかる本2007　平凡社　pp.144-147.
島薗　進（2001）．ポストモダンの新宗教―現代日本の精神状況の底流　東京堂出版
島薗　進（2006a）．消費社会と聖なるもの　島薗　進・葛西賢太・福嶋信吉・藤原聖子（編）宗教学キーワード　有斐閣　pp.86-87.
島薗　進（2006b）．宗教集団の類型論　島薗　進・葛西賢太・福嶋信吉・藤原聖子（編）宗教学キーワード　有斐閣　pp.236-237.
清水雅人・平山正実・佐藤　健・小田　晋（1991）．座談会／宗教の時代の心象風景　小田　晋（編）宗教・オカルト時代の心理学　現代のエスプリ **292**　pp.180-217.
杉山幸子（2004）．新宗教とアイデンティティ：回心と癒しの宗教社会心理学　新曜社
辻河　優（1997）．青年期と宗教の関わりについての臨床心理学的一研究―カトリックの信仰者を対象として　広島大学教育学部紀要第1部（心理学）, **46**, 109-115.
ズィヴィー, パスカル（2002）．「信仰」という名の虐待―Spiritual Abuse　マインドコントロール研究所（編）「信仰」という名の虐待―Spiritual Abuse　いのちのことば社　pp.15-44.

■ 9章

Csikszentmihalyi, M., & Rathunde, K. (1992). The measurement of flow in everyday life: Toward a theory of engagement motivation. In J. E. Jacobs (Ed.), *Nebrasca symposium on motivation* Vol.40: *Developmental perspectives on motivation*. Lincoln: University of Nebrasca Press. pp.55-98.
藤　桂・湯川進太郎（2005）．満たされない自己が敵意的認知と怒り感情に及ぼす影響　カウンセリング研究, **38**, 22-32.
速水敏彦（2006）．他人を見下す若者たち　講談社
堀野　緑・上瀬由美子（1994）．青年期における自己情報収集行動　教育情報研究, **10**, 55-62.
株式会社クラレ（2008）．クラレ・アンケート―将来就きたい職業
　　http://www.kuraray.co.jp/enquete/occupation/2008/boys.html　（2008年5月23日アクセス）

上瀬由美子（1992）．自己認識欲求の構造と機能に関する研究—女子青年を対象として— 心理学研究, **63**, 30-37.
上瀬由美子・堀野 緑（1995）．自己認識欲求喚起と自己情報収集行動の心理的背景—青年期を対象として— 教育心理学研究, **43**, 23-31.
Krumboltz, J. D., & Levin, A. S. (2004). *Luck is no accident*. Atascadero, California: Impact Publishers.（花田光世・大木紀子・宮地夕紀子訳（2005）．その幸運は偶然ではないんです！ ダイヤモンド社）
楠見 孝（1995）．青年期の認知発達と知的獲得 落合良行・楠見 孝（編）講座生涯発達心理学 第4巻 自己への問い直し—青年期 金子書房 pp.57-88.
Marcia, J. E. (1976). Identity six years after: A follow-up study. *Journal of Youth and Adolescence*, **5**, 145-160.
Mitchell, K. E., Levin, A. S., & Krumboltz, J. D. (1999). Planned happenstance: Constructing unexpected career opportunities. *Journal of Counseling and Development*, **77**, 115-125.
宮下一博・杉村和美（2008）．大学生の自己分析—いまだ見えぬアイデンティティに突然気づくために ナカニシヤ出版
Newman, B. M., & Newman, P. R. (1984). *Development through life: A psychological approach* (3rd ed.). Dorsey Press.（福富 護訳（1988）．新版生涯発達心理学—エリクソンによる人間の一生とその可能性 川島書店）
Pearce, P. L. (1982). *The social psychology of tourist behavior*. New York: Pergomon Press.
佐々木土師二（2000）．旅行者行動の心理学 関西大学出版部
鑪 幹八郎（1984）．アイデンティティ研究の展望 I ナカニシヤ出版
鑪 幹八郎（1990）．アイデンティティの心理学 講談社
鑪 幹八郎（2002）．アイデンティティとライフサイクル論 ナカニシヤ出版
落合良行（1985）．青年期における孤独感を中心とした生活感情の関連構造 教育心理学研究, **33**, 70-75.
岡本祐子（1985）．中年期の自我同一性に関する研究 教育心理学研究, **33**, 295-306.
岡本祐子（2000）．役割実験 福富 護・二宮克美・高木秀明・大野 久・白井利明（編）青年心理学辞典 福村出版 p.176.
岡本祐子・松下美知子（2002）．新女性のためのライフサイクル心理学 福村出版
大野 久（1995）．青年期の自己意識と生き方 落合良行・楠見 孝（編）講座生涯発達心理学 第4巻 自己への問い直し—青年期 金子書房 pp.89-124.
大野 久（1984）．現代青年の充実感に関する一研究—現代青年の心情モデルについての検討 教育心理学研究, **32**, 100-109.
齊藤誠一（1995）．自分の身体・性とのつきあい 落合良行・楠見 孝（編）講座生涯発達心理学 第4巻 自己への問い直し—青年期 金子書房 pp.23-56.
反田 健（2000）．生きがい 福富 護・二宮克美・高木秀明・大野 久・白井利明（編）青年心理学事典 福村出版 p.169.
高橋俊介（2003）．キャリア論 東洋経済新報社
樽味 伸（2005）．現代社会が生む"ディスチミア親和型" 臨床精神医学, **34**, 687-694.

■ 10章

張 賢徳（2006）．精神科医からのメッセージ 人はなぜ自殺するのか—心理学的剖検調査から見えてくるもの— 勉誠出版
Crumbaugh, J. C., & Maholick, L. T. (1964). An experimental study in existentialism: The psychometric approach to Frankl's concept of nöogenic neurosis. *Journal of Clinical Psychology*, **20**, 200-207.
Deeken, A. (1986).〈叢書〉死への準備教育 メヂカルフレンド社
榎本博明（2003）．青年期の自殺予防 樋口輝彦（編）自殺企図—その病理と予防・管理— 永井書店 pp.187-196.
Erikson, E. H. (1950). *Childhood and society*. New York: W. W. Norton.（仁科弥生訳（1977, 1980）．幼児期と社会 1, 2 みすず書房）
Erikson, E. H. (1964). *Insight and responsibility*. New York: W. W. Norton.（鑪 幹八郎訳（1971）．洞察と責任—精神分析の臨床と倫理— 誠信書房）
Feifel, H. (Ed.) (1959). *The meaning of death*. New York: Blakiston Division, McGraw-Hill.（大原健士郎・勝俣暎史・本間 修訳（1973）．死の意味するもの 岩崎学術出版社）
Frankl, V. E. (1978). *The unheard cry for meaning*. New York: Simon and Schuster.（上嶋洋一・松岡世利子訳（1999）．〈生きる意味〉を求めて 春秋社）
布施豊正（2004）．死にたくなる人の深層心理—自殺にいたる3つの要因を乗り越え「生」を選ぶまで— はまの出版
Gesser, G., Wong, P. T. P., & Reker, G. T. (1987-1988). Death attitudes across the life-span: The development and validation of the Death Attitude Profile (DAP). *Omega*, **18**, 113-128.
橋本篤孝・中村公美・柳井美香・横内敏郎・鶴田千尋（1993）．「死」に対する態度は加齢とともにどうかわっていくか 老年精神医学雑誌, **4**, 51-58.
Hoelter, J. W. (1979). Multidimensional treatment of fear of death. *Journal of Consulting and Clinical Psychology*, **47**, 996-999.
堀 薫夫（1996）．大学生と高齢者の老いと死への意識の構造の比較 大阪教育大学紀要 第IV部門, **44**, 185-197.
稲村 博（1977）．自殺学—その治療と予防のために— 東京大学出版会
石坂昌子（2006）．青年期における死生観と人生観の関連 臨床死生学, **11**, 34-42.
影山任佐（2003）．青年期の自殺—生きる力の再生 大学生を中心に— 樋口輝彦（編）自殺企図—その病理と予防・管理— 永井書店 pp.19-33.
角丸 歩・山本太郎・井上 健（2005）．大学生の自殺・自傷行為に対する意識 臨床教育心理学研究, **31**, 69-76.
金児曉嗣（1994）．大学生とその両親の死の不安と死観 人文研究（大阪市立大学文学部紀要）, **46**, 537-564.

金児曉嗣・渡部美穂子（2003）．宗教観と死への態度　人文研究（大阪市立大学大学院研究科紀要），**54**, 85-109.
Kastenbaum, R.（1991）. *Death, society, and human experience*（4th ed.）Columbus: Merrill Publishing.
Kastenbaum, R.（1992）. *The psychology of death*（2nd ed.）New York: Springer.（井上勝也監訳（2002）．死ぬ瞬間の心理　西村書店）
Kastenbaum, R.（2001）. Thanatology. In G. Maddox（Ed. in chief）, *The encyclopedia of aging: A comprehensive resource in gerontology and geriatrics*（3rd ed.）New York: Springer. pp. 1015-1017.
Kastenbaum, R.（2004）. *Death, society, and human experience*（8th ed.）New Jersey: Prentice Hall.
Kastenbaum, R., & Costa, P. T.（1977）. Psychological perspectives on death. *Annual Review of Psychology*, **28**, 22-249.
川島大輔（2007）．死生の意味づけと質的研究　遠藤利彦・坂上裕子（編著）　はじめての質的研究法―事例から学ぶ―（生涯発達編）　東京図書出版　pp.317-340.
警察庁生活安全局地域課（2007）．平成18年中における自殺の概要資料　警察庁生活安全局地域課　2007年6月7日　http://www.npa.go.jp/toukei/chiiki8/20070607.pdf　（2008年5月25日アクセス）
厚生労働省大臣官房統計情報部（編）（2008）．人口動態統計　平成18年　厚生労働省大臣官房統計情報部
Kübler-Ross, E.（1969）. *On death and dying*. New York: Macmillan.（鈴木　晶訳　（1998-1999）．死ぬ瞬間―死とその過程について―　読売新聞社）
隈部知更（2003）．DAP-R日本語版の内容的妥当性―死への態度と信仰の関係―　心理臨床学研究, **20**, 601-607.
隈部知更（2006）．日本人の死生観に関する心理学的基礎研究―死への態度に影響を及ぼす4要因についての分析―　健康心理学研究, **19**, 10-24.
増田陸郎（2001）．青少年（中・高・短大）の「いのち」に対する意識調査　自殺予防と危機介入, **22**, 57-72.
森田真季（2007）．死生観とアイデンティティ，ストレッサー，コーピングとの関連　心理臨床学研究, **25**, 505-515.
Neimeyer, R. A., & Van Brunt, D.（1995）. Death anxiety. In H. Wass, & R. A. Neimeyer（Eds.）, *Dying: Facing the facts*（3rd ed.）Washington, D. C. & Francis. pp.49-88.
Noppe, I. C., & Noppe, L. D.（1991）. Dialectical themes in adolescent conceptions of death. *Journal of Adolescent Research*, **6**, 28-42.
Noppe, I. C., & Noppe, L. D.（2004）. Adolescent experiences with death: letting go of immortality. *Journal of Mental Health Counseling*, **26**, 146-167.
大石和男・安川通雄・濁川孝志・飯田史彦（2007）．大学生における生きがい感と死生観の関係―PILテストと死生観の関連性―　健康心理学研究, **20**, 1-9
岡村達也（1983）．「死に対する態度」の研究―青年と成人との比較―　東京大学教育学部紀要, **23**, 331-343.
大原健士郎（1965）．日本の自殺―孤独と不安の解明―　誠信書房
大原健士郎・大原浩一（1990）．青年期の自殺　臨床精神医学, **19**, 799-804.
大嶋美登子（2006）．青年期の自殺―現状と課題（学生アンケートを中心に）―　精神保健研究, **19**, 41-47.
佐藤文子（1990）．死と自殺に対する態度についての心理学的研究（2）―自殺未遂者のPurpose-in-Life-Test（PIL）反応の分析―　アルテスリベラレス（岩手大学人文社会科学部）, **47**, 79-92.
佐藤文子・田中弘子（1989）．死と自殺に対する態度についての心理学的研究―Purpose-in-life-test（PIL）を手がかりに―　アルテスリベラレス（岩手大学人文社会科学部）, **44**, 59-77.
渋谷園枝・渋谷昌三（1991）．「生」と「死」のイメージ調査の基礎的分析　山梨医大紀要, **8**, 41-52.
Shneidman, E. S.（1993）. *Suicide as psychache: A clinical approach to self-destructive behavior*. Northvale: Jason Aronson.（高橋祥友訳（2005）．シュナイドマンの自殺学―自己破壊行動に対する臨床的アプローチ―　金剛出版）
Shneidman, E. S., & Farberow, N. L.（1959）. Suicide and death. In H. Feifel（Ed.）, *The meaning of death*. New York: Blakiston Division, McGraw-Hill. pp.284-301.（大原健士郎・勝俣瑛史・本間　修訳（1973）．死の意味するもの　岩崎学術出版社　pp.285-300.（自殺と死））
鈴木真由子・池田智美・岡本正子（2006）．大学生の死生観と自尊感情　生活文化研究, **46**, 29-41.
高橋祥友（2006）．自殺の危険―臨床的な評価と危機介入（新訂増補版）―　金剛出版
田中愛子・後藤政幸・李　恵英・杉　洋子・金山正子・奥田昌之・芳原達也（2001）．青年期および壮年期の男女間における「死に関する意識」の比較研究　死の臨床, **24**, 62-68.
丹下智香子（1999）．青年期における死に対する態度尺度の構成および妥当性・信頼性の検討　心理学研究, **70**, 327-332.
丹下智香子（2004）．宗教性と死に対する態度　名古屋大学大学院教育発達科学研究科紀要　心理発達科学, **51**, 35-49.
Templer, D. I.（1970）. The construction and validation for a death anxiety scale. *Journal of General Psychology*, **82**, 165-177.
Thorson, J. A., & Powell, F. C.（1994）. A Revised Death Anxiety Scale. In R. A. Neimeyer（Ed.）, *Death anxiety handbook: Research, instrumentation, and application*. Washington, D.C.: Taylor & Francis. pp.31-43
得丸定子・小林輝紀・平　和章・松岡　律（2006）．日本の大学生における死と死後の不安　日本家政学会誌, **57**, 411-419.
Wong, P. T. P.（2000）. Meaning of life and meaning of death in successful aging. In A. Tomer（Eds.）, *Death attitudes and the older adult: Theories, concepts, and applications*. New York: Brunner-Routledge. pp.23-35.
Wong, P. T. P., Reker, G. T., & Gesser, G.（1994）. The Death Attitude Profile-Revised: Multidimensional measure of attitude towards death. In R. A. Neimeyer（Ed.）, *Death anxiety handbook: Research, instrumentation, and application*. Washington, D.C.: Taylor & Francis. pp.121-148.

與古田孝夫・石津　宏・秋坂真史・名嘉幸一・高倉　実・宇座美代子・長濱直樹・勝　綾子（1999）．大学生の自殺に関する意識と死生観との関連についての検討　民族衛生, **65**, 81-91.

■ 11章

American Psychiatric Association (2000). *Quick reference to the diagnostic criteria from DSM-IV-TR*. American Psychiatric Association.（高橋三郎・大野　裕・染矢俊幸訳（2003）．DSM-IV-TR 精神疾患の分類と診断の手引　医学書院）
Brown, G. W., et al. (1968). Crises and life changes and the onset of schizophrenia. *Journal of Health and Social behavior*, **9**, 203-214.
傳田健三（2007）．子どものうつ病　母子保健情報, **55**, 69-72.
Ito, J., & Oshima, I. (1995). Distribution of EE and its relationship to relapse in Japan. *International Journal of Mental Health*, **24**(2), 23-37.
逸見敏郎（2003）．心を病むとは　都筑　学（編著）やさしい心理学　ナカニシヤ出版
狩野力八郎（2005）．自己愛型人格障害　精神科治療学, 20 増刊号
狩野力八郎（監修）（2007）．自己愛パーソナリティ障害のことがよく分かる本　講談社
Kohut, H. (1971). *The analysis of the self: A systematic approach to the psychoanalytic treatment of narcissistic personality disorders*. Madison: International Universities Press.（水野信義・笠原　嘉監訳（1994）．自己の分析　みすず書房）
Masterson, J. F. (1979). *The narcissistic and borderline disorders*. Bruner/Mazel.（富山幸佑・尾碕　新訳（1990）．自己愛と境界例　星和書店）
三ār善央・下寺信次・米倉裕希子・何　玲・諸隈一平・藤田博一・井上新平（2007）．家族の感情表出と双極性障害：日本でのコホート研究　社會問題研究, **56**, 31-39.
鍋田恭孝（2007）．変わりゆく思春期の心理と病理　日本評論社
中井久夫（1998）．最終講義―分裂病私見　みすず書房
中井久夫・山口直彦（2001）．看護のための精神医学　医学書院
中井久夫・山中康裕（1987）．思春期の精神病理と治療　岩崎学術出版社
中安信夫・村上靖彦（2004）．初期分裂病（思春期青年期ケース研究）岩崎学術出版社
岡田尊司（2005a）．自己愛型社会　平凡社
岡田尊司（2005b）．子どもの「心の病」を知る　PHP 研究所
大熊輝雄（2008）．現代臨床精神医学［改訂第 11 版］　金原出版
小野寺哲夫（2007）．家族内の病人に対する感情反応を規定する要因とは　日本社会心理学会　第 48 回大会発表論文集
Oshima, I., Ito, J., Yagihashi, M., & Kazuo, O. (1994). A study on the scaling methods of Expressed Emotion scales from the perspective of relapse predictability of schizophrenia. *Psychiatria et Neurologia Japonica*, **96**, 298-315.
佐藤秀峰（2004-2006）．ブラックジャックによろしく　Vol.9-13　KC コミック　講談社
Schneider, K. (1959). *Clinical psychopathology*. New York: Grune and Stratton.
滝川一廣（2004）．新しい思春期像と精神療法　金剛出版
牛島定信・館　直彦（1995）．境界例（思春期青年期ケース研究 2）岩崎学術出版社
和田秀樹（1999）．〈自己愛〉の構造　講談社
吉水由美子（2002）．「漂い系」の若者たち　ダイヤモンド社
Zubin, J. et al. (1977). Vulnerability a new view of schizophrenia. *Journal of Abnormal Psychology*, **86**, 103-126.

■ 終章

朝日新聞（2006a）．時々刻々　好況　置き去りの世代　7 月 31 日朝刊
朝日新聞（2006b）．30 歳，なお遠い正社員　9 月 30 日朝刊
朝日新聞（2007a）．さまよう 2000 万人　ロストジェネレーション―25 〜 35 歳　1　1 月 1 日朝刊
朝日新聞（2007b）．彼らの生涯　彼らの年収　ロストジェネレーション―25 〜 35 歳　1 月 1 日朝刊
朝日新聞（2007c）．世直し世代　ロストジェネレーション―25 〜 35 歳　2　1 月 3 日朝刊
朝日新聞（2007d）．自分探し世代　ロストジェネレーション―25 〜 35 歳　4　1 月 5 日朝刊
朝日新聞（2007e）．ロストジェネレーション―25 〜 35 歳　読者の反響　1 月 28 日朝刊
朝日新聞「ロストジェネレーション」取材班（2007）．ロストジェネレーション：さまよう 2000 万人　朝日新聞社
朝日新聞ロスジェネ取材班（2007）．ロストジェネレーションの逆襲　朝日新聞社
本田由紀・内藤朝雄・後藤和智（2006）．「ニート」って言うな！　光文社
城　繁幸（2006）．若者はなぜ 3 年で辞めるのか？　年功序列が奪う日本の未来　光文社
城　繁幸（2008）．3 年で辞めた若者はどこへ行ったのか：アウトサイダーの時代　筑摩書房
厚生労働省（2007）．労働経済白書（平成 19 年版）―ワークライフバランスと雇用システム―　国立印刷局
水月昭道（2007）．高学歴ワーキングプア：「フリーター生産工場」としての大学院　光文社
Taleb, N. N. (2005). *Fooled by randomness: The hidden role of chance in life and in the markets*. New York: Random House.（望月　衛訳（2008）．まぐれ　ダイヤモンド社）
梅田望夫（2007）．ウェブ時代を行く：いかに働き，いかに学ぶか　筑摩書房
Vogel, E. F. (1979). *Japan as number one: Lessons for America*. Cambridge: Harvard University Press.（広中和歌子・木本彰子訳（1979）．ジャパン・アズ・ナンバーワン　阪急コミュニケーションズ）
山田昌弘（1999）．パラサイト・シングルの時代　筑摩書房

■ ワーク1
Kuhn, M. H., & McPartland, T. S.（1954）．An empirical investigation of self-attitudes. *American Social Review*, **19**, 68-76.
■ ワーク2
片山美香・松橋有子（2002）．思春期のボディイメージ形成における発達的研究―中学生から大学生までの横断的検討― 思春期学, **20**, 480-488.
■ ワーク3
川瀬正裕・松本真理子（編）（1997）．新 自分さがしの心理学 ナカニシヤ出版
山田剛史（2004）．過去−現在−未来にみられる青年の自己形成と可視化によるリフレクション効果―ライフヒストリーグラフによる青年理解の試み― 青年心理学研究, **16**, 15-35.
■ ワーク4
中井久夫（1970）．精神分裂病者の精神療法における描画の利用―とくに技法の開発によって得られた知見について 芸術療法, **2**, 77.
■ ワーク5
Lee, J. A.（1977）．A typology of styles of loving. *Personality and Social Psychology Bulletin*, **3**, 173-182.
松井 豊（1990）．青年の恋愛行動の構造 心理学評論, **33**, 355-370.
松井 豊（2002）．青少年の「性」の心理的背景 日本性教育協会（編）セクシュアリティと心理学の最前線 性科学ハンドブック vol. 7 日本性教育協会 pp.43-53.
松井 豊（2004）．恋愛の心理学研究の現場から（特集 愛の心理学）心理学ワールド, **25**, 5-8.
松井 豊（2006）．恋愛の進展段階と時代的変化 齊藤 勇（編）イラストレート恋愛心理学 誠信書房 pp.62-71.
Rubin, Z.（1970）．Measurement of romantic love. *Journal of Personality and Social Psychology*, **16**, 265-273.
■ ワーク6
赤坂瑠以・高木秀明（2005）．携帯電話のメールによるコミュニケーションと高校生の友人関係における発達の特徴との関連 パーソナリティ研究, **13**, 269-271.
インターネット協会（監修）（2004）．インターネット白書2004 インプレス pp.168-169.
中村 功（1999）．電話コミュニティ―その実態とコミュニケーションの重層性について― 松山大学論文集, **11**, 307-328.
■ ワーク7
長峰伸治（1996）．青年期の対人的交渉方略に関する研究―INSモデルの検討と対人的文脈による効果― 名古屋大学教育学部紀要（教育心理学科）, **43**, 175-186.
長峰伸治（1999）．青年の対人葛藤場面における交渉過程に関する研究―対人交渉方略モデルを用いた父子・母子・友人関係での検討― 教育心理学研究, **47**, 218-228.
Ohbuchi, K., & Takahashi, Y.（1994）．Cultural styles of conflict management in Japanese and Americans: Passivity, covertness, and effectiveness of strategies. *Journal of Applied Social Psychology*, **24**, 1345-1366.
Selman, R. L., Beardslee, W., Schultz, L. H., Krupa, M., & Podorefsky, D.（1986）．Assessing adolescent interpersonal negotiation strategies: Toward the integration of structural and functional models. *Developmental Psychology*, **22**, 450-459.
Shantz, C. U., & Hobart, C. J.（1988）．Social conflict and development: Peers and siblings. In T. J. Berndt, & G. W. Ladd（Eds.）, *Peer relationships in child development*. New York: Wiley. pp.71-94.
渡部玲二郎（1993）．児童における対人交渉方略の発達―社会的情報処理と対人交渉方略の関連性― 教育心理学研究, **41**, 452-461.
山岸明子（1998）．小・中学生における対人交渉方略の発達及び適応感との関連―性差を中心に― 教育心理学研究, **46**, 163-172.
山本愛子（1995）．幼児の自己主張と対人関係―対人葛藤場面における仲間との親密性および既知性― 心理学研究, **66**, 205-212.
吉武久美子（1991）．ひくことが持つ優位性―自己主張と対人関係円滑化を両立させるための対人的コミュニケーション方略― 心理学研究, **62**, 229-234.
■ ワーク8
東京大学医学部心療内科TEG研究会（編）（2006）．新版TEG II 解説とエゴグラム・パターン 金子書房
杉田峰康（2004）．交流分析 氏原 寛・亀口憲治・成田善弘・東山紘久・山中康裕（編）心理臨床大事典［改訂版］pp.380-384.
鈴木千枝子（2004）．新版東大式エゴグラム 氏原 寛・亀口憲治・成田善弘・東山紘久・山中康裕（編）心理臨床大事典［改訂版］pp.507-508.
■ ワーク9
McAdams, D. P.（1993）．*The stories we live by*. New York: William Morrow.
■ ワーク10
青木健次（2004）．バウムテスト 氏原 寛・亀口憲治・成田善弘・東山紘久・山中康裕（編）心理臨床大事典［改訂版］pp.556-561.
Koch, C.（1952）．*The tree test : the tree-drawing test as an aid in psychodiagnosis*（2nd ed.）Bern: H. Huber.（林 勝造・国吉政一・一谷 彊訳（1970）．バウム・テスト 日本文化科学社）

名島潤慈・原田則代・横田周三・森田裕司・増田勝幸・上村孝子（2001）．バウムテスト　上里一郎（監修）心理アセスメントハンドブック　西村書店　pp.186-197.
高橋雅春・高橋依子（1986）．樹木画テスト　文教書院

■ ワーク 11

Ellis, A., & Harper, R. A. (1975). *A new guide to rational living.* Prentice Hall.（北見芳雄（監修）(1981)．論理療法　川島書店）
平木典子（1993）．アサーション・トレーニング　日本・精神技術研究所
本城直季（2006）．スモールプラネット　リトルモア
Kelly, G. A. (1955). *The psychology of personal constructs.* Vol. 1: *A theory of personality.* New York: Norton.
近藤邦夫（1994）．教師と子どもの関係づくり　東京大学出版会
近藤邦夫（1995）．子どもと教師のもつれ　岩波書店

■ Column 1

石渡嶺司（2007）．最高学府はバカだらけ　全入時代の大学「崖っぷち」事情　光文社　p.9.

■ Column 2

Ellenberger, H. F. (1970). *The discovery of the unconscious: The history and evolution of dynamic psychiatry.* Basic Books.（木村　敏・中井久夫監訳（1980）．無意識の発見　上下　弘文堂）
Erikson, E. H. (1968). *Identity: Youth and crisis.* W. W. Norton.（岩瀬庸理訳（1973）．アイデンティティ　金沢文庫）

■ Column 3

Blake, F., Salkovskis, P., Gath, D., Day, A., & Garrod, A. (1998). Cognitive therapy for premenstrual syndrome: A controlled trial. *Journal of Psychosomatic Research,* **45**, 307-318.
Hertz, D. G., & Molinski, H. (1980). *Psychosomatik der Frau.* Heidelberg Springer Verlag-Berlin.（石川　中・赤池　陽訳（1986）．ライフサイクルからみた女性の心と体　医学書院）
川瀬良美（2008）．女性のこころの発達と月経　看護, **60**, 59-63.
松本清一（1995）．PMSの研究―月経・こころ・からだ―　文光堂
織田弥生（2003）．月経周期及び月経前緊張症（PMS）が女性の心理状態に与える影響　日本心理学会第67回大会論文集, 983.
武井祐子（2002）．月経に対するイメージと月経随伴症状に関する研究　保健の科学, **44**, 881-886.
武井祐子（2004）．月経に対するイメージと月経随伴症状に関する研究―面接調査による検討―　保健の科学, **46**, 385-389.

■ Column 5

石川与志也（2009）．青年期アイデンティティグループ―学生相談における可能性　小谷英文（編）　現代のエスプリ504　グループセラピィの現在―精神疾患集団療法から組織開発タスクフォースまで　至文堂　pp.189-199.

■ Column 6

片岡秀樹（2008）．肥満について考える―「食べるから太る」のではなく「太るから食べる」―　DITN, **361**, 1.
片野ゆか（2007）．ダイエットがやめられない―日本人のカラダを追跡する―　新潮社　p.92
岡田斗司夫（2007）．いつまでもデブと思うなよ　新潮社
Pipher, M. B. (1997). *Hunger pains: The modern woman's tragic quest for thinnes.* Hunger pains.（杉村省吾・杉村栄子訳（2000）．痩せと肥満の心理―摂食障害へのアプローチ―　川島書店）
高田明和（2005）．脳の栄養失調―脳とダイエットの危険な関係―　講談社

■ Column 7

赤坂瑠以（2007）．携帯電話の使用をめぐる問題　日本青年心理学会News Letter, **44**, 2-3.
赤坂瑠以・坂元　章・高木秀明（2007）．青年期中期における携帯メールの使用と，友人関係およびそれに関する意識　教育メディア研究, **14**, 27-39.
岡田朋之・松田美佐（編）（2002）．ケータイ学入門―メディア・コミュニケーションから読み解く現代社会―　有斐閣
下田博次（2004）．ケータイ・リテラシー―子どもたちの携帯電話・インターネットが危ない！―　NTT出版
高橋　衛（2007）．子ども　モバイル社会研究所（企画／監修）　モバイル社会白書2007　NTT出版　pp.60-89.
辻　大介・三上俊治（2001）．大学生における携帯メール利用と友人関係―大学生アンケート調査の結果から―　平成13年度情報通信学会大会個人研究発表配布資料

■ Column 8

相原博之（2007）．キャラ化するニッポン　講談社
伊藤　剛（2007）．オタク文化の現在「キャラ化するニッポン」?　ちくま, **441**, 48-51.
森川嘉一郎（2007）．オタク文化の現在「日本」と「アニメ」の関係　ちくま, **432**, 32-35.
MSN産経ニュース（2008）．サブカル最前線　日本大好き！　オタクなアメリカ人メイドを直撃　2008年4月7日　http://sankei.jp.msn.com/life/lifestyle/080405/sty0804051047004-n1.htm（2008年5月26日アクセス）
岡田斗司夫（1996）．オタク学入門　太田出版
丹野義彦（2008）．ライフサイクル　長谷川寿一・東條正城・大島　尚・丹野義彦・廣中直行（著）はじめて出会う心理学［改訂版］　有斐閣　pp.71-76.

■ Column 9

荒木行彦（2007）．止まらない少年，青年犯罪！　五感教育研究所　2007年5月11日

http://04852128.at.webry.info/200705/article_12.html（2008年5月26日アクセス）
影山任佐（2001）．自己を失った少年たち：自己確認型犯罪を読む　講談社
奥平康照（2002）．少年犯罪は凶悪化しているか　東西南北 2001　2002年
　　　http://www.wako.ac.jp/souken/touzai01/tz0113.html（2008年5月26日アクセス）
丹野義彦（2008）．ライフサイクル　長谷川寿一・東條正城・大島　尚・丹野義彦・廣中直行（著）　はじめて出会う心理学［改訂版］　有斐閣　pp.71-76.
碓井真史（2005）．平気で「いのち」を奪う子どもたち─少年犯罪の変遷といのちの輝き　心理学総合案内こころの散歩道　2005年6月15日
　　　http://www.n-seiryo.ac.jp/~usui/koneko/2005/inoti.html（2008年5月26日アクセス）

■ Column 10
板橋作美（2004）．占いの謎─いまも流行るそのわけ　文芸春秋
村上幸史（2005）．占いの予言が「的中する」とき　社会心理学研究, **21**(2), 133-146.
村上幸史（2007）．オルタナティブ・オプションズとしての占い─その非科学的な機能を探る　サトウタツヤ（編）ボトムアップな人間関係─心理・教育・福祉・環境・社会の12の現場から　pp.146-165.
NHK放送文化研究所（2004）．現代日本人の意識構造［第6版］　日本放送出版協会

■ Column 11
村上宣良（2005）．「心理テスト」はウソでした。受けたみんなが馬鹿を見た　日経BP社
Wu, K., Lindsted, K. D., & Lee, J. W.（2005）．Blood type and the five factors of personality in Asia. *Personality and Individual Differences*, **38**(4), 797-808.

■ Column 12
Coleman, J. C., & Hendry, L. B.（1999）．*The nature of adolescence*（3rd ed.）London: Routledge.（白井利明他訳（2003）．青年期の本質　ミネルヴァ書房）
土井隆義（2008）．友だち地獄─「空気を読む」世代のサバイバル　筑摩書房
総務省情報通信政策局（2006）．平成18年度通信利用動向調査報告書（世帯編）

■ Column 13
安溪真一（1991）．若者が体験する死のイメージ─朝の光の中の夜　こころの科学, **35**, 50-55.
金児暁嗣（1994）．大学生とその両親の死の不安と死観　大阪市立大学文学部紀要, **46**, 537-564.
河野由美（2000）．大学生の宗教観と死観及び死の不安に関する計量的研究　飯田女子短期大学紀要, **17**, 73-87.
厚生労働省（2006）．人口動態調査
丹下智香子（1999）．青年期における死に対する態度尺度の構成および妥当性・信頼性の検討　心理学研究, **70**, 327-332.
丹下智香子（2004）．宗教性と死に対する態度　名古屋大学大学院教育発達科学研究科紀要　心理発達科学, **51**, 35-49.

■ Column 14
鮎川　潤（2001）．少年犯罪─ほんとうに多発化・凶悪化しているのか　平凡社
藤川洋子（2002）．「非行」は語る─家裁調査官の事例ファイル　新潮社
藤川洋子（2005）．少年犯罪の深層─家裁調査官の視点から　筑摩書房
藤岡淳子（2002）．衝動統制障害としての薬物非行と性非行─愛着と対象関係のつまずきから　こころの臨床á.la.carte, **21**(1), 41-45.
岩倉　拓（2005）．現代社会と心の問題　武藤安子・井上果子（編著）　子どもの心理臨床　関係性を育む　健帛社　pp.27-41.
清永賢二（1999）．現代少年非行の世界─空洞の世代の誕生　清永賢二（編著）　少年非行の世界 空洞の世代の誕生　有斐閣　pp.1-35.
野村俊明・奥村雄介・吉永千恵子・黒田　治・阿部惠一郎（2005）．〈座談会〉矯正施設における精神医療の実際　こころの臨床á.la.carte, **24**(3), 279-294.
安岡　誉（2002）．青少年の手首自傷（リストカット）の意味するもの　こころの臨床á.la.carte, **21**(1), 31-35.

事項索引

あ
合言葉　84
愛情の三角理論（triangular theory of love）　72
アイデンティティ　9
　――拡散　17
　――・クライシス（危機）　16
　――・ゲーム　127
　――・ステイタス　128
　――の一貫性　10, 130
　――の斉一性　10, 130
　――の連続性　10, 130
　――・フリー　22
アサーション　88
アタッチメント行動　40
アタッチメント理論　44
生きがい感　129
1級症状　149
陰性症状　151
インターネット　169
インティメイト・ストレンジャー　83
失われた10年　166
失われた世代　165
占い　115, 116, 120
エゴグラム　121
SVR理論（stimulus-value-role theory）　73
円環モデル　42
オカルト　115
　――・ブーム　117

か
仮想的有能感　131
家族システム　42
関係希薄論　62
希死念慮　138
記述的規範　98
技術の道具　81
気分障害　155
基本的帰属エラー　168
拒食症　35
緊張型　151
ケア志向　105
計画的偶発性理論　132
形式的操作　105
　――期　48, 125
携帯電話　91
ゲシュタルト　13
結果論的判断　97
月経随伴症状　37
権利の道徳　103
交流分析（Transactional Analysis,

TA）理論　121
個人的意味　104
孤独感　85
コミットメント　128
コンサマトリー（自己充足的）　82

さ
裁判員制度　51
CMC　81
ジェンダー（gender）　68
　――・アイデンティティ（gender identity）　68
自我違和感（ego dystonic）　12
自我親和感（ego syntonic）　12
自我に内在する回復力　19
自我の強さ（ego-strength）　18
自己愛　158
　――性パーソナリティ障害　158
事故傾性　143
自己中心的思考　83
自己調整機能　97
自己認識欲求　124
自殺　137
　――学（Suicidology）　138
　――行動　138
　――念慮　138
　――の危険因子　141
事実についての信念　104
死生学（Thanatology）　137
死生観　136
嫉妬（jealousy）　73
疾風怒濤の時代　41
死の心理学的研究　137
死の不安（death anxiety）　137
死への準備教育（Death Education）　137
死への態度（death attitudes）　137
社会的領域理論　102
宗教意識　110
宗教行動　110
宗教集団　110
宗教情報　115
　――ブーム　115
宗教性　109
宗教団体　110
充実感　129
就職氷河期　168
受容（acceptance）　137
焦燥感　130
承諾誘導の原理　112
少年　161
情報縁　83

自律的道徳性　97
指令性　100
心理的距離　60
心理的視野狭窄　138
心理的道具　81
心理的離乳　42
すぴこん　117
スピリチュアリティ　116
スピリチュアル　116
生活空間（life space）　66
正義志向　105
性行動　32
成熟前傾現象　29
成人　17
成長加速現象　29
青年期平穏説　46
性ホルモン　28
セクシャリティ（sexuality）　68
摂食障害　34
漸成発達（epigenesis）　14
選択的関係論　62
全入　8
双極性障害　155
相互決定主義　97
相互性（mutuality）　16
早熟　31
想像上の観衆　83
創発的対話としての説明　87

た
第一次性徴　28
第一反抗期　40
対象喪失　48
対人関係　92
第二次性徴　28, 124
第二の誕生　41
第二反抗期　41
他者　86
他律的道徳性　97
探索行動　40
超常現象　115
適応障害　155
テレ・コクーン　83
同一化（identification）　12
動機論的判断　97
統合失調症　148
洞察と責任　21
道徳スクリプト　104
道徳的実在論　97

な
内的ワーキングモデル　44
悩み　133

ニート（NEET） *166*
2級症状 *149*
日常的私的親密圏 *84*
根こぎ感 *130*
妬み（羨望：envy） *73*
年間加速現象 *30*

は
パーソナリティ障害 *157*
排他的アイデンティティ *21*
ハインツのジレンマ *100*
バウムテスト *146*
破壊的カルト *112*
破瓜型 *151*
発育スパート *27*
発達加速現象 *30*
発達勾配現象 *30*
発達の漸成理論図 *13*
バブル景気 *166*

パラサイト・シングル *166*
晩熟 *31*
否定的アイデンティティ *21*
否定的同一性 *18*
否認（denial） *137*
病前性格 *156*
風景構成法 *66*
普遍化可能性 *100*
フリーター *166*
触れ合い恐怖 *58*
フロー *130*
平成不況 *166*
ボディ・イメージ *33*
本物性 *126*

ま
マインド・コントロール *112*
群れ志向 *58*
命令的規範 *98*

メールの内容 *94*
メディアの重層性 *92*
妄想型 *151*
モラトリアム *19*

や
薬物療法 *154*
役割実験 *125*
ヤマアラシ・ジレンマ *60*
友人関係の希薄化 *56*
幼児的万能感 *40*
陽性症状 *151*
抑うつ性障害 *155*
寄る辺のなさ *118*

ら
ライフサイクル論 *13*
恋愛行動 *78*
ロストジェネレーション *165*

人名索引

A
阿部久美子 *81*
Adegoke, A. A. *30*
Adelson, J. *46*
相原博之 *95*
Ainsworth, M. D. *45*
赤堀侃司 *83, 88*
赤坂瑠以 *91, 94*
明田芳久 *97*
秋月高太郎 *82, 84*
天野成昭 *82, 84, 85*
安藤　治 *109, 117*
安渓真一 *145*
青木誠四郎 *4*
荒木行彦 *106*
有元典文 *81*
Aron, A. P. *70*
浅見定雄 *112-114*
浅野智彦 *61*
Atwater, E. *54*
鮎川　潤 *161*
東　洋 *43, 104, 105*

B
Bailey, J. M. *68*
Bakhtin, M. M. *84, 86*
Bandura, A. *97*
Bateson, G. *152*
Baumrind, D. *43*
Bell, A. P. *68*
Benedict, R. *3*
Berne, E. *121*
Bersoff, D. M. *104*

Blake, F. *37*
Blass, T. *73*
Bleuler, E. *148*
Blieszner, R. *54*
Bowlby, J. *40, 44*
Brooks-Gunn, J. *30*
Brown, G. W. *152, 153*
Bryson, J. B. *75*
Bühler, Ch. *46*
Buss, D. M. *71, 72, 74, 75*
Buunk, B. P. *74, 75*
Byrne, D. *70*

C
Carter, B. *43*
張　賢徳 *138*
Cialdini, R. B. *112*
Clark, K. *90*
Colby, A. *100*
Cole, M. *81*
Coleman, J. C. *133*
Coles, R. *18*
Costa, P. T. *137*
Crumbaugh, J. C. *143*
Csikszentmihalyi, M. *130*

D
大坊郁夫 *72*
Deeken, A. *137*
傳田健三 *156*
Diamond, J. *70*
Dijkstra, P. *74, 75*
Dilthey, W. *3*

土橋臣吾 *82*
土井隆義 *62, 63, 133*
Douvan, E. *46*
Dusay, J. M. *121*
Dutton, D. G. *70*

E
Eastwick, P. W. *72*
江川紹子 *113*
Elkind, D. *83*
Ellenberger, H. F. *23*
Ellis, A. *162, 163*
遠藤　薫 *82, 84*
榎本博明 *142*
Erikson, E. H. *3, 7, 10, 12, 13, 15, 18, 19, 21-24, 119, 121, 144, 145*

F
Farberow, N. L. *137, 143*
Federn, P. *121*
Feifel, H. *136, 143*
Ferguson, L. R. *31*
Festinger, L. *70*
Finkel, E. J. *72*
Fogelman, K. *46*
Frankl, V. E. *143, 144*
Freud, A. *3, 24*
Freud, S. *3, 10, 23, 24, 97, 158, 160*
Fromm, E. *3*
藤　桂 *131*
藤井恭子 *60, 61*
藤井教雄 *88*
藤川洋子 *161*

藤岡淳子　　　161
深谷昌志　　　46
舟生日出男　　88
Füri, S.　　　71
布施豊正　　　138, 141

G

Gaddis, A.　　30
George, C.　　44
Gesser, G.　　137, 138
Gilligan, C.　　103, 105
Griffitt, W.　　70

H

Habermas, J.　　101
羽淵一代　　　82, 83
萩原久子　　　44
Hahn, J.　　　73
箱井英寿　　　81
Hall, G. S.　　2, 3, 41
原田唯司　　　54
針生享　　　　33
長谷川真里　　105
橋元良明　　　111
橋本篤孝　　　139
橋本広信　　　19
Hassan, S.　　112
速水敏彦　　　131
Hazan, C.　　45
Hecker, E.　　148, 151
Heider, J. S.　74
Helwig, C. C.　105
Hendry, L. B.　133
逸見敏郎　　　157
ヘラクレイトス　11
Hertz, D. G.　37
Hess, E.　　　44
日野林俊彦　　30
平石賢二　　　45
平木典子　　　88, 163
Hobart, C. J.　107
Hoelter, J. W.　137
Hollingworth, L. S.　42
Holquist, M.　90
Homburger, T.　23
本田由紀　　　166, 167
本多明生　　　75
本城直季　　　162
堀薫夫　　　　139
堀野緑　　　　124
堀尾治代　　　110, 111
星野命　　　　110, 119
Hyde, J. S.　　105

I

五十嵐哲也　　44
池田謙一　　　84, 85
稲村博　　　　138, 142

Inhelder, B.　　83
井上順孝　　　114, 115, 116
石黒広昭　　　81
石井研士　　　109, 110, 114, 116
石川中　　　　121
石川透　　　　46, 47
石坂昌子　　　143
磯村健太郎　　117
板橋作美　　　120
Ito, J.　　　　153
伊藤雅之　　　109, 114, 116
伊藤美奈子　　64
伊藤たか子　　121
伊藤剛　　　　95
伊藤裕子　　　31
岩倉拓　　　　161
岩永誠　　　　54
岩田考　　　　61

J

Jacob, S.　　　71
Jaffee, S.　　　105
James, W.　　　12
Jecker, J.　　　70
城繁幸　　　　169, 170
Jucker, E.　　　146

K

影山任佐　　　106, 141
Kahlbaum, K. L.　148, 151
角丸歩　　　　141, 142
亀口憲治　　　43, 45
上長然　　　　31, 32
上瀬由美子　　124
神澤孝宣　　　81
金児曉嗣　　　112, 139, 140, 145
金政祐司　　　72
Kanemasa, Y.　73
加納寛子　　　86, 88
狩野力八郎　　160
葛西賢太　　　120
樫尾直樹　　　116
Kastenbaum, R.　136, 137, 144
片野ゆか　　　77
片岡秀樹　　　77
片瀬一男　　　33
片山美香　　　33, 38, 39
加藤尚吾　　　83, 88
加藤由樹　　　85
川畑直人　　　111
河合隼雄　　　15, 18
河村壮一郎　　83
川名好裕　　　75
河野由美　　　145
川瀬正裕　　　52
川瀬良美　　　37
川島大輔　　　137
Kelly, G. A.　　162, 163

菊池聡　　　　117, 119
岸本英夫　　　110
北折充隆　　　98
清永賢二　　　63, 161
Koback, R. R.　44
小林哲生　　　84, 85
小林哲朗　　　84, 85
Koch, K.　　　146
Kohlberg, L.　　97, 98, 100-103
Kohut, H.　　　158, 159
小池靖　　　　116, 117
小泉義仁　　　117
近藤邦夫　　　162
小坂井敏晶　　19
Kraepelin, E.　148
Krumboltz, J. D.　132
Kübler-Ross, E.　138
Kuhn, M. H.　25
隈部知更　　　139
栗原彬　　　　56
栗本かおり　　42
黒田文月　　　118
楠見孝　　　　125

L

LaFreniere, P. J.　44
Landy, D.　　　70
Lee, J. A.　　　72, 73, 78
Levin, A. S.　　132
Lewin, K.　　　66
Luther, M.　　　12

M

Maccoby, E.　　43
町沢静夫　　　58
前川浩司　　　34
Mahler, M. S.　40
Maholick, L. T.　143
Main, M.　　　44
Marcia, J. E.　128, 129
Martin, J.　　　43
増田陸郎　　　141, 142
松田美佐　　　61, 62, 91
松田幸弘　　　82
松橋有子　　　33, 38, 39
松井豊　　　　55, 56, 73, 78-80
松本清一　　　37
松本真理子　　52
松島公望　　　111
松下美知子　　128
McAdams, D. P.　16, 135
McGoldrick, M.　43
McPartland, T. S.　25
Mead, G. H.　　10
Mead, M.　　　3
三上俊治　　　82, 91
Miller, J. G.　　104
水月昭道　　　168

三野善央　　153
Mitchell, K. E.　　132
宮台真司　　62
三宅和子　　82, 84, 85
宮本千尋　　81
宮下一博　　20, 22, 55, 59, 128
宮田加久子　　82, 83
溝上慎一　　11, 20, 34, 35
Molinski, H.　　37
Morel, A.　　148
森下正康　　41
守末　恵　　88
森田真季　　143
森田洋司　　63
諸橋泰樹　　31, 36
元良勇次郎　　4
Moustakas, C.　　59
村井　実　　96
村上幸史　　120
村上宣寛　　123
村上靖彦　　149
村瀬孝雄　　46
Murstein, B. I.　　70, 73
武藤清子　　20

N
永井　撤　　58
長峰伸治　　107
内藤俊史　　96, 97, 100, 101
名島潤慈　　146
中井久夫　　66, 149, 153, 155
中村　功　　82, 85, 92, 93
中村雅彦　　115, 117, 119
中西信男　　17
中安信夫　　149
中里浩明　　75, 76
難波梓沙　　32
ナッシュ　　150
Neimeyer, R. A.　　137, 140
Nelson, D.　　70
Newman, B. M.　　125
Newman, P. R.　　125
二宮克美　　102
西田公昭　　112, 113, 118
西平直喜　　4, 14-17, 19
西平　直　　10, 11, 13, 15, 119
西川　純　　87
西山　茂　　117, 119
野辺地正之　　27
野村俊明　　161
Noppe, I. C.　　144
Noppe, L. D.　　144

O
落合良行　　42, 45, 55, 56, 59, 85, 129, 130, 131
織田弥生　　37
大原健士郎　　138, 141, 142

大原浩一　　142
Ohbuchi, K.　　108
大平　健　　56
大石和男　　143
岡田怡川　　46
岡田尊司　　160
岡田朋之　　91
岡田斗司夫　　95
岡田　努　　54, 57, 61, 62
岡堂哲雄　　43
岡本祐子　　125, 126, 128
岡村達也　　139
小此木啓吾　　48
奥平康照　　106
Olson, D. H.　　42, 45
Olweus, D.　　35
大久保智生　　99
大西誠一郎　　46
大野　久　　129
大嶋美登子　　141, 142
Oshima, I.　　153
大谷宗啓　　61

P
Parrott, W. G.　　73
Pearce, P. L.　　126
Peplau, L. A.　　83
Perlman, D.　　83
Petersen, A. C.　　35
Piaget, J.　　48, 83, 87, 97
Pinel, P.　　154
Powell, F. C.　　137

Q
Quine, W. V. O.　　11

R
Rathunde, K.　　130
Rawls, J.　　101
Rice, K. G.　　42
Rothman, A.　　73
Rubin, Z.　　69, 78

S
斎賀久敬　　83
齋藤麻莉絵　　61
齊藤誠一　　31, 32, 34, 35, 124
斉藤　環　　57, 58
榊原志保　　105
作道信介　　111
櫻井義秀　　114
Salovey, P.　　73
佐々木土師二　　126
佐藤文子　　141-143
佐藤郁哉　　81
佐藤壮広　　117
佐藤有耕　　42, 45, 55, 56
澤田　昭　　30

Schneider, K.　　149
Schopenhauer, A.　　60
Selman, R. L.　　104, 107, 108
千石　保　　56, 57
Shackelfold, T. K.　　74
Shantz, C. U.　　107
Shaver, P.　　45
渋谷園枝　　141
渋谷昌三　　141
島薗　進　　116-119
清水雅人　　119
下田光造　　156
下田博次　　86, 88, 91
四宮　晟　　46, 47
白井利明　　48, 81
Shneidman, E. S.　　137, 138, 143
首藤敏元　　102
Shweder, R. A.　　103, 104
Simmel, G.　　81
Skinner, B. F.　　97
Smetana, J. G.　　103
十河真人　　121
反田　健　　129
Spranger, E.　　3, 41
Sroufe, L. A.　　44
Sternberg, R. J.　　72
菅原健介　　62
杉村和美　　20, 22, 128
杉田峰康　　121, 122
杉山幸子　　111
砂田昭彦　　85
鈴木真由子　　139, 143
鈴木栄幸　　88
鈴木　譲　　98, 99

T
立木茂雄　　42
田川真理子　　35
田島充士　　86, 87, 89
高田明和　　77
高木秀明　　94
高橋一公　　48
高橋雅春　　146
高橋俊介　　132
高橋祥友　　138
高橋　衛　　91
Takahashi, Y.　　108
高橋依子　　146
高石浩一　　83
高坂康雅　　45
武井祐子　　37
詫摩武俊　　71
Taleb, N. N.　　172
田中愛子　　139, 140
田中弘子　　141, 142
丹下智香子　　140, 143, 145
Tanner, J. M.　　28, 29
丹野義彦　　95, 106

樽味 伸　　131
鑪 幹八郎　　11, 15, 125, 128, 129, 130
立脇洋介　　73
Taylor, B.　　35
Tellenbach, H.　　156
Templer, D. I.　　137
Thorson, J. A.　　137
戸田弘二　　45
戸田有一　　96
得丸定子　　140
富田英典　　83
友枝敏雄　　98, 99
辻 大介　　61, 82, 91
辻河 優　　111
Turiel, E.　　102, 104, 105
津留 宏　　45, 46

U
Udry, J. R.　　35
上野千鶴子　　10
上野行良　　10, 56
梅田望夫　　170
牛島義友　　46

V
Van Brunt, D.　　137, 140
Vogel, E. F.　　166
Vygotsky, L. S.　　81, 87

W
和田迪子　　121
Wainryb, C.　　104, 105
Walster, E.　　70, 71
渡部美穂子　　140
渡部玲二郎　　107, 108
渡辺さちや　　42
Waterman, A. S.　　54
Wedekind, C.　　71
White, G. L.　　70
White, K. M.　　41
Wong, P. T. P.　　137, 138
Wu, K.　　123

Y
山田昌弘　　166
山田剛史　　52
山岸明子　　97, 100, 107, 108
山本愛子　　107
山下 格　　11
安岡 誉　　161
依田 新　　4
輿古田孝夫　　141, 143
吉水由美子　　159
吉武久美子　　108
Young, H. B.　　31
湯浅泰雄　　109
湯川進太郎　　131

Z
Zajonc, R. B.　　70
Zivi, P.　　118
Zubin, J.　　152

著者一覧 （五十音順，＊は監修者，＊＊は編者）

赤坂瑠以（あかさか・るい）
お茶の水女子大学大学院人間文化研究科博士後期課程
担当：コラム7，ワーク5・6

荒川　歩（あらかわ・あゆむ）
武蔵野美術大学教養文化研究室准教授
担当：コラム4・10

石川与志也（いしかわ・よしや）
ルーテル学院大学総合人間学部専任講師
担当：コラム5

市口亜希（いちぐち・あき）
相模ヶ丘病院・臨床心理士
担当：コラム11

上野真弓（うえの・まゆみ）
独立行政法人国立精神神経医療研究センター精神保健研究所心身医学研究部研究員
担当：コラム8・9

小塩真司（おしお・あつし）
早稲田大学文化構想学部教授
担当：終章

鍵和田芽里（かぎわだ・めり）
厚木市療育相談たんぽぽ教室，町田市民病院（神経科），大秦野内科クリニック（肥満・ダイエット外来）・臨床心理士
担当：コラム6

川島大輔（かわしま・だいすけ）
中京大学心理学部准教授
担当：第10章

小平英志（こだいら・ひでし）
日本福祉大学子ども発達学部准教授
担当：第9章

田島充士（たじま・あつし）
東京外国語大学大学院総合国際学研究院准教授
担当：第6章

田中洋子（たなか・ようこ）
横浜国立大学教育人間科学部非常勤講師
担当：コラム12

田村和子（たむら・かずこ）
帝京平成大学臨床心理センター
担当：コラム14，ワーク8・10

中道圭人（なかみち・けいと）
静岡大学教育学部准教授
担当：第2章，ワーク2

名取洋典（なとり・ひろのり）
いわき明星大学人文学部准教授
担当：コラム1

野﨑恵子（のざき・けいこ）
お茶の水女子大学大学院人間文化創成科学研究科博士後期課程
担当：ワーク7

橋本広信（はしもと・ひろのぶ）＊＊
群馬医療福祉大学准教授
担当：第1章，コラム2，ワーク1・3・4・9

長谷川真里（はせがわ・まり）
横浜市立大学国際総合科学部教授
担当：第7章

福田佳織（ふくだ・かおり）
東洋学園大学人間科学部准教授
担当：第3章

藤井恭子（ふじい・きょうこ）
関西学院大学教育学部准教授
担当：第4章

逸見敏郎（へんみ・としろう）
立教大学文学部教授
担当：第11章，ワーク11

本多明生（ほんだ・あきお）
山梨英和大学人間文化学部准教授
担当：第5章

松島公望（まつしま・こうぼう）＊＊
東京大学大学院総合文化研究科助教
担当：第8章

松田茶茶（まつだ・ちゃちゃ）
関西保育福祉専門学校専任講師
担当：コラム13

宮下一博（みやした・かずひろ）＊
千葉大学教育学部教授
担当：序章

安元万佑子（やすもと・まゆこ）
医療法人社団ハートクリニック・臨床心理士
担当：コラム3

ようこそ！青年心理学
若者たちは何処から来て何処へ行くのか

2009年3月30日　初版第1刷発行	（定価はカヴァーに表示してあります）
2014年9月28日　初版第4刷発行	

監　修　宮下一博
編　者　松島公望
　　　　橋本広信
発行者　中西健夫
発行所　株式会社ナカニシヤ出版
〒606-8161　京都市左京区一乗寺木ノ本町15番地
　　　　　　Telephone　075-723-0111
　　　　　　Facsimile　075-723-0095
　　Website　http://www.nakanishiya.co.jp/
　　E-mail　iihon-ippai@nakanishiya.co.jp
　　　　　　郵便振替　01030-0-13128

装幀＝白沢　正／印刷・製本＝ファインワークス
Copyright © 2009 by K. Miyashita, K. Matsushima, & H. Hashimoto
Printed in Japan.
ISBN978-4-7795-0315-3

本書のコピー，スキャン，デジタル化等の無断複製は著作権法上での例外を除き禁じられています。本書を代行業者等の第三者に依頼してスキャンやデジタル化することはたとえ個人や家庭内の利用であっても著作権法上認められておりません。